dipa

David Le Breton

# Lust am Risiko

Von Bungee-jumping, U-Bahn-surfen und
anderen Arten, das Schicksal herauszufordern

dipa-Verlag Frankfurt am Main

Die Veröffentlichung dieses Buches wurde vom französischen Kulturministerium unterstützt.

Die deutsche Bibliothek – CIP-Einheitsaufnahme

**LeBreton, David:**
Lust am Risiko : von Bungee-jumping, U-Bahn-surfen und anderen Arten, das Schicksal herauszufordern / David Le Breton. Aus dem Franz. von Robert Detobel. - Frankfurt am Main : dipa, 1995
ISBN 3-7638-0336-X

1. Auflage 1995

© Éditions Métailié, Paris 1991
Titel der Originalausgabe: Passions du risque
© der deutschsprachigen Ausgabe dipa-Verlag GmbH,
Nassauer Str. 1–3, 60439 Frankfurt am Main
Alle Rechte vorbehalten
Umschlag: Angela Fischer
Lektorat: Marion Walter
Druck und Bindung: Fuldaer Verlagsanstalt
Printed in Germany

ISBN 3-7638-0336-X

# Inhalt

Einführung 9

1. Vom Risiko zum Ordal 15
   Aufbruch zu neuen Grenzen 15
   »Mors ultima linearem est« 16
   Figuren des Risikos und des Ordals 19
   Vertigo 20
   Konfrontation 24
   Entkörperung 29
   Überleben 32
   Sinn- und Wertekrise 36
   Die Chance des Individuums 38

2. Das Ordal heute 41
   Das traditionale Ordal 41
   Das Ordal heute 45
   Der Sinnkreis des Todes 47
   Eine Symbolik des Wilden 50
   Das Ordal: ein Übergangsritus heutiger Gesellschaften 51
   Die ordalische Gesellschaft 52

3. Lust am Risiko 55
   Mythologie des Extremen 55
   Risiko um des Risikos willen 61
   Sekurität und Eroberung des Risikos 66
   Beständigkeit und Ungewißheit 69
   Der Unfall 71

4. »Eintritt in das Leben« und Risikoverhalten 75
   Adoleszenzen 76
   Die Unbestimmtheit des Übertritts in das Erwachsenenleben 78
   Initiationsriten 80
   Die Anziehungskraft des Risikos 82
   Adoleszenz und Todesgedanke 84
   Risikoverhalten 84
   Toxikomanien 87
   Selbstmorde 91

Delinquenz 97
Fluchten 98
Unfälle 100
Wilde Rituale der Eigenheit 102

5. Die Prospektierung des Risikos: Die neuen Abenteurer 105
Versuch einer Identifizierung 105
Die Rache des Mannes ohne Eigenschaften 110
Die Bühne der Welt 111
Das Risiko als altes Mittel zum neuen Zweck 113
Die Beliebigkeit der Orte 115
Eine andere Beziehung zur Zeit 119
Die Herausforderung des Todes 120
Der Körper als Beweisstück 124
Paris – Dakar und sterben 126

6. Initiation: ein altes Deutungsmuster für neue Bedeutungen 131
Der Ruf nach Sinn 131
Abstieg in die Hölle 133
Ende des Lebens, Hunger nach dem Leben 136
Überleben 137

7. Die Prüfung und das Heilige: Sinnsuche in der Moderne 143
Die Suche nach dem Sinn 143
Die Entstehung des Heiligen in der Prüfung 144

Danksagung 149

Anmerkungen 151

»Das Negative zu tun, ist uns noch auferlegt; das Positive ist uns schon gegeben.«

Franz Kafka

# Einführung

Seit 1985 habe ich – mit Unterbrechungen – an diesem Werk geschrieben. In jenem Jahr begannen meine Gedanken um ein Paradox unserer westlichen Gesellschaften zu kreisen: In diesen Gesellschaften, die mit monotoner Beharrlichkeit nichts so sehr wie das Sicherheitsbedürfnis deklinieren, wächst kaum weniger beharrlich sein Gegensatz: das Bedürfnis, sich freiwillig in Gefahr zu begeben. Inmitten einer vordergründig triumphierenden Sicherheitsvernunft bringt sich in wachsendem Maße eine Mythologie des Abenteuers, des Wagnisses zur Sprache. Es schien mir notwendig, den Sinn der daraus entspringenden Aktionen zu verstehen, denen allen eine reale oder imaginäre Beziehung zum Tod gemeinsam ist. Einen Augenblick lang dieses Spiel mit dem eigenen Leben als Einsatz zu spielen, entweder alles zu verlieren oder den Einsatz zurückzuerhalten ... und den Gewinn dazu. Der Gewinn, das ist die Daseinsberechtigung; oder das Gefühl, in der Intensität dieses Augenblicks endlich zu existieren, sich als körperliche Entität zu erleben, der eigenen Identität versichert. Diese Sehnsucht ist eine Variante jener Grundstimmung der siebziger Jahre, die sich zuerst in den USA im »Aufbruch nach Kathmandu« ausdrückte, im Drogenrausch oder im Engagement für politische Extremismen. Und die manchmal mit dem Tod endete. Sie bestimmte meine Generation, sie bestimmte meine Freunde: einige von ihnen sind nicht mehr am Leben. Ich selbst ging mit dem festen Vorsatz nach Brasilien, nie wieder nach Frankreich zurückzukehren. Es bleibt mir heute das Gefühl, ein »Überlebender« zu sein ... aber auch ein gewisses Schuldgefühl, daß ich noch da bin, daß ich, ohne es zu wollen, den Gefahren, die entlang dieses Weges lauerten, entkommen bin. Die Verwirrungen von einst sind nicht völlig abgeklungen; dann und wann kehren sie wieder und erinnern mich an den Preis meines Lebens. Wem das Glück der Rückkehr von seiner Reise vergönnt war, dem gewährt das Bewußtsein der Sprödigkeit und Unvollendetheit des menschlichen Daseins gleichzeitig eine innere Glut. Die Erinnerung ist noch zu warm, um auch nur einen Augenblick lang über sie nachdenken zu können, mit analytischer Nüchternheit auf sie zu blicken. Aber heute, zu Beginn der neunziger Jahre, den festen Entschluß zu fassen, die vielen

Formen des Risikoverhaltens der jungen Generationen und, auf einer anderen Ebene, die Entwicklung der Leidenschaft für das »Abenteuer«, die auch den »vernünftigen Menschen« in ihren Bannkreis zieht, zu verstehen, heißt nichts anderes, als auf anderen Pfaden zum anthropologischen Fundament der siebziger Jahre vorzudringen. Über diese Risikohandlungen, über das Imaginäre des Abenteuers, über körperliche oder sportliche Extremleistungen nachzudenken, bedeutet eine Rückkehr in die eigene Vergangenheit. Mögen die Arten des Erlebens dabei andere sein, die Erfahrung ist vertraut, diese Erfahrung, die man damals selbst so heftig empfand. Dies zum Beweggrund der vorliegenden Untersuchung, die sich jedoch mit heutigen, ganz aktuellen Verhaltensweisen befaßt. Es geht darum, die anthropologische Dimension dieses unvernünftigen Hangs zum Risiko in seinen vielen Ausprägungen zu verstehen, die Unternehmungen solcher Art, die sich heute vor unseren Augen abspielen, auf diese Weise nachvollziehen zu können. Es beteiligt sich auch der »vernünftige Mensch« an ihnen, und vor allem die junge Generation wird davon tiefgehend berührt. Irgendwie fühlt sich jeder Akteur davon angesprochen, und wäre es nur wegen der Resonanz, die jenes »neue Abenteuer« in den Medien erfährt.

Das Verhältnis des Handelnden zum Risiko kann dabei ein aktives wie passives sein. Er kann es bewußt eingehen, gar von langer Hand planen, herbeiwünschen, erträumen, oder es kann sich ihm aufdrängen. Jährlich werden 45 000 junge Leute zwischen 15 und 24 Jahren nach einem Selbstmordversuch ins Krankenhaus eingeliefert. Diese Zahl sagt nichts über diejenigen aus, die in den Krankenhausstatistiken nicht vorkommen. Jedes Jahr wählen in Frankreich zwischen 900 und 1 000 Adoleszenten den Freitod. In den gleichen Zusammenhang gehört auch die Tatsache, daß gerade an Verkehrsunfällen mit letalem oder traumatischem Ablauf die Altersklasse zwischen 15 und 24 Jahren den größten Anteil hat. Heute ist das statistische Todesrisiko für Männer zwischen 15 und 35 Jahren höher als in den siebziger Jahren. Wir erleben in unseren Gesellschaften nicht nur die Zunahme, sondern auch eine Diversifizierung von Formen der Sucht sowie des Flucht- und Aggressionsverhaltens.

Abgesehen von einer signifikant steigenden Zahl freiwillig eingegangener Risiken und oft tödlich verlaufender Aktionen ist eine grundsätzlich wachsende Risiko- und Abenteuerlust festzustellen – auch beim Durchschnittsbürger. Wir erleben eine Inflation körperlicher und sportlicher Höchstleistungen (Raids, Expeditionen, Rennen, Gewaltmärsche). Die Reisebüros haben diesen Trend der westlichen Gesellschaften zu »abenteuerlichen«, »aufregenden«, »strapaziösen«, »auslastenden« Ferien genau registriert: Raids im Auto, im konventionellen oder allradgetriebenen Geländewagen, oder nacheinander im Schlauchboot, im Kanu, als

Marsch, Trekking oder Rafting bis ans andere Ende der Welt. Abenteuersportarten verschiedenster Art entstehen: Orientierungslauf, Raid im Pkw, Lkw, Geländewagen oder Wagen mit Allradantrieb, Tiefschneeski, Survivalrennen... Man schwärmt in die ganze Welt hinaus. Die unzugänglichsten Landschaften (wie Dschungel, Gebirge oder Wüste) werden zu den neuen Stadien der Moderne, wo der Mann ohne Eigenschaften mit der Legende per Du verkehrt, er seine Kräfte aufs alleräußerste anspannen und sein Leben symbolisch in die Waagschale werfen kann, um endlich jenen Sinnzugewinn zu erzwingen, der seinem Leben Erfüllung bringt. Binnen weniger Jahre ist das »Abenteuer« zu einer neuen Figur des Besonderen geworden, zu einem neuen Bezugsmodell. Dies zeigt, wie sehr das Risiko, und sei es nur ein imaginäres, die Akteure moderner Gesellschaften fasziniert. Ja, das Abenteuer wird sogar als Instrument der Ausbildung und der sozialen Integration angewandt, als Technik zur Förderung des Unternehmergeistes, des Korpsgeistes, der Risikobereitschaft... Organisiert werden Trainingskurse unter anderem um das Bungee-jumping, den Fallschirmsprung, das Rafting, das Berg- und Wandsteigen, das »Survivalspiel«. Die Überflutung des Marktes mit neuen Angeboten ließ nicht lange auf sich warten. Der Verband Hors Limites (»Jenseits der Grenzen«), dessen Direktor A. Kerjean regelmäßig theoretische Beiträge über die Verbandsaktivitäten schreibt, schlägt eine »Bildung durch das Abenteuer« vor und setzt den Kursteilnehmern als Ziel, »menschliche Fähigkeiten durch die Bewertung von Verhaltensweisen in metaphorischen Situationen und die Lösung realer Probleme in freier Natur zu stärken oder zu erwerben«. Dies geschieht in Intensivkursen, auf deren buntgemischtem Programm Bergbesteigungen, Gewaltmärsche, Höhlenfahrten, Kanufahrten, Biwaks usw. stehen. Zum gleichen Thema werden Leitfäden, Handbücher oder Reporte herausgegeben; an den Kiosks wimmelt es von Zeitschriften, das Fernsehen wird nicht müde, Bilder von »Abenteurern« zu senden und die Anziehungskraft dieses neuen Verhaltensmodells zu verstärken. Die neuen Abenteurer haben bereits eine stattliche Zahl von Büchern über ihre »Heldentaten« produziert, drehen Werbespots (das Abenteuer ist längst auch in die Werbung eingezogen), organisieren Konferenzen, nehmen an Festivals teil, werden von den Medien umworben und ausgezeichnet. Sie sind die neuen Ritter in sich widersprüchlicher Gesellschaften, die das Todesrisiko als eine Lebenssinn und Selbstwert spendende Quelle hren. Ein richtiges Verständnis der sozialen und anthropologischen Bedeutung dieser Suche nach dem Risiko, dieser neuen Lust am Abenteuer, die sich in der gesamten Bevölkerung breitmacht, verlangt, daß man das Phänomen in den weiteren Kontext okzidentaler Gesellschaften und insbesondere der zeitgenössischen Formen des Individualismus stellt. Das Verschwimmen der Orientierungen, die Sinnbrüche der Moderne veranlas-

sen jeden Akteur zu einer persönlichen Produktion seiner Identität mit Hilfe einer kulturellen Bastelarbeit, bei der die gesellschaftlichen Einflüsse wesentlich von der vorherrschenden Zeitstimmung geprägt werden. Immer mehr neigt das Individuum zur Selbstreferenz, versucht es, in sich selbst, in seinem eigenen Potential, das zu finden, was es früher innerhalb einer Kultur und einer Gemeinschaft fand. Sein Freiheitsraum hat sich erheblich ausgedehnt, obwohl die Freiheit dem Menschen noch nie leichtfiel; Ambivalenzen und Ambiguitäten bringen sein Identitätsgefühl in Bedrängnis, hinzu kommt sein notwendiges Bedürfnis nach einem Mindestmaß an Orientierung, um mit dem Leben fertigzuwerden. Denn das Leben ist nichts Gegebenes, es bildet sich im Verlauf einer persönlichen Geschichte. Die erweiterte Wahl der Möglichkeiten stiftet Freiheit wie Verwirrung. Es ist das Paradox der Freiheit, daß sie einen Kompaß braucht, will sie sich nicht in ihr Gegenteil verkehren: in ein zielloses Umhertreiben, dabei Jäger und zugleich Sklave aller sich anbietenden Gelegenheiten. Die Moderne hat dieses Paradox zum Paroxysmus gesteigert. Gerade weil die Moderne eine Zeit ist, in der die Handlungsspielräume enorm erweitert worden sind, ist sie zugleich auch eine Zeit der Sinn- und Wertekrise, der Turbulenzen, der durch vielfache, verwirrende, widersprüchliche Ziele überforderten Gemeinschaften. Zwar ist jeder Akteur auch heute bis zu einem gewissen Grad das Produkt seiner sozialen Herkunft, aber gleichzeitig vermag er ohne ein gewisses Maß an persönlichen Entscheidungen keine Antwort auf Sinn und Wert seiner Existenz zu geben.[1] Daraus entsteht eine ganz eigene Problematik, die uns hier beschäftigen wird.
Das Gefühl der Identität also wird unsicherer, prekärer, muß sich manchmal neu formieren. Im Sog dieser anthropologischen Krise, die eines der Wesensmerkmale der Moderne ist, untersuchen wir hier den Drang bestimmter Akteure, ihre Möglichkeiten und Grenzen zu erfahren, indem sie sich Verhaltensweisen verschreiben und Gefahren aussetzen, die sie symbolisch und manchmal auch real in die Nähe des Todes führen. Auf der Suche nach einem Sinn und Wert für sein Leben nähert sich der Akteur der äußersten Sinngrenze, dem obersten Sinnrichter: dem Tod, um in dieser Grenzsituation eine Antwort auf die Frage zu bekommen, ob es noch Sinn hat zu leben (ohne daß ihm dieses Motiv immer klar wäre, denn wir befinden uns hier inmitten einer Ambivalenz, am Gegenpol einer kartesianisch rationalen Psychologie oder Soziologie). Nur der symbolisch, gleichsam wie ein Orakel befragte Tod kann über die Daseinsberechtigung befinden und den Ratsuchenden die Neugeburt und mit ihr die erneuerte Lebenslust ermöglichen. Unter bestimmten Umständen gebiert die Nähe des Todes dieses Gefühl einer erneuerten Identität, birgt sie die Möglichkeit einer Sinnstiftung, falls der Akteur die Herausforderung annimmt, die ihm oder der er entgegentritt. Überlebt

er, erhöht die »Kommunion« mit dem Tod die Freude über das noch währende Leben und spendet das berauschende Gefühl, eine Lebensgarantie erhalten zu haben. »Der Augenblick des *Überlebens*«, schreibt Elias Canetti, »ist der Augenblick der Macht.«[2]
Das Fehlen symbolischer Grenzen, die notwendig wären, um das Identitätsgefühl nicht verströmen zu lassen, es entlang einigermaßen zuverlässiger Wegmarken zu lenken, wird durch eine individuelle Suche der körperlichen Grenzen in der Auseinandersetzung mit der Welt beantwortet, sei es als punktuelle Aktion, sei es als organisierte Aktivität. Aber der Tod ist die äußerste Grenze schlechthin (*Mors ultima linea rerum est*). Der Akteur kann sich, ihm selbst nicht bewußt, einem Ordal stellen und es dessen Ergebnis überlassen, ob er leben oder sterben soll.
Das Ordal, im Mittelalter generell und heute noch in bestimmten traditionalen Kulturen als Beweismittel angewandt, ist ein Gerichtsritus, der zur zweifelsfreien Feststellung der Schuld oder Unschuld eines Verdächtigen je nach kulturellem und religiösem Hintergrund an Gottes Urteil oder das Urteil der Götter verweist. Die göttliche Instanz spricht das Urteil mittels einer schmerzhaften und gefährlichen Prüfung, der sich der Beklagte zu unterziehen hat und deren Ergebnis vom Gemeinwesen einhellig als unwiderruflicher Beweis von Schuld oder Unschuld anerkannt wird. Das Ordal entscheidet über das Schicksal, oft über Leben oder Tod des Prüflings. Ein kultureller Ritus ist das moderne Ordal nicht mehr; statt dessen handelt es sich hier – wenn auch zumeist nicht als solches erkannt – um ein individuelles Rechtsmittel, um eine unbewußte Figur, mittels der jemand, indem er sich dem Risiko unterwirft, den Tod bittet, zu entscheiden, ob sein Leben noch einen Wert besitzt. Das Überleben kommt einer Garantie zur Berechtigung auf Leben gleich und erweckt eine zeitweilige oder dauerhafte Seinsintensität.
Extrem, Risiko, Ordal – diese sind heute intensive Bewährungsproben auf dem Feld körperlicher und sportlicher Höchstleistungen. Grundsätzlich unterscheiden sie sich nach dem Grad der gesuchten Todesnähe (von der metaphorischen Berührung mit dem Tod bis hin zur reellen Lebensgefahr) – einerlei ob, wie bei den »neuen Abenteurern«, die Prüfung als solche bewußt ausgewählt ist, oder ob sie, wie häufig bei Jugendlichen der Fall, als Mutprobe unbewußt auf sich genommen wird, oder ob sie in Form von Katastrophen und Unfällen auftritt und damit eine kollektive Einbildung anregt. Die Risikosuche und ihre neuerliche zweideutige Aufwertung, die sie in einer ansonsten sicherheitsversessenen Gesellschaft erfährt, gehört heute gewiß zu den bedeutsamsten Merkmalen der Moderne. Das Risiko ist eine imaginäre Beziehung zum Tod. Nicht immer kann ein Wollen vorausgesetzt werden, im Gegenteil: sehr oft gehen starke Impulse vom Unbewußten aus. Das Risiko ist manchmal Bestandteil einer Lebensweise und wird nicht notwendigerweise um

seiner selbst willen gesucht. Die Beziehung zum Risiko ist zweideutig: Sie setzt das schwer durchschaubare Spiel zwischen Ich und Es voraus. Georg Simmel und Roger Caillois haben mich mit ihrem originär soziologischen Denken bei der vorliegenden Arbeit inspiriert, mit ihrem Sinn für die von der Soziologie kaum beachteten Themen, durch ihre »Feldwegsoziologie«, die, so bereit sie ist, ihre Neugier gewähren zu lassen, doch eine stringente Vorgehensweise dabei nicht außer acht läßt und auch darauf bedacht ist, das Individuelle, Gesonderte, aus dem das Neue, Ungewohnte, Flüchtige und Anomische hervorgeht, nicht zu unterschlagen. Eine Soziologie, die sich nicht mit Statistiken und Beweisen zufriedengibt, mindestens ebensosehr auf der Suche nach Fragen wie nach Antworten, die »generativ« ist und vor allem bemüht, die ununterbrochene Bewegung einer Sinnschöpfung zu erfassen, von der die modernen menschlichen Gesellschaften beseelt sind, eine Soziologie des Verstehens, für die der Dialog mit benachbarten Disziplinen unabdinglich ist.

Der heutigen Suche nach dem Risiko, ein aufgrund ihrer Verbreitung und Erscheinungsweisen neues, komplexes und ambivalentes Phänomen, läßt sich nur auf eine solche Art und Weise, auf einem gewissermaßen »anthropologischen Umweg« anzunähern. »Die Moderne«, schreibt Georges Balandier, »ist ein Abenteuer, ein Vorstoß in weitgehend unbekannte soziale und kulturelle Räume, ein Fortschreiten in einer Zeit der Brüche, Spannungen und Mutationen. Man muß lernen, diese Zeit zu erkunden, damit man ihr nicht völlig erliegt und einer Ohnmacht nachgibt, die Macht durch Zufall ersetzt. Der anthropologische Umweg stellt eine Erfahrung und eine Erkenntnis in den Dienst dieses Lernens. Er kann zur Orientierung der Strecke, dieser Reise beitragen, die eine Initiationsfunktion besitzt, denn er zwingt dazu, im Gleichmaß mit der Entdeckung der Orte dieses großen Wandels sich selbst zu wandeln.«[3]

## 1. Vom Risiko zum Ordal

*»Jede Störung des Gleichgewichts, sogar wenn sie einen größeren Wohlstand zur Folge hat oder eine Stärkung der allgemeinen Vitalität, treibt die Selbstmordzahlen in die Höhe. Jedesmal wenn es im sozialen Körper tiefgreifende Umstellungen gibt, sei es infolge plötzlichen Wachstums oder nach unerwarteten Erschütterungen, gibt der Mensch der Versuchung zum Selbstmord leichter nach. Wie ist das möglich? Wie kann etwas, von dem man annimmt, es mache das Dasein leichter, dazu beitragen, daß man sich davon trennt?«*[4]

Émile Durkheim

### Aufbruch zu neuen Grenzen

Das Risikoverhalten, das sich der Moderne bemächtigt hat, äußert sich in vielerlei Formen und Bedeutungen. Dennoch verbindet alle Spielarten bzw. Spieler etwas Gemeinsames: die zahlreichen Jugendlichen, die »neuen Abenteurer«, die Vollbringer von »Heldentaten«, die Rekordjäger innerhalb und vor allem außerhalb der institutionalisierten Sportwettbewerbe, die Menge derer, die sich »für nichts« beim Marathon harter und langer Anstrengung unterzieht, die Teilnehmer an Volksläufen, Triathlons, Wand- und Bergbesteigungen, Raids usw. – all diese »Eroberer des Nutzlosen«, die heute so zahlreich geworden sind, daß die Risikohandlung eine nicht mehr zu übersehende soziologische Erscheinung geworden ist, spornt der Wille an, zu erfahren, wo die eigenen Grenzen liegen. Wer die Todesprüfung besteht, erwirbt ein Zeugnis, das zum Leben berechtigt. »Bis ans Äußerste gehen«, »seine Grenzen überschreiten«, »seine Grenzen entdecken«, »sich selbst übertreffen«, »sich selbst beweisen, daß man es schaffen kann« – mit solchen oder ähnlichen Worten begründen die Akteure die vielfältigen Selbstherausforderungen, auch dann, wenn die Bewährung im Kampf gegen andere erfolgen muß. Diese Selbstbezogenheit wird auch nicht dadurch verringert, daß die Tat als »Selbst-Beweis« einen gesteigerten Wert erhält, wenn sie vor den

Augen der anderen geschieht. Wo die symbolischen Grenzen fehlen, gilt es von außen eine körperliche Grenze zu finden; wo von außen kein Einhalt geboten wird, will man sich selbst, aus sich selbst heraus, die Grenzen setzen (*containing*, Bion), sich endlich existieren fühlen, sich selbst fassen, beherrschen, für eine Weile oder andauernd. Die Grenze ist eine anthropologische Notwendigkeit, denn ohne sie ist die Einzelexistenz aus sich heraus nicht in der Lage, im symbolischen System, das die Beziehungen im Geflecht der sozialen Welt und der Welt schlechthin strukturiert, ihren Ort zu bestimmen. Die Psychose zum Beispiel ist eine Folge der Unfähigkeit, sich und die Umwelt zu trennen, sich von den anderen gesondert betrachten, unterscheiden zu können.

Über die Suche nach Grenzen sucht der einzelne seine unverwechselbaren Zeichen, prüft, was er ist, lernt, sich zu erkennen, sich von den anderen abzugrenzen, erringt er für sein Leben wieder einen Wert. Je nach Intensität der Prüfung, der er sich zur Grenzfindung unterwirft, bekommt er seine Existenz vorläufig oder dauerhaft sicherer in den Griff. Bis zum Äußersten zu gehen, erfüllt mit Sinn. Freilich bleibt diese Sinnerfüllung nur im einzelnen beschlossen. Das Risikoverhalten ist ein Liebäugeln mit dem Tod: Geschwindigkeitssuche, Sprünge in die Tiefe, Durchquerungen von Packeis oder Wüste, Besteigungen von Steilhängen, Märsche quer durch Kontinente, Raids oder Survivalspiele, in allen Fällen wird metaphorisch dem Tod getrotzt, geht es darum, mit tödlicher Bedrohung in Tuchfühlung zu kommen, ihr aber durch geeignete Vorkehrungen zu entgehen. Indem man sich auf diese Weise dem Tod stellt, wird der Tod selbst gestellt und werden die Grenzen seiner Macht aufgezeigt; das Identitätsgefühl des Herausforderers wird durch die erfolgreich bestandene Prüfung gestärkt. Der Erfolg des Versuchs erzeugt Begeisterung, schickt einen Hauch Sinn durch die eigene Existenz, der symbolkräftig genug ist, um sie zumindest zeitweilig aufzufrischen. Die Grenze indes ist nie endgültig, hinter ihr lockt immer noch eine andere. Die Suche nach der Grenze ist ein Spiel ohne Grenzen. Die Grenze herauszufordern, ist eine Weise, sich dem Tod zu nähern, eine Konfrontation, die manchmal sehr heftig sein kann. Dabei geht es stets darum, sich dem Risiko auszusetzen und zeitweilig Komfort und Sicherheit aufzugeben, den Körper bis zur Erschöpfung zu treiben, noch den einen Schritt weiter zu gehen und symbolisch für eine gewisse Zeit auf einem schmalen Grat zwischen Leben und Tod zu wandern.

## »Mors ultima linea rerum est«

Jede Suche nach Grenzen ist in ihrem tiefsten Beweggrund ein Versuch, den Tod zu bewegen, die Existenz zu bekräftigen und: im Geflecht der

Welt einen eigenen Standort zu bestimmen, die diffuse Angst über die Unbestimmtheit von Sinn und Wert zu beschwören. Der symbolische Sieg über den Tod taucht das Leben danach in das Licht neu erstrahlender Berechtigung und erweckt ein intensives Lebensgefühl. Hinter dem Wagnis zeichnet sich gelegentlich eine weitere, schwerer erkennbare und beschreibbare Bedeutung ab: das Ordal oder Gottesurteil. Man überläßt sich Gott oder genauer dem Lauf der Ereignisse. Die Herausforderung des Todes tritt hier klar zutage. Das Ordal bedeutet eine Zuspitzung des Risikos, denn die Wahrscheinlichkeit, daß es mit dem Tod endet, ist nicht gering. Es knüpft zwar an die gleiche Disposition wie das Risiko an, potenziert aber dessen »Vielleicht« zum »Entweder-Oder«. Trotzdem ist das Ordal so gestaltet, daß die Chance auf einen glücklichen Ausgang gegeben ist.

Später wird ausführlicher auf den spezifischen Unterschied zwischen Risiko und Ordal eingegangen werden. Es sei hier zunächst nochmals betont, daß das Ordal ursprünglich ein rituelles Gerichtsverfahren war, das in traditionalen Gesellschaften[5], in der Antike[6] und im Mittelalter[7] (bis ins Hochmittelalter hinein) praktiziert wurde. Diese Praxis setzt im Gemeinwesen die uneingeschränkte Geltung eines bestimmten Weltbildes voraus, namentlich die Vorstellung, daß im Universum alles mit allem zusammenhängt, Gott oder die Götter die Geschicke der Menschen eifersüchtig überwachen und jeder Handlung eine Determiniertheit innewohnt, auf die der Mensch keinen Einfluß hat. Zwischen Katastrophe und Schuld, zwischen Ursache und Verschulden wird nicht radikal geschieden. In diesen Gesellschaften gilt es als ausgeschlossen, daß die angerufene übernatürliche Instanz dem Gemeinwesen den eindeutigen Urteilsspruch über Schuld und Unschuld vorenthalten, die Rechtsfindung verhindern könnte. Das Heilige und das Profane kommunizieren miteinander. Ort dieser Kommunikation ist freilich nicht das Individuum, sondern das Kollektiv, dem das Individuum völlig untergeordnet ist. In unseren individualistischen westlichen Gesellschaften mit ihren äußerst lockeren sozialen und kulturellen Banden erscheinen Risiko und Ordal daher in einer völlig gewandelten Perspektive. Das Ordal hat heute seinen ursprünglichen formalen und rituellen Charakter verloren. Nicht das Gemeinwesen bedient sich seiner, sondern, ohne sich dessen immer bewußt zu sein, das Individuum.[8]

Heute wie damals werden die Auguren befragt, aber beim traditionalen oder historischen Ordal ist das Urteil in einer holistischen Gesellschaft verankert, einer Gesellschaft, die das Individuum dem Gemeinwesen total unterordnet. Wird der Verdächtige für schuldig befunden, folgt sein Ausschluß aus der Gemeinschaft. Häufig wird er während des Ordals getötet oder stirbt an den Folgen der Prüfung; Urteilssprechung und Urteilsvollzug fließen dann zusammen. Folgt dagegen aus dem Ergebnis

der Prüfung die Unschuld des Angeklagten, ist dessen Position innerhalb des Gemeinwesens gestärkt, da er zu Unrecht verdächtigt und einer Prüfung unterzogen wurde. Das Ordal kennt keine halben Maßnahmen. Im Gegensatz zum alten ist beim modernen Ordal das angestrebte Ziel dem Handelnden nicht klar. Das Individuum, das seine Zukunft befragt, entbehrt das Gefühl, zu einem Gemeinwesen zu gehören. Es verantwortet sich ausschließlich vor sich selbst. Das moderne Ordal ist eine unbewußte Figur, ist nicht länger ein sozialer Ritus, sondern ein individueller Übergangsritus. Es setzt eine atomisierte Gesellschaft voraus, die sich in einer Legitimations- und Ordnungskrise befindet. Indem er ein überhöhtes Risiko eingeht, trotzt der Akteur der Gefahr, sein Leben zu lassen, um eine Garantie für seine Existenz zu erhalten. Entkommt er der Gefahr, in die er sich freiwillig begeben hat, erbringt er den Beweis, daß sein Leben Sinn und Wert hat.
Risiko und Ordal sind nicht immer klar voneinander zu unterscheiden. Ihre Verkoppelung stellt eine der bedeutsamsten Erscheinungen in den heutigen Gesellschaften dar. Das Risiko ist die Grundsubstanz des Ordals; es rangiert aber auf einer höheren Gefahrenskala, insofern die Möglichkeiten, mit dem Leben davonzukommen, eingeschränkt sind, das Individuum sich gezwungen fühlt, bis zur äußersten Grenze zu gehen. Das Risiko bezeichnet eine primäre Haltung, von der sich das Ordal durch die uneingestandene Suche nach größerer Todesnähe unterscheidet.
Selten ist das Ordal in den bewußten Handlungen des Individuums in reiner Form enthalten. Aus diesem Grund gehört der genau geplante Selbstmord nicht zum Gegenstand dieser Untersuchung. Das Ordal unterscheidet sich insofern radikal vom Selbstmord, als es ein Moment des Spiels mit dem Risiko enthält und keine vorsätzliche Herbeiführung des Todes bezweckt, sondern die Überlebenschance offenläßt. Hingegen muten zahlreiche Selbstmorde und Selbstmordversuche nachträglich als Ordalien an, weil der Selbstmordkandidat – meist unbewußt – in sein Vorgehen eine Überlebenschance eingebaut hat. Der Adoleszent, der eine Überdosis Medikamente schluckt, befindet sich in einem zwiespältigen Verhältnis zum Tod. Gespräche mit Suizidenten offenbaren selten einen festen Sterbenswillen. Vielmehr ist der Selbstmordversuch in den meisten Fällen ein verzweifelter Akt, sich aus einer Situation zu befreien, die als ausweglos, versperrt empfunden wird; selten ist er eine gezielte Selbsttötung, auch wenn er tatsächlich mit dem Tod endet. Die meisten Selbstmordversuche von Adoleszenten gehören hierher. In dieser Hoffnung auf einen Ausweg ins Überleben zeigt sich deutlich ein ordalischer Charakter. Nicht ordalischer Natur ist hingegen der Fall eines Menschen, der sich durch die Mundöffnung eine Kugel in den Kopf schießt und wider Erwarten auf der Intensivstation ins Leben zurückgeholt wird,

denn hier ist der Versuch planmäßig auf die Ausschaltung jeglicher Überlebenschance angelegt.

## Figuren des Risikos und des Ordals

In einer ersten Phase der Analyse werden wir zwischen Risiko- und ordalischem Verhalten nicht unterscheiden, da beide sich aus der Suche nach den eigenen Grenzen ergeben und das moderne Ordal, wie schon erwähnt, nur durch die Heraufsetzung der Risikoschwelle gekennzeichnet ist. In diesem Abschnitt wollen wir die vier Hauptfiguren des Risikoverhaltens aufgliedern, von denen jede den Keim des Ordals in sich birgt. Es sind dies: Vertigo (Schwindelgefühl), Konfrontation (im aktiven Sinne), Entkörperung und Überleben. Diese Figuren sind keine in sich geschlossenen; sie können in ein und derselben Handlung gleichzeitig auftreten. Es handelt sich vielmehr um vier Sensibilitätsachsen, die sich im konkreten Fall oft überschneiden. Zum Beispiel können bei einer gefährlichen Besteigung sowohl die Lust am Schwindelgefühl, der Kampf gegen die Müdigkeit, das geduldige Durchhalten einer langen Anstrengung sowie das Hochgefühl über die bestandene Gefahr innerhalb der gleichen Aktion gemeinsam auftretende Momente der Selbstüberwindung sein. So können, neben dem Willen, hinter den Erwartungen der anderen Beteiligten nicht zurückzubleiben, beim *base jumping* oder gar Bungee-jumping zum Beispiel besonders die Konfrontation mit der Angst und die Suche nach dem rauschhaften Schwindel als Antriebskräfte wirksam werden. Einmal abgesprungen, ist man auf sich selbst gestellt, so daß sich der Wettbewerbscharakter verflüchtigt und nur die Sensation des Allein-in-der-Leere-Schwebens von den Sinnen Besitz ergreift.

Wir beziehen in unsere Untersuchung auch Verhaltensweisen ein, die ihrer Struktur nach normalerweise dem Bereich der Psychiatrie zuzuordnen sind. Wir werden jedoch noch ihre Parallelen zu dem Risikoverhalten zum Beispiel eines Fallschirmspringers feststellen. Dies gilt für die Magersucht, den Selbstmordversuch, die Toxikomanie usw. In der adoleszenten Anorexie ist in gewisser Weise sowohl das Erleben eines Schwindelgefühls, Selbstkonfrontation, Entkörperung als auch eine metaphorische Form des Überlebens nachweisbar.

Die klinische Adoleszentenpsychiatrie hat neuerdings übrigens ein neues Forschungsfeld abgegrenzt: den komplexen Bereich des Risikoverhaltens.[9] Für den Soziologen existiert a priori weder das Normale noch das Pathologische; sein Anliegen ist es, den Sinn einer Handlung aus ihrem sozialen Kontext heraus zu verstehen, ohne den Akteur als Individuum aus den Augen zu verlieren.

# Vertigo

Wann immer jemand sich einer gefährlichen Situation aussetzt, will er auch ein Rauschgefühl erleben. Das Heraufbeschwören dieses Gefühls verbindet eine Reihe vordergründig sehr unterschiedlicher Phänomene wie die Geschwindigkeitsmanie, den Sprung ins Nichts, den extremen Nervenkitzel, das Gleiten, Schweben, die Toxikomanie. Zwar ist die Lust am Taumel ohne Zweifel seit jeher in allen Kulturen festzustellen, aber der Stellenwert, den sie aufgrund ihrer sozialen Geltung und Häufigkeit in unseren heutigen Gesellschaften erlangt hat, unterscheidet sie qualitativ von ihren »anthropologischen Vorfahren«.
Es äußert sich darin eine spielerische Einstellung zur Welt, die in der Lust gipfelt, daß man teils oder ganz auf eigenes Zutun verzichtet, um zum Spielball der Umweltkräfte zu werden. Es geht darum, die Anhaltspunkte zu verwischen, jene Koordinaten zeitweilig durcheinanderzubringen, die im Alltag die Kontrolle der eigenen Existenz innerhalb einer nach genauen Regeln funktionierenden sozialen und kulturellen Umwelt gestatten. Der Akteur gibt sich dem Rausch der Sinne hin. Er will »sich auseinandersprengen«. Solche Wortwahl verweist unmißverständlich auf einen Willen zur Expansion, zum Überschwang, der in einer ersten Phase die Aufhebung der als hinderlich und beengend empfundenen persönlichen Identität voraussetzt, die folglich gleichsam überfallartig überschritten werden muß, damit es zu einer vollständigen und intensiven Umwälzung des Selbst kommt. Die Bezeichnung »sich auseinandersprengen« drückt indes nicht nur das Erweiterungsmotiv aus, sondern konnotiert deutlich auch die damit verbundene Möglichkeit eines tödlichen Ablaufs: »sich auseinandersprengen« heißt auch explodieren, zersplittern, die Hülle zerreißen. In den wegen der Anziehung des Schwindelgefühls eingegangenen Risiken schwingt heimlich immer das Spiel mit dem Tod mit, ist das Ordal nicht weit.
Roger Caillois unterscheidet vier grundlegende Kategorien des Spiels: das Glücksspiel (*Alea*), das Wettbewerbsspiel (*Agon*), das Nachahmungsspiel (*Mimikry*) und das Schwindelspiel (*Ilinx*). Ilinx ist das griechische Wort für Strudel, von dem das Wort *Ilingos* für Schwindel abgeleitet ist.[10] Unter *Ilinx* werden die Kategorien zusammengefaßt, »die auf dem Begehren nach dem Rausch beruhen und deren Reiz darin besteht, für einen Augenblick die Stabilität der Wahrnehmung zu stören und dem klaren Bewußtsein eine Art wollüstiger Panik einzuflößen. Es geht hier stets darum, sich in einen tranceartigen Betäubungszustand zu versetzen, der mit kühner Überlegenheit die Wirklichkeit verleugnet.«[11]
Wenn wir diese Definition transformieren, indem wir für den Begriff des Spiels den Begriff der Risikohandlung einsetzen, die, sofern ihr latenter

Beweggrund der Tod und ihr Einsatz das Leben ist, nicht mehr exakt als Spiel zu fassen ist, erhalten wir eine recht genaue Definition der modernen Form des Ordals. Dieses geht in der Realität stets mehr oder weniger aus dem *Ilinx*spiel durch eine Tranformation des Einsatzes von physischem Gleichgewicht zu physischer Existenz hervor.

Auch hohe Geschwindigkeiten rufen eine Begeisterung hervor, die sich zum Rausch steigern und eine Lockerung der Kontrollinstanzen des ohne Unterlaß von dem Rhythmus und dem Streß moderner Gesellschaften beanspruchten Ichs zur Folge haben kann. In der Geschwindigkeit werden Gegensätze versöhnt, ein *coincidentia oppositorum*: wie im Eintauchen in das Schwindelgefühl und gleichzeitig der Kontrolle seiner Intensität. In einem wahlverwandtschaftlichen Bund erzeugen die Entwicklung von Technik und Wissenschaft einerseits und die wachsende Faszination des Schwindelerlebnisses andererseits gerade unter dem Aspekt der Geschwindigkeit eine Spiralwirkung.[12] In anderer Hinsicht reflektiert die Geschwindigkeit die soziale und kulturelle Unbestimmtheit, die Verwischung der Bezugspunkte, deren zerstörerische Folgen sie jedoch auf individueller Ebene auffängt. Sie wird dadurch zum Emblem des Bundes von Taumel und Kontrolle, Verlorenheit und Allmacht. In dem Drama der Existenzbewältigung macht sie den Akteur zum *deus ex machina*, der nicht erst am Ende des Stückes auftritt, sondern die dramatische Handlung vom Anfang bis zum Ende lenkt ... und entdramatisiert. Sie vermittelt dem Individuum für eine Weile das Gefühl, sich selbst zu gehören und zu gehorchen, Herr zu werden des Chaos, das in den Tiefen des Lebens gärt. Gleichwohl lauert im Hintergrund das Unglück, das als mögliche Konsequenz der Faszination in das Geschehen einbricht und zu Bewußtsein bringt, daß sich das einen Augenblick lang gehegte Gefühl, sich selbst in der Geschwindigkeit zu erfahren, mit einem gewagten Spiel mit dem Todesrisiko bezahlt wird. Nur im Schatten des Todes weht jener Hauch von Sinn, der kurzweilig das Leben beseelen kann. Die immer perfekter und billiger werdenden Maschinen machen die Geschwindigkeit für jeden zugänglich, einschließlich der Jugend (zum Beispiel in Form des begehrten Motorrads).

Unablässig fortschreitende Technik und nie nachlassende Findigkeit der Handlungsfreudigen steigern die Möglichkeiten des *Ilinx*, aus der riskante Aktionen bevorzugt schöpfen. Auto- oder Motorradraids sprießen wie Pilze aus dem Boden und werden den leidenschaftlichen Amateuren immer leichter zugänglich gemacht. Die Strecken führen durch Wüstengebiete, die sowohl körperliche Anstrengung als auch möglichst hohe Geschwindigkeiten begünstigen. Das ekstatische Gefühl, das Allmachtsgefühl wird durch die Angst (zum Beispiel beim Befahren von Dünenlandschaften) regelrecht angefacht. Die Berührung mit dem Tod ist die beste Garantie für begeisterten Zulauf – siehe die Rallye Paris-Dakar.

Bei anderen riskanten Betätigungsarten hat die Verfeinerung der Technologie dem enthusiastischen Anhänger ausgeklügelte Mittel zur Verfügung gestellt, um sich über die körperliche Anstrengung in einen Rausch zu versetzen: Gleitfahrten auf Binnengewässern oder auf dem Meer (Surfen, Katamaran- oder Hobie-Cat-Fahren, Windsurfen, Drachenfliegen), auf Schnee (Extremski, Gleitschirmfliegen, Surfen, Monoski) oder in der Luft (Ultraleichtmotorsegler, Deltaflugzeug, Fallschirm). Beim Gleiten vermischt sich Schwindelerregung mit Situationsbeherrschung. Es führt zu Verausgabung und Berauschung und beruht auf dem Vertrauen in die persönlichen Fähigkeiten. Es vermittelt demjenigen Allmachtsgefühle, der trotz der gegen sein Gleichgewicht verbündeten Naturkräfte den Kurs zu halten versteht. Das Ziel, das man erreichen will, besteht darin, während des Rauschzustands seinen Weg zu markieren, ein Grund, weshalb diese Aktivitäten heute soviel Zulauf und Aufwertung erfahren. In der ihnen eigenen Weise exorzieren sie die aus der Unbestimmtheit des sozialen Umfelds resultierende Verwirrung. Mit dem Tod wird ein symbolischer Existenzgarantievertrag geschlossen. Durch alle Aktivitäten, die auf die Erzeugung eines Schwindelgefühls hinzielen, scheint der Tod als heimliches Motiv, als verdrängte Sehnsucht durch. Zwei Französinnen, die beim Extremski mit einer Geschwindigkeit von 190 Stundenkilometern einen nahezu senkrechten Hang heruntergefahren sind, erklären: »Es ist, als ob man in einen Schacht stürzte. Man hört nichts mehr. Es bleibt nur noch der Körper, der wie ein Atomteilchen beim Explodieren einer Wasserstoffbombe beschleunigt.« (*Le Monde*, 3. März 1984) Im Hymnenton dieses Satzes geht das heraufbeschworene Bild des Todes fast verloren: »sich auseinandersprengen«, als ob im Innern eine Bombe explodierte. Das Allmachtgefühl ist jedoch um so größer, wenn die Gefahr heil überstanden worden ist. Das Schwinden oder gar die völlige Ausschaltung des Bewußtseins ist eine Weise, sich selbst aufzugeben, die ursprüngliche Hülle des Identitätsgefühls mittels einer paradoxerweise kontrollierten Ohnmacht zu zerreißen. In seiner Hingegebenheit und Offenheit hat der Akteur das Gefühl, daß die Welt in ihn drängt, ohne ihn zu vernichten. Die Grenzen des Selbst dehnen sich weit aus, und die dabei empfundene Freude bildet einen Akkord mit der eingegangenen Todesgefahr, auch dann, wenn die Berührung mit dem Tod in der gemilderten Form der Metapher angesprochen wird. Patrick Vallençant schreibt: »Wenn ich den Abhang hinunterrase und meine Skier diese pulverige und kalte Materie zu einem Stakkato flüchtiger Wolken aufwirbelt, wenn der Schnee mir über den Kopf fliegt, mir ins Gesicht peitscht, mich blendet und erstickt, in solchen seltenen, herrlichen Augenblicken habe ich das Gefühl, in eine unberührte Welt einzudringen, mich mit den Elementen zu vereinen, mit Erde und Himmel in ihrer herrlichsten Gestalt zu verschmelzen... Körperlich wie

geistig wahrhaft eine Freude, die mir eine kosmische Dimension schenkt, weil diese Freude Kommunikation, Kommunion mit den Elementen ist, Eingelassenheit ins Innerste der Natur.«[13] Dieses Bild der Verschmelzung wird, wie wir noch sehen werden, von den »neuen Abenteurern« oft benutzt; insbesondere durchzieht die Verschmelzungserfahrung die zahlreichen »Überlebensexperimente«.
Nach derselben Logik entstehen neue »Vertigoprüfungen«, die ein beachtliches Interesse finden. Zu den bevorzugten Übungen gehört der Sprung ins Leere am elastischen Gurt (Bungee-jumping). Für seinen Erfinder »besteht das Ziel darin, in der äußersten Dehnungslage des Gurtes mit der Hand den Boden zu berühren, um dann in eine Höhe von 50 oder 100 Metern zurückgeschleudert zu werden«. An jedem neuen Ort gilt es für den Vertigofachmann, die äußerste Grenze zu bestimmen, wo der Tod zugleich berührt und vermieden wird. »Ich suche danach, ein äußerst starkes Gefühl des Abstürzens in den Abgrund hervorzurufen, während dessen Auftreten nichts anderes mehr zu tun bleibt, als die Zersprengung aller Grenzen zu empfinden und sich an dem Verschwinden aller negativen Energien der gewöhnlichen Existenz zu freuen.« *(Les Nouveaux Aventuriers*, Nr. 5) Es handelt sich also um ein Kontrollieren des Schwindelgefühls am äußersten Punkt, wo der Springer dem Tod für eine meist begrenzte Zeit das Lebensrecht abringt. Heute ist diese Übung vereinfacht und für viele Kandidaten auf eine Höhe reduziert worden, welche die Lebensgefahr erheblich verringert. Aber die Aktivitäten, die aus der Lust am Schwindelgefühl erwachsen, setzen immer in der einen oder anderen Weise das metaphorische Spiel mit dem Tod voraus.
Bungee-jumping steht heute auf dem Programm der »Risikolehrgänge«, die Kader- oder Unternehmensleitern angeboten werden. Vor dem Sprung findet ein Konditionstraining statt; dazu gehören auch vertrauensbildende Maßnahmen: die Herstellung von Vertrauen zwischen den Teilnehmern und zum verwendeten Material. Die Dialektik der Prüfung, die Hingabe an die Vertigo und die Unterstützung der anderen schulen den Wagemut. Bei ihren Beziehungen mit Kunden oder mit Konkurrenten erinnern sich die Teilnehmer an den Augenblick, in dem sie ihre Angst überwanden. Der Sprung, die Besteigung einer schwierigen Wand oder jede andere Großtat, bei der eine hohe Angstschwelle überwunden werden muß, heben das Selbstvertrauen, bewirken eine Entschlossenheit, die den erfolgreichen Prüfling »leistungsfähiger« und selbstsicherer macht. Die Unternehmen haben die unmittelbare praktische Umsetzung dieser anthropologischen Struktur erkannt und systematisiert. Die freie Wahl der Vertigo ist der beste Weg, ihrer Herr zu werden.
Ein anderer auf dem *Ilinx* beruhender Wettbewerb ist das *base jumping*, das darin besteht, mit dem Fallschirm aus geringer Höhe (ungefähr hundert Meter über dem Boden) abzuspringen, von einer Felsspitze

etwa, einer Brücke oder einem Gebäude. Der Fallschirm muß sich innerhalb sehr kurzer Zeit öffnen; der Aufprall auf den Boden ist oft äußerst heftig. Das Spiel hat seinen Erfinder das Leben gekostet. (Siehe *Les Nouveaux Aventuriers*, Nr. 3)
Unter diese Rubrik können auch heute häufig bei der Jugend festzustellende Verhaltensstrukturen eingeordnet werden. In einem anderen Register erkennen wir hier die Suche nach der Verschmelzung im rauschenden Allgemeingefühl, die Lust am Schwindelgefühl und seiner Beherrschung: die Toxikomanie (ob als Risikohandlung oder als Sucht), zum Beispiel in Form von Alkoholismus. Aber auch der Trebegang, die Flucht, in der sich die Befreiung von jeglicher Bindung und die Wahl des Zufalls als Weggenossen ausdrückt. Wie noch deutlich werden wird, ist auch die Jugendstraffälligkeit in ihren heutigen Formen oft ein Versuch, die Lebenslust zu steigern, wie auch der Geschwindigkeitsrausch, zum Beispiel die Fahrt auf dem Motorrad, einen extrem körperlichen Reiz ausübt. Um den ordalischen Charakter all dieser Verhaltensweisen zu unterstreichen, sei daran erinnert, daß drei Viertel der Unfallopfer allein auf die Altersgruppe zwischen 18 und 24 Jahren entfällt. Man wird sich daher nicht wundern, wenn Risikohandlungen gerade auf diese Altersgruppe eine große Anziehungskraft ausüben. Der Großteil solcher Handlungen, wie die Durchfahrt bei Rot oder das Überqueren der Straße mit verbundenen Augen, zielt auf das Hervorrufen eines Schwindel- oder anderen intensiven Gefühls.[14]

## Konfrontation

Die aktiv herbeigeführte Konfrontation ist nicht bloß *Agon*, Wettbewerb, Kampf mit dem anderen, sondern das Wirksamwerden einer festen Entschlossenheit, sich von Schwierigkeiten oder Ermüdung nicht übermannen zu lassen. Der Heißhunger auf Höchstleistungen, Glanztaten, Herausforderungen und Wettbewerbe aller Art hat sich der westlichen Gesellschaften bemächtigt und treibt Tag für Tag neue Probanden bis an die Grenze ihres Leistungsvermögens. Das Individuum, nicht zuletzt von sich selbst aufgefordert, sich in einer Gesellschaft mit unzähligen und teils widersprüchlichen Referenzen zu beweisen, sucht in der frontalen Auseinandersetzung mit der Welt nach dem »Königsweg«, auf dem es sein Potential an Ausdauer, Kraft und Mut unter Beweis stellen kann. Die Leistungsmuster und die Fähigkeit, die Schwierigkeiten bis zum Ende auszuhalten, die es sich selbst verordnet hat, treten an die Stelle der anderen Referenzen, um den eindeutigen Nachweis der Daseinsberechtigung, die dort ein sicheres Mittel zu ihrer Untermauerung findet, zu erbringen.

Symbolisch wirkt eine Suche nach den Grenzen mit, eine auf Körper und Wille abgeschlossene Wette in einem Wettkampf, bei dem der Tod zwar fernab scheint, sein plötzlicher Auftritt auf der Bewährungsbühne jedoch immer zu gewärtigen ist. Die umarmende Nähe des Todes geht auf im verzehrenden Nahkampf mit einer alle Sinne bindenden, erfolgreich abzuschließenden Aufgabe, und zwar nicht des Geldes oder der Geltung wegen, wenn auch beides hinzukommen kann, sondern wegen des Lebensgefühls, um sich selbst zu beweisen, »wozu man fähig ist«, um das Identitätsgefühl zu stärken, das konsistenterer Ortsbestimmungen bedarf. Der fehlende Zugriff auf die sich den Begriffen verweigernde Welt ruft nach dem Körper, der den gordischen Knoten, statt ihn zu entknoten, durchbricht und damit zwar keine definitive Antwort auf das Problem gibt, aber immerhin eine provisorische Lösung bietet, die ihm erlaubt, seine sonst allenthalben bedrohte Souveränität wiederherzustellen.

Die Überwindung der Prüfungsschwierigkeiten führt mehrmals an Grenzen, wo man sich selbst zwingen muß, trotz zunehmender Erschöpfung nicht aufzugeben, trotz Belastungen jenseits des Ertragbaren durchzuhalten. Gegen die zunehmende Neigung, auf das Durchhalten der Prüfung zu verzichten, muß die äußerste Grenze des physischen Leistungsvermögens erreicht werden, und dies für ein unerfaßbares Ziel, als »zweckfreie« Handlung. Im Gegensatz zum Vertigo bzw. zu den Aktivitäten, die wegen des Schwindelgefühls gesucht werden, vollzieht sich die Leidenschaft zur Verausgabung häufig als stetige Willensübung in einer Atmosphäre strengen Ernstes; sie stellt somit eine Form der Askese dar, zielt auf Beherrschung, Kontrolle, Maximierung der eigenen Kraft. Unter Verweis auf die Cailloischen Kategorien kann man hier das Wirken eines agonalen Prinzips beobachten, wobei jedoch die Gegnerschaft in erster Linie im Individuum, in dessen eigenen Möglichkeiten lokalisiert ist. Ziel der Prüfung ist die Unterwerfung des in der Moderne zum *alter ego* gewordenen Körpers durch Willenskraft.[15] Caillois definiert *Agon* als einen »Kampf, bei dem eine künstliche Gleichheit der Chancen geschaffen wird, damit sich die Wettkämpfer unter idealen Bedingungen miteinander messen können, unter Bedingungen, die es ermöglichen, dem Triumph des Siegers einen ganz präzisen und unbestreitbaren Wert zu verleihen.«[16] Es empfiehlt sich hier, die Definition auf die Auseinandersetzung mit sich selbst zu erweitern, insofern bei einer Reihe körperlicher und sportlicher Leistungen nur ein einzelner teilnimmt oder jeder Teilnehmer auf sich allein gestellt ist (Raids, Läufe, Jogging). Des Teilnehmers einziger Gegner ist in solchen Fällen er selbst. Diese Dualität wird im übrigen auch von ihm selbst betont: Er mißt sich mit seinem eigenen Scharfsinn, seinen eigenen Nerven. Er liefert zwar den anderen den Beweis seiner herausragenden Qualität, aber wichtiger ist ihm, vor sich selbst zu bestehen. In einer sich immer individualistischer gestaltenden Gesellschaft wird das Individuum selbst zum Ort der Herausforderung und zu seinem eigenen Preisrichter.

Seine Kräfte bis zum letzten ausschöpfen (Marathon, Langstreckenlauf, weite Märsche, Kletterpartien in Serie) oder seine Fähigkeit beweisen, unter extrem schweren Bedingungen eine Maschine ununterbrochen unter Kontrolle zu halten (Raid), den anderen, der symbolisch die Grenze darstellt, überbieten (Rekorde erzielen): auf tausenderlei Weise erprobt das Individuum sein Durchsetzungsvermögen, seine Entschlossenheit. Es weiß um die Stärkung des Identitätsgefühls, die es durch das Überwinden der Hindernisse erfahren wird. Exerzitien einer Sozialmoral, die wachsende Bedeutung in einer Gesellschaft erhält, die zunehmend dazu zwingt, einer Gewinnkultur die Fahne zu halten.[17] Wenn für das Schwindelgefühl das Schlüsselwort »sich auseinandersprengen« verwendet wird, so ist es im Fall der Konfrontation das Verb »sich ausschöpfen«, das die Ausrichtung dieses Begriffs am besten beschreibt. Die Auseinandersetzung mit sich selbst steht unter Umständen auch dann im Mittelpunkt, wenn mehrere am Wettbewerb teilnehmen. Der Gegner kann konkret (wie zum Beispiel in einem Lauf) oder symbolisch (wie zum Beispiel beim Rekordversuch) vorhanden sein. Es geht darum, den Rekord zu verbessern, ihn auf eine möglichst unerreichbare Marke zu schrauben.[18]

*Citius, altius, fortius.* In allen Wettbewerbssparten sind heute eine bunte Vielzahl von Leistungen zu verzeichnen, die man nach Dauer, Austragungsbedingungen und Art ihrer Verknüpfung miteinander, Alter oder Geschlecht der Teilnehmer aufschlüsseln kann. Ein absoluter Wettbewerbsgeist erzeugt »einen einzigen, unbestimmt und ununterbrochen dahinfließenden Wettbewerbsstrom«, der sich weit über die Grenzen der Stadien hinzieht, die Roger Caillois meinte. Das Wettrennen um Großtaten hat heute zur Aufzeichnung von Rekorden geführt, die noch vor fünfzehn Jahren unvorstellbar gewesen wären. Das Bergsteigen bietet ein Beispiel dafür. Da alle Berggipfel heute erklommen sind (oder »erobert«, wie es im Jargon heißt), werden andere Leistungsregister gezogen: schneller soll es gehen, in einem Minimum an Zeit durch unwegsames Gelände, ohne Ausrüstung – quasi mit bloßen Händen –, ganz allein oder gar mit Behinderten- oder Krankenseilschaften. Keine Variante, die nicht für einen neuen Rekord oder als Premiere in Frage käme. »Das Sammeln von Achttausendern ist heute eine überholte Herausforderung«, meint ein bekannter Alpinist in tadellos moderner Diktion. Im Bergsteigen haben sich ganz neue Maßstäbe herausgebildet, die sich an dem Grad der Verausgabung, am »winner image«, am Spektakel orientieren. Gleiches gilt für Meer, Wüste und sonstiges Terrain; jede Gelegenheit wird ergriffen, jeder Ort kommt als Austragungsschauplatz in Betracht. Ein bescheidenes Sträßchen auf dem Lande kann zu histori-

schen Heerstraßenehren gelangen, wenn sie Teil einer Langmarschstrecke wird, etwa der Marathonstrecke Paris-Beijing, einer Radtour um die Welt, eines Laufes von Lille nach Gao in Mali, der unternommen wird, um die Öffentlichkeit auf den Hunger in Afrika oder die Notwendigkeit von Aids- oder Krebsbekämpfung aufmerksam zu machen.
Wenn nicht Rekorde oder »Premieren«, dann sind es neuartige Prüfungen, von denen die meisten in den achtziger Jahren erdacht worden sind. Die traditionellen Sportarten, die lange Zeit die Lust, sich mit den anderen zu messen, kanalisierten, werden heute von Aktivitäten überholt, die außerhalb der Stadien stattfinden und bei denen Amateure im Geist des »neuen Abenteuers« mit den Profis erbittert wetteifern. Der Wettbewerbsgeist spielt bei einigen gewiß noch eine Rolle, aber der Mehrzahl geht es im wesentlichen darum, sich selbst die eigene Fähigkeit zu beweisen, »bis zum Äußersten zu gehen«.
Das Meer – es wird überquert im Ruderboot, im Segelboot, im Tretboot. Flüsse, am besten in Asien oder Afrika, werden über ihre ganze Länge durchfahren: im Schlauchboot, im Kajak. Die Wüste wird zu Fuß durchquert, mit dem Ultraleicht-Motorsegler überflogen, per Pkw, Lkw oder Motorrad durchfahren. Man läuft von Stadt zu Stadt, von Kontinent zu Kontinent, über Wochen, Monate, gar Jahre. Reisen um die Welt finden statt: zu Fuß, mit dem Auto im Frontalantrieb, mit dem Rad, zu Pferde oder mit dem Schlitten bewegt man sich durch die Welt, von Pol zu Pol. Man dringt bis ins Innerste des dichtesten Dschungels vor und hält sich dort unter kargesten Überlebensbedingungen auf. Auf der Weltbühne will man sich messen, zum Entzücken von Medien und Sponsoren. Man will sich ausschöpfen, erschöpfen, erschaffen, am liebsten allein, vielleicht noch zu zweit oder höchstens zu dritt, denn, so lautet die knappste Formulierung der Mythologie des »Extremen«, der symbolische Grenznutzen nimmt mit steigender Zahl ab.
Unseren Gesellschaften, stets hungrig nach Komfort und Sekurität, gelüstet es gleichzeitig nach diesen strapaziösen Großtaten, die in der Mehrzahl der Fälle von »Männern ohne Eigenschaften« in Szene gesetzt werden: Angestellte, Lehrer, Therapeuten, Ärzte, Pädadogen auf der Suche nach einer anderen Lebensfarbe als dem Alltagsgrau. Nach der ersten Rallye Paris-Dakar schnellte in den achtziger Jahren die Zahl der für Amateure offenen Ausdauerraids in die Höhe: ob per Motorrad, im Auto, im Geländewagen mit Allradantrieb oder Lkw. Meist wurde dafür eine exotische Umgebung ausgesucht, wie die Namen besagen: Marhaba Total, Paris-Oslo-Nordkap, Lavelanet-Marrakesch, Tunesienraid, Baja 1000 California, Totalkreuzfahrt usw. Die Camel Trophy, 1980 ins Leben gerufen und zum ersten Mal von drei westdeutschen Mannschaften bestritten, ist ein Musterbeispiel solcher Raids. Fünfzehn Tage lang wird unter schwersten Bedingungen dem Dschungel getrotzt. Dieser Raid, der

das Abenteuer, den Exotismus, das Auto, das Überleben integriert, registrierte zum Beispiel 1989 67 000 Bewerbungen für 28 freie Plätze (vierzehn Besatzungen). In Frankreich wurden nach sorgfältiger Prüfung der Bewerbungsunterlagen 42 Kandidaten zur Auswahlprüfung zugelassen. Rallyespezialisten, Techniker, »neue Abenteurer«, Fitneßspezialisten, Psychologen, Bergführer, Mediziner, Sportler bewerteten die Eignung der Bewerber. Am Ende einer sich über zwei Monate erstreckenden Prüfungs- und Testserie blieben zwei Kandidaten übrig.
Raids neuen Stils werden veranstaltet, wie Passeport Pulsion, von Dakar nach Nizza, bei dem jede Etappe nach einem anderen Modus ausgetragen wird (auf Surfbrett, Motorrad, Rad, Katamaran, Marathon usw.). Es handelt sich dabei um Überlebensprüfungen, bei denen es darum geht, eine Strecke zwischen zwei mehrere hundert Kilometer voneinander entfernten Ortschaften dank Ausdauer und Findigkeit zu bewältigen. Raids finden auch in den Bergen statt, zum Beispiel der Grand Défi (Große Herausforderung), 1989 zum ersten Mal ausgetragen, 500 Kilometer Tiefschneeski über Dolomiten, Mont-Blanc und durch die Vanoise.
Einer der Teilnehmer formuliert den Grundgedanken solcher Wettbewerbe folgendermaßen: »Sich ins Zeug legen, schwitzen bis zum Umfallen, darauf stehe ich; immer weiter über sich hinausgehen, um hundertprozentig zu leben und meinen Körper voll zu spüren.«[19]
In einem Bericht über seine Expedition im Gebiet des Orinoko-Oberlaufs bleibt auch Alain Kerjean dem in diesen Dingen obligaten Klischee treu und zieht eine wenig angenehme Bilanz der erfahrenen Querelen, um dann antithetisch zu schließen, wie sehr ihn die Unternehmung »persönlich bereichert« habe. »Erst von einem fremdenfeindlichen Offizier der Nationalgarde ins Gefängnis gesteckt, fünfzehn Tage Warten auf eine ungewisse Einreisegenehmigung in das Gebiet des oberen Orinokos, verschimmelnd in einem schäbigen 'Palast'... zwei Wochen lang in einem winzigen, nach allen Richtungen getriebenen Schlauchboot einen mit Baumstämmen übersäten Fluß hinauffahren, ... sich die Haare von einem unbekleideten und bartlosen Volk auszupfen lassen zu müssen, sein kulinarisches Erbe völlig zu vergessen und sich von gegrillten Ameisen und fetten Raupen zu ernähren.« Es folgen weitere Zeilen im gleichen Tenor: »Nichts zu kapieren vom Verhaltenskodex wilder Völker, jederzeit ein Mißverständnis in einer Situation totaler Abhängigkeit von Kriegern befürchten zu müssen, die den kleinsten Zwischenfall als Zeichen der Geister deuten, die Yanomami zu überzeugen, uns in eine verlorene Welt zu begleiten, sie wenige Marschstunden vor Erreichen des begehrten Ziels darauf verzichten zu sehen, befürchten zu müssen, im riesigen Wald einsam und verloren dazustehen...« Und was folgert Alain Kerjean aus alledem: »Unser Abenteuer hat unser Selbstvertrauen

und unseren Mut gestärkt, Komplexität anzugehen – eine Eingangspforte zur persönlichen Vervollkommnung.«[20]

Triathlons erfreuen sich großer Beliebtheit. Ganz oben auf der Prestigeskala steht der Hawaii-Triathlon, 3,9 Kilometer Schwimmen in den Wellen, 180 Kilometer mit dem Rad und ein Marathon (42,195 Kilometer), hintereinander ohne Pausen. »Ein echter Triathlon wie der von Hawaii bedingt ein monatelanges Training, das dem der 'marines' ebenbürtig ist; der Wettbewerb selbst verlangt die restlose Ausschöpfung aller physischen Kräfte; nur der Beste besteht«, schreibt ein Spezialist. (*Le Monde*, 5. Mai 1984)

Gefördert von Kommunal-, Bezirks- oder Regionalverwaltungen oder von privaten lokalen Initiatoren, erfinderischen Turnlehrern, von Firmen auf der Suche nach symbolischer Legitimation, von Fachleuten für »Kommunikation«, erblicken Tag für Tag neue Prüfungen das Licht der Welt. Oder aber es handelt sich um Akteure, die sich einfach auf eigene Faust im Namen humanitärer, wissenschaftlicher oder sportlicher Gebote auf den Weg machen: über Straßen, Berge und Meere.

Zu erwähnen ist auch die Zunahme der Laufwettbewerbe wie Jogging, nordischer Ski usw., die jedem Teilnahmewilligen offenstehen, der »sich ausschöpfen« will. Paul Yonnet hat die weite Verbreitung des Joggings in westlichen Gesellschaften analysiert.[21] Die Mehrzahl der Großstädte hat ihren Marathon oder Halbmarathon. Eine fruchtbare Einbildungskraft sorgt für die Vermehrung der Wettkampfformen, und alle finden großen Zulauf von Nichtspezialisten, die die Gelegenheit beim Schopf packen, um ihre Widerstandsfähigkeit zu testen und weil sie wissen wollen, ob sie über die ganze Distanz durchhalten. Die Ausdauer hat in westlichen Gesellschaften im Krisenkontext der achtziger Jahre als Wert stetig an sozialer Geltung gewonnen. Ausdauer ist übrigens jene physische Eigenschaft, auf die es bei allen auf Konfrontation beruhenden Wettbewerben (sei es im Kampf mit sich selbst oder mit anderen) im wesentlichen ankommt, weshalb sie ein bevorzugter Wert der Moderne ist. Daneben ist auch die Vertigo, ohne explizit den Rang der Konfrontation zu erreichen, ein Hauptmotiv dieser Prüfungen. Ausdauer und Schwindelgefühl, und zwar vor allem dessen Spielart: die Geschwindigkeit, sind die bevorzugten Vektoren der Suche nach der äußersten Grenze. Vor allem in Raids sind Ausdauer und Geschwindigkeit, Konfrontation und Vertigo oft engstens miteinander verknüpft.[22]

## Entkörperung

Die beiden bisher erörterten Kategorien beziehen sich auf ein Risiko, das zielstrebig gewählt wird. In der Erfahrung des Schwindelgefühls oder

der Konfrontation vollzieht sich die Sinnsuche des Akteurs während eines vorläufigen Ausnahmezustands, einer symbolischen oder realen Annäherung an den Tod, die der Existenz den Glanz einer neuen Legitimität verleiht. Das Individuum geht über sich hinaus und erwirbt jenen Sinnüberschuß, den ihm die Gemeinschaft, in der er lebt, nicht zu gewähren vermag. Für eine Weile wird seine Lebensenergie potenziert. Mit der Wahl des Risikos kann jedoch unter umgekehrten Vorzeichen die Anziehungskraft nicht von einem Mehr, sondern vom Weniger ausgehen. Die Suche nach Intensität weicht dann der Entkörperung, dem Schwinden des Lebensgefühls.[23] Dem Akteur ist es hier nicht gelungen, Selbstwertgefühl und Lebenssinn zu verankern. Er willigt in den Rückzug der Sinne ein, ja er selbst beschleunigt diese Bewegung noch, treibt den Prozeß der eigenen Auflösung voran. Er fordert den Tod nicht heraus, er sieht und siecht ihm allmählich entgegen.

Bei bestimmten Praktiken scheint deutlich der Rückzugswunsch durch. Das soziale Band wird gelöst, und der Körper hat nur noch die Funktion, der körperlichen Auflösung des Subjekts Beihilfe zu leisten. Das Subjekt selbst ist anderswo, abwesend, abgelöst. Dieses langsame Dahinsiechen ist oft nichts anderes als ein euphemisiertes Spiel mit dem Tod und kann sich, zum Beispiel durch Medikamentenvergiftung, bis zur Sehnsucht nach Koma steigern. Der Todeswunsch kann sich sogar als Lebenswille ausgeben, dann nämlich, wenn die Einnahme psychotroper Arzneimittel unter dem Vorwand geschieht, die Schwierigkeiten chemisch zu vertilgen, um weiterhin im sozialen Feld zu »funktionieren«. Das Individuum gleitet sozusagen in Zwischenräume und macht sich provisorisch sozial unansprechbar. Es versucht sich zu schützen, durch Gesichtslosigkeit, durch Geschichtslosigkeit, wird quasi durchsichtig. Es übergibt sich selbst der Trägheitswirkung des geschluckten Psychotropikums oder der Streckenführung des betretenen Weges, sortiert präzise die Reize, die sich ihm anbieten. Die Beziehung zu den anderen wird auf ihren kargsten Ausdruck reduziert. Die Kommunikation schrumpft auf ihre phatische Funktion zusammen und dient vor allem dazu, die Unentschiedenheit der eigenen Existenz zu bestätigen. Nicht so sehr die Selbstvergewisserung in der Beziehung zu den anderen wird vom Individuum erwartet, sondern vielmehr die Einspeisung der Stimuli durch das Produkt.[24] Anstrengungen werden tunlichst gemieden, die Verbindung zur Umwelt auf das Nötigste reduziert, und die Identität ist zeitweilig in Autismusschüben aufgelöst. Die gleiche Desozialisierung verbirgt sich hinter der adoleszenten Faszination von Spielautomaten, Video- und Computerspielen. Man muß sich fragen, ob die Videospiele nicht gleichzeitig auch die Lust an gefährlichen Aktionen sublimieren, indem sie im Jugendlichen eine mentale Disposition zum Risiko, zum Ausnahme- und Spannungszustand erwecken. »Sie können dem Spieler den Eindruck vermitteln, immer am Rand des Abgrunds zu stehen. Ähnlich wie in einer gefährlichen Situation hat man keine Zeit mehr zum Verschnaufen, und die Folgen einer Unachtsamkeit wären verheerend... In einem Videospiel duldet das Programm nicht den geringsten Fehler, läßt nicht die geringste Sicherheitsmarge«, schreibt Sherry Turkle.[25] Vor dem Computer rekonstruiert der Jugendliche die Welt anhand einer kleinen Gruppe einfacher Variablen. Er bedarf des Mitmenschen nicht mehr und gibt sich mit einer Art provisorischem Autismus zufrieden, der ihm ein Schwindelgefühl spendet, aus dem er nach Belieben ein- und aussteigen kann. Er entzieht sich kurzfristig der Nachhaltigkeit des Symbolischen, indem er die Leere steigert. Er geht gegen das Hinabsinken an, indem er es als Rückzug steuert.

Marc Guillaume hat einen »Spektralitätswunsch« analysiert, den er in der massiven Verwendung von Teletechnologien am Werke vermutet, und zwar in der dreifachen Bedeutung, die das Wort »spectre« im Französischen hat: in der Bedeutung von lichtdurchlässiger Geistererscheinung, von Prisma und von der Wirkung des Prismas, in dem das Licht gebündelt eingefangen und in homogene Spektralfarben gebrochen wird. Indem sich das Individuum den Zwängen seiner Identität entzieht, »verflüchtigt es sich, um ziellos-frei wie ein Gespenst in einer symbolischen Ordnung umherzuirren, die ihm durchlässig geworden ist; es wird vielstimmig und kann sich gleichzeitig an unterschiedlichen Orten aufhalten, indem es sich wie ein Lichtbündel prismatisch zerlegt; und drittens wird in dem Verhalten die Aufhebung mehrerer Ängste gebündelt: vor der Übertretung, der Zerstückelung und dem unwiderruflichen Verlust jeder sozialen Bindung«.[26] Marc Guillaume zielt damit auf die anonyme Benutzung der verschiedenen Netzwerke in den Bereichen Fernsehen, Rundfunk, Funkverbindungen, Informatik usw.

Das Umherirren ist eine andere Form der Entkörperung, eine diskrete Art und Weise, durch die Maschen zu schlüpfen, sich im Raum zu verflüchtigen, wie ein Spuk in einsamen Winkeln des sozialen Hauses zu nisten und zugleich dieses ganze Haus zu durchstreifen. Der Umherirrende ist nicht bloß ein Wanderer in unsicheren Gefilden, er ist auch ein unsicherer Wanderer im eigenen Ich. Dieses Thema hat nicht zufällig etliche zeitgenössische Filmregisseure, zum Beispiel Wim Wenders, Alain Tanner, Werner Herzog, Theo Angelopoulos, Agnès Varda, Chantal Ackerman, Jim Jarmusch, oder Autoren wie Marguerite Duras, Thomas Bernhardt, Samuel Beckett, Peter Handke und Antonio Tabucchi beschäftigt. Der Umherirrende übersetzt die Ungewißheiten der Moderne in die Geographie, verwirrt sucht er im Raum die Wege, die ihm die Zeit nicht mehr bietet. Die heutigen Menschen, zumal die Jugendlichen sind »Einwanderer in die Zeit«, um es mit Margaret Meads Worten auszudrücken[27]; sie tun sich schwer, ihren Weg in die Zukunft abzustecken. Die aus den Fugen geratene Zeit, das aus den Fugen geratene Fundament der Identität reißt alle Orte mit sich fort, alle Städte, alle Landschaften, macht alle Begegnungen flüchtig. In der Entkörperung drückt sich, zum ersten Mal in solchem Ausmaß, eine Art Gleichgültigkeit gegenüber dem Leben aus.

## Überleben

Überleben beruht auf der Vorstellung eines totalen Zusammenbruchs gesellschaftlichen Lebens nach irgendeiner Katastrophe. Das Individuum oder eine kleine Gruppe sieht sich allein der Gewalt der Elemente gegenüber. Die Idee des Individualismus findet sich hier aufs höchste gesteigert. Der soziale Kontext wird auf ein Häuflein entschlossener und im Überlebenskampf fest zusammenstehender Gefährten reduziert. Das Ursprüngliche des Überlebens schlägt unsere Überflußgesellschaften in seinen Bann. Ein Indiz für die mit dieser Thematik verbundene Rastlosigkeit lieferte 1972 John Boormans Film *Delivrance* (deutsch: *Beim Sterben ist jeder der Erste*). Michel Tourniers 1967 entstandener ergreifender Roman *Vendredi ou les Limbes du Pacifique*[28] hat in anderer Gestalt die gleiche Frage aufgeworfen: Wie verhält sich der Mensch, sei es allein oder innerhalb einer kleinen Gruppe, in einer nicht mehr gesellschaftlich regulierten Situation und einer feindlichen natürlichen Umgebung. Später kamen im Gefolge von *Mad Max* eine Unmenge von Filmen heraus, die alle in der gleichen drastischen Weise dieses Thema behandelten. Kaum noch zu zählen sind die Filme, die »nach dem Dritten Weltkrieg« spielen oder die uns von mitten im feindlichen Dschungel allein auf ihre Körperkraft angewiesenen Einzelkämpfern erzählen (Rambo, Braddock usw.). Mögen technische Elemente (Waffen, Bomben, Hubschrauber, Motorräder, Laster) auch dabei immer im Spiel sein, so ist das tragende Thema dieser Filme letztlich das Verschwinden der Zivilisation.
Ähnliche Situationen sind es auch, die heute in »Risikotrainingskursen« oder »Survivalkursen« für Führungskräfte und Manager angeboten werden. In diesen Kursen sollen unter anderem Vertrauen, schnelles Entscheiden und Standhaftigkeit erlernt werden. Mehrere Tage lang wird geübt, wie man in einer unwirtlichen Umgebung überlebt, wenn man ausschließlich auf die eigene Physis angewiesen ist. Für Otto Normalverbraucher haben die Reiseunternehmen eine ganze Skala derartiger Lehrgänge erfunden, angefangen beim einwöchigen »sanften Überleben« in den Schluchten des Flusses Verdon bis hin zu den »Überlebensinitiationen« in der Wüste oder im Dschungel, zum Beispiel: fünfzehn Tage mit peruanischen Reiseführern im Gebiet der Mayoruna-India-

ner(!). Stellen wir uns vor, jene Indianer kämen ihrerseits zum Überlebenstraining an die bretonische Küste, in die Ile-de-France oder gar mitten nach Paris, damit wenigstens die internationale Exotismusbilanz ausgeglichen werden würde. Andernorts übernimmt das »neue Abenteuer« diese aufkeimende Mythologie und bringt sie zur Vollendung. Hier wie bei den anderen Risikofiguren werden neuartige Prüfungen entwickelt. Beim »Trapperlauf« in Kanada werden gut dreißig Teilnehmer in Dreiergruppen auf eine 600 Kilometer lange Strecke geschickt. Es folgen fünfzehn Tage Kampf gegen Wälder, Sümpfe, Seen, Flüsse, Fliegen und sonstiges Ungeziefer. »Ich hätte nie geglaubt, daß es so hart sein kann. Jeden Abend habe ich vor Erschöpfung und vor Wut geflennt«, sagt ein Teilnehmer (*Les Nouveaux Aventuriers*, Nr. 5). Sechzehn Jugendliche aus Seine-et-Marne beteiligen sich elf Tage lang an einer Rafting- und Survivaltour im hohen Norden Kanadas, begleitet von einem Turnlehrer, einem Kajakmeister, zwei Spezialisten für Waldorientierung, zwei Ärzten und einem Hochgebirgsführer (*Les Nouveaux Aventuriers*, Nr. 5). Im selben Heft, in dem davon berichtet wurde, schlüsseln Survivalisten aus Straßburg genau auf, was ihres Erachtens zur unverzichtbaren Grundausrüstung einer »Überlebensoperation« gehört. Dies ist das Paradox des Überlebens in unserer modernen Welt, daß die jäh hereinbrechende Überlebenssituation von langer Hand vorbereitet wird und das eigentlich Noch-nie-Dagewesene schon seine Fachleute hat. Übrigens erhalten die Abonnenten der Zeitschrift beim Kauf einer Taschenlampe, eines Kompasses oder eines Mehrzweckmessers einen erklecklichen Nachlaß. Der »Abenteuerkatalog« wird kostenlos zugestellt; darin wird eine »Auswahl von Ausrüstungen einschließlich Zubehör eigens auf das Abenteuer abgestimmter Qualität« vorgestellt. Unzählig auch die Anleitungen, Handbücher, Überlebensabhandlungen, die Fülle dazu erteilter Ratschläge in den vielen Zeitschriften. Eine dieser Zeitschriften führte sogar den Titel: *Survie Magazine: pour réussir votre aventure* (Überlebensmagazin: Damit Sie Erfolg bei Ihrem Abenteuer haben), um sich dann später umzubenennen in *Grands Espaces: le magazine de votre aventure* (Weite Räume: Die Zeitschrift für Ihr Abenteuer). Eine echte Überlebensindustrie ist entstanden und wächst. Überleben ist heutzutage nichts Urwüchsiges mehr. Vielmehr ist es »eine der schönen Künste« *(Survie Magazine).* So verbringen zwei junge Pariser, zu einem Großteil von Sponsoren finanziert, ihre Ferien unter Überlebensbedingungen auf einem tahitischen Atoll. »Wir waren keine Westlichen mehr, keine Franzosen oder sonst welche, wir waren 'Insulaner... Außer der unvergleichlichen menschlichen und intellektuellen Erfahrung einer solchen Isolierung in der wilden Natur bekamen wir ein feineres Gespür für das Leben in den Tropen und auf den Koralleninseln. Unsere Körper harmonisierten sich mit dem Atoll... Sicher, wir hatten abgenommen (zwölf Pfund), aber wir waren besser drauf als vorher. Die Rückkehr in das zivilisierte Leben war noch härter als unsere Ankunft auf Hiti: Magenkrämpfe, Durchfall, Beinödeme, Heißhunger auf Süßigkeiten, Zahnausfall...« (*Les Nouveaux Aventuriers*, Nr. 7) – ein Beispiel von vielen. Die mediengängigen Raids werden oft als Überlebensraids mit modernen Mitteln präsentiert. Oder wiederum die Camel Trophy. Dieser Raid bietet den Teilnahmewilligen eine zehntägige Prüfung unter Überlebensbedingungen in Neuseeland an: Fallschirmlandung als Auftakt, Orientierungsmarsch, Kanufahrt, Rafting, Floßfahrt, alles in Fünfermannschaften. Sein Urheber, ein Franzose, beschreibt ihn wie folgt: »Den Raid definieren, ist einfach: ein totales Eintauchen in die Natur. Eine Abfahrt, eine Ankunft. Zirka vierhundert Kilometer in neun Tagen, zwölf Tage für die, die nicht so gut zu Fuß sind. Es kommt alles darauf an, sich nur mit den körpereigenen Mitteln so schnell wie möglich fortzubewegen. Eine Trapperstrecke, aber für Trapper, die nicht jagen und nicht fischen. Ideal für den, der dem zivilisierte Leben entfliehen, in Berührung mit der wahren Natur kommen möchte, und das außerdem in bestimmten noch unerforschten Gebieten.« (*Les Nouveaux Aventuriers*, Nr. 7)

In den westlichen Gesellschaften hat die Technik alle Räume erobert (Raumordnung, Urbanisierung, Abholzung der Wälder usw.). Die natürliche Umwelt ist weitgehend von der technisierten Welt zurückgedrängt. Offenbar aber erschallt in der dadurch gewonnenen Sicherheit der Ruf des Waldes um so stärker. Der Wunsch nach Hautkontakt mit der Natur ist die Mutter des Nahkampfs mit der Natur, der Lust an Überlebenserfahrungen. Der Individualismus unserer Zeit erkennt sein gelobtes Land: allein der unendlichen Weite der Welt gegenüberstehen, in einem Rivalitätsverhältnis, unter Abschütteln aller einengenden Zwänge und aller aufweichenden Bequemlichkeiten des gesellschaftlichen Lebens. Jede Unternehmung ein Bekenntnis mit jeweils eigenem, ganz spezifischem Wert.[29] In der jeder Vermitteltheit baren Beziehung des Menschen zur Welt wird jegliche Ausdruckskraft des Körpers (Anstrengung, Kampf, Schweiß, Kraft usw.) aufgewertet. Der Körper wird zum Alter ego, das der Prüfung einen unanfechtbaren Wert verleiht.[30] In der Überlebensprüfung ersetzt die Wärme und Solidarität des kleinen Bundes die Anonymität und den Formalismus der gesellschaftlichen Einbindung. Zugleich schwingt der Traum nach dem Mikrokosmos primitiver Gemeinwesen mit, wo jedes Mitglied eine klar umgrenzte Aufgabe, Rolle, einen eindeutigen Platz zugewiesen bekommt, wo die Veralltäglichung aus der gegenseitigen Anerkennung, aus der Begegnung von Angesicht zu Angesicht lebt, sich das soziale Band aus der Zusammenarbeit von Hand zu Hand knüpft.

In der Beziehung zur Natur nistet jedoch eine Ambivalenz. Zwar wird das antagonistische Verhältnis affirmativ ausgesprochen (wo »überlebt« wird, ist auch tödliche Bedrohung), aber gegenstimmig zum Kampfgesang wird häufig das Verschmelzungslied gesungen (die »Insulaner«, »Unser Körper harmonisierte sich mit der Natur«, »Den Raid definieren, ist einfach: ein totales Eintauchen in die Natur«). Remy Bricka, der »Skifahrer des Atlantiks« erzählt über seine mißlichen Erfahrungen auf See, als wenn diese eine widerspenstige Braut wären. Kurz nach seiner Abfahrt kam ein heftiger Sturm auf, der vier Tage hintereinander unvermindert tobte und ihn in eine äußerst heikle Lage brachte: »Ich habe wirklich dem Tod in die Augen geschaut. Die Wellentäler waren halluzinierend... Ich habe vier Tage lang kotzen müssen... Die See hat mich für meine Arroganz bestraft. Ich mußte ihre Wutausbrüche über mich ergehen lassen...« Und er schließt: »Ich glaube, daß niemand die See zähmen kann, ich habe mich einfach mit ihr harmonisiert. Ich wollte kein Galeerensklave sein, sondern einer, der auf den Wellen reitet. Das habe ich geschafft.« (*Survie Magazine*, Nr. 4, 1988) In aller Deutlichkeit spricht auch Michel Tournier diesen Wunsch nach Verschmelzung mit der Natur auf den letzten Seiten seines oben erwähnten Romans aus: sich bis zur Grenze der Natur ausdehnen, damit das Fleisch der Welt und das Fleisch des Körpers nicht mehr unter ihrer Trennung leiden, gleichzeitig aber sich selbst behaupten (darin liegt der Wert der Anstrengung, Ausdauer, Herausforderung begründet). In derselben Bewegung sollen Abgrenzung und Entgrenzung des Ichs miteinander versöhnt werden – was vor dem Wahnsinn schützt. Unter der Wucht der übersinnlichen Erfahrung Zeit und Raum ineinanderschieben und gleichzeitig Bürger des Heute bleiben, der in zwei Wochen nach Paris zurückkehrt und mit der immer gleichen Schlüsseldrehung die Tür zur Eigentumswohnung öffnet. Drinnen und draußen, beides zugleich, symbolisch die Grenzen hintergehen: Alle diese Versuche zeigen ein beharrliches Streben an, sich in die Welt (die Natur und die Menschen) einzumischen und dennoch stets von neuem einen Gleichgewichtszustand herzustellen, in dem der Mensch als »Ich« sich im Kreis der Familie, Freunde und Nachbarn gleich geborgen fühlt und gleichzeitig in den Kosmos eintaucht. Aber keine Rede davon, daß er sich nach diesem Eintauchen nicht mehr als Ich begreifen würde. Und sei es nur, um lange und oft von seinem Abenteuer zu erzählen. Denn ohne das Wort oder das wiederbringende Bild, ohne Spiegelung und Echo der Medien scheint heute keine Unternehmung mehr Sinn zu haben.

In seiner Studie über die Aufwertung der Ausdauer zeigt Paul Yonnet die »homologische« Beziehung zwischen der Verbreitung des Joggings und dem Aufkommen der gesellschaftlichen Krise in den siebziger Jahren. »Nicht nur signalisiert es [das Jogging] den Übergang von einer Sprint- und Wachstumsgesellschaft zu einer Gesellschaft der Dauer und des stationären Zustands, sondern es bereitet zudem das Individuum auf das mögliche Eintreten schlimmster ökologischer Situationen vor. Es bietet ein typisches Beispiel für die Einübung in ein Überlebensverhalten mit dem ganzen Katalog sich daraus ergebender Gebote (sich einstellen auf physische und psychische Leiden, jedoch das Sauerstoffgleichgewicht erhalten; Optimierung, wann und wo immer, und Nutzung beschränkter Energiequellen).«[31] Insofern ist das »Survival« auch ein Versuch, den vorausgeahnten Schrecken der Zukunft durch Nachahmung der Katastrophe zu beschwören, das heißt, Initiative und Kontrolle an sich zu ziehen, wie schließlich das Risiko eine Flucht nach vorne zur Überwindung der Angst ist. Damit die Symbolisierung auf dieser Ebene wirksam werden kann, muß die Angst nicht in klare Worte gefaßt werden – sie bewegt sich in der Zeit, und das reicht.

## Sinn- und Wertekrise

Die sich heute in westlichen Gesellschaften vollziehende Beschleunigung technischer und sozialer Prozesse reißt die Richtung und Sicherheit stiftenden Sinn- und Wertesysteme aus ihren Verankerungen. Zwischen einerseits der Alltagserfahrung und dem Umfang der Aufgaben, vor die sich das Individuum im Laufe seines Lebens gestellt sehen kann, und andererseits dem ihm von der Gesellschaft zur Bewältigung der auftretenden Probleme bereitgestellten Potential symbolischer Verarbeitung klafft häufig eine Lücke. Auf der sozialen und kulturellen Ebene bieten die zum Leben wesentlichen Werte, die immer mehr als Formalität und zudem als in sich widersprüchlich erfahren werden, oft keinen anthropologischen Halt mehr (das *holding*, von dem Winnicott spricht)[32].
Aus dem Ritual werden die sozialen Referenzen entfernt, um nur noch das leere Verfahrensgehäuse übrigzulassen. Da sie in weitaus höherem Maße verhaltensregulierend als sinngebend sind, werden sie von den Akteuren nur schwach besetzt.
In der menschlichen Gesellschaft erfüllen nach sozialen Klassen und Gruppen differenzierte Sinn- und Wertemuster, das also, was man auch als Kultur bezeichnen könnte, in der von der jeweils persönlichen Geschichte geprägten Anwendung für die einzelnen Gesellschaftsmitglieder eine Orientierungs- und Unterstützungsfunktion. Die gesellschaftlichen Traditionen gewähren eine emotionale nachweltliche Rente gegen die unerbittlich fortschreitende Zeit, die Vergänglichkeit der Dinge, die Nöte und die Undurchschaubarkeit der Welt. Aus ihnen schöpft der Mensch seine Lebenslust. Sie wirken wie ein Auffangpolster zwischen ihm und den Erschütterungen, denen er in seiner Beziehung zur Welt und zu den anderen ausgesetzt ist. Sie helfen ihm, Krisen zu überstehen; ihre

vertraute Wiederkehr bettet die Störungen, Verstimmungen, Wechselfälle des gesellschaftlichen Lebens in einen vorhersehbaren naturhaften Zyklus ein.
Diese anthropologische Qualität besitzen die rationalen und formalen Grundsätze, nach denen soziale Beziehungen heute weitgehend gesteuert werden, in viel geringerem Maß; ohnmächtig oder wehrlos steht oft das Individuum vor einer Prüfung, die individuell ist, weil sie individualisiert worden ist: Eintritt in das Leben, Zukunft, Krankheit, Unfall, Ableben von Verwandten und Freunden, nahender Tod, Einsamkeit, Alter, Gebrechen, Arbeitslosigkeit usw. Diese Ereignisse werden in einer anderen Zeit als der in Stunden verrinnenden erlebt, aber teilweise werden sie ausgegrenzt aus den symbolischen Systemen und deshalb von der Erinnerung der Besinnungslosigkeit überstellt. Ihnen zu begegnen, verlangt eine individuelle Kreativität, und diese ist nicht jedem im gleichen Maße gegeben, erfordert die Fähigkeit, neue Rituale zu entwerfen, sich persönliche Werte zu erschaffen, bedarf es eines Hilfsnetzwerks oder Freundeskreises. Der erweiterte Handlungsspielraum erzeugt nicht selten Orientierungslosigkeit.
Unter diesem Gesichtspunkt ist der Krise unserer Gesellschaften nicht einfach mit Begriffen wie »Klassenkampf« oder »Turbulenzen« beizukommen, Turbulenzen, die nun mal unweigerlich im Wandel der Werte entstünden; die Krise ist inhaltlich neu, in erster Linie das Ergebnis einer explosion oder überflutung, einer Sinnkrise.[33] Die Verbreiterung des Handlungsspielraums verbreitet gleichzeitig Richtungslosigkeit.
Das Identitätsgefühl, das den einzelnen Wurzeln in der Welt schlagen läßt, verästelt, versprödet. Bekanntlich steigt heute die Zahl der Beziehungspathologien: Depression, »innere Leere«, Angst, Furcht vor der Zukunft, Streß, Gefühl der Nutzlosigkeit... Bei den heute therapierten persönlichen Konflikten wird immer häufiger eine narzißtische Störung diagnostiziert, die ihren Grund in einem Gefühl der Leere, der Gleichgültigkeit, der Apathie des einzelnen gegenüber der eigenen Existenz hat. Dieses dumpf schwelende Gefühl indiziert den abhanden gekommenen Sinn des gesellschaftlichen Lebens. Daher der Überkonsum von Stimulanzien in westlichen Gesellschaften,[34] der Versuch, mit chemischen Mitteln eine aus eigener Kraft nicht mehr herstellbare sinnvolle Beziehung zur Welt chemisch herbeizuzaubern.
Wenn der Sinn teilweise aus der Beziehung zur Welt strömt, bleibt nur die Objektivität der Dinge, die nahezu rohe, indifferente, vorhandene Welt: Der Verlust der Referenzen dehnt den individuellen Handlungsspielraum beträchtlich aus. Sinngebung wird in erster Linie zur alleinigen Aufgabe des einzelnen. Selbst wenn die soziologische Analyse nach wie vor ein wichtiger Weg zum Verstehen von Sinngebungen ist, so werden die Verhaltensweisen doch weniger vom Kollektiv als vom

Individuum bestimmt, das, offen für den Zeitgeist, einfach bestimmte soziale Rahmenbedingungen einhält, aber innerhalb dieser Sphäre an eigenen Lösungen bastelt, sich selbst neu erfindet. Manchmal findet er sozusagen auf Schleichwegen, deren bedeutendster sicher die Suche nach Risiko ist, neue Legitimitätsquellen, aus denen er für seine Existenz Garantie, und Sinn schöpft. Eine Symbolik, die aus der Öffentlichkeit immer mehr auswandert, wird also gleichsam in der Wildnis aufgespürt. Dort, in dieser Wildnis, die sich zwischen tägliche Erfahrung und unwohnlich werdende, sinnverarmende Welt schiebt und die individuelle Initiative zur Entdeckungsreise einlädt, wächst das moderne Thema der Herausforderung, eines der wirksamsten Motive unserer heutigen Gesellschaften.

## Die Chance des Individuums

Die moderne Leidenschaft für Risikohandlungen entzündet sich an der Überfülle möglicher Sinnbestimmungen, an der die heutige Welt zu ersticken droht. Der Legitimationsverlust der Sinn- und setzungen, ihre generell gleiche Gültigkeit in einer Gesellschaft, in der alles vorläufig wird, entet das soziale und kulturelle Gestell, auf dem der Lebensfaden eingewoben wird. Allzu große Weite des Handlungsspielraums ruft Angst und Leere hervor. Freiheit ist nur demjenigen ein , der Gebrauch von ihr zu machen und sie zu lenken versteht. »Schrecklich eine Freiheit, wenn keine Pflicht sie führt«, befand Gide. Die Gesellschaft, in der wir heute leben, ist eine problematische, gleichermaßen fruchtbar für Initiative wie Verwirrung, eine permanente Baustelle, wo die Autonomie des Menschen über einen großen Handlungsspielraum verfügt. Das Individuum neigt immer mehr dazu, sich ausschließlich auf sich selbst zu beziehen, in seinen eigenen Möglichkeiten das zu suchen, was er ehedem im Sinn- und esystem seiner sozialen Umwelt fand. Die Unbestimmtheit unserer ständig in Bewegung befindlichen Gesellschaften und der Zerfall kollektiver Orientierungen zwingen jeden zu einer höchst individualisierten Suche nach Sinn. Die Antwort auf die Frage nach Bedeutung und der Existenz des einzelnen ist entsprechend rein persönlicher Natur, muß auf der Grundlage der kreativen Möglichkeiten des Individuums erarbeitet werden. Daher die Verwirrung vieler Akteure, die mit Fragen konfrontiert sind, für die Antworten fehlen. Und die moderne Welt tendiert in dieser Hinsicht dazu, alles in Frage zu stellen. Wie schon erwähnt, wird der erweiterte Handlungsspielraum paradoxerweise mit einer noch nie dagewesenen Unsicherheit bezahlt.
Da die symbolische Ordnung ihm keine Sinnschranken mehr setzt, will das Individuum erfahren, wo seine Schranken liegen, und zwar konkret,

tatsächlich. Nur über das Hindernis kann es den Raum abstecken, in dem es seine Identität herausbildet; anders ausgedrückt: Nur indem es dem Individuum gelingt, in die unendliche Weite der Welt Grenzlinien einzuziehen, findet es seine Lebenslinien. Das Reale, das Tatsächliche drängt an die Stelle des Symbolischen. Die Risikohandlung wird zu einer wichtigen soziologischen Kategorie.»Diese Abfahrt«, schreibt Patrick Vallençant, ein begeisterter Anhänger des Tiefschneeskis, »wünsche ich mir in erster Linie, um mein Selbstbehauptungsbedürfnis zu befriedigen, um etwas zu leisten. Ist es Stolz? Ich bin überzeugt, daß ich einigermaßen mutig bin, gewisse Fähigkeiten besitze, aber ich muß sie unter Beweis stellen.«[35] Wenn das überlieferte Sinn- und esystem seine Verbindlichkeit verliert, verlieren auch die von ihm gezogenen Grenzen ihre Gültigkeit. Das soziale Feld destrukturiert sich, und es steht zu erwarten, daß die Erkundungen des »Äußersten« relativ rasch zunehmen werden: Höchstleistungen, Großtaten, Geschwindigkeiten, Konfrontationen, Risikowettrüsten, Dehnung der physischen Belastbarkeit bis zur Zerreißprobe. »Es war notwendig, daß wir uns selbst mit einer strapaziösen Aufgabe konfrontierten, um zu wissen, was wir wirklich zu leisten imstande waren.«[36] Fast eine Formel im Munde derer, die sich einer belastenden und gefährlichen Prüfung unterwerfen. Es kommt darauf an, sich selbst in einer eigens geschaffenen heiklen Lage zu beweisen, sozusagen im Nahkampf mit der Umwelt. Die rauhe Berührung mit der Welt unter Aufbietung aller physischen Ressourcen ersetzt die symbolische Auseinandersetzung. Es kommt darauf an, unter realem Einsatz von Leib und Leben dem Tod unverwandt in die Augen zu schauen. Nur eine solche Berührung, so scheint es, kann, selbst wenn sie rein metaphorisch bleibt, mächtig genug sein, um dauerhaft einen symbolischen Austausch zu erregen, in dem eine sinngeladene Beziehung zur Welt gedeihen kann und die Lust am Leben sich neu aufbaut. Wenn die Gesellschaft ihre anthropologische Funktion der Lebensorientierung nicht mehr wahrnimmt, muß die Antwort vom letzten Sinngericht, dem Tod, kommen. Nur der symbolisch bemühte Tod kann gleich einem Orakel über die Legitimität des Lebens befinden. Wenn die gesellschaftliche Ordnung ihre Aufgabe nicht mehr erfüllt, muß man sich an den Tod als letzte sinn- und gebende Instanz wenden.

## 2. Das Ordal heute

> »*Die Piloten waren innigst davon überzeugt, daß man regelmäßig den Abgrund streifen müsse, um in Form zu bleiben oder 'die Entschlußfähigkeit' instandzuhalten.*«[37]
>
> Tom Wolfe

### Das traditionale Ordal

Um die Ordalien in der Antike, im Hochmittelalter oder in sonstigen traditionalen Gemeinwesen zu verstehen, muß man sich von den Denk- und Vorstellungskategorien lösen, die heute im wesentlichen die Weltwahrnehmung des westlichen Menschen strukturieren. Das traditionale Ordal ist einer Sozio- und Anthropologik verpflichtet, die von einer diametral entgegengesetzten Sinngebung ausgeht und dieses daher auch ganz anders wahrnimmt. Es ist ein rituelles Verfahren, das im Rahmen kleinerer Gesellschaften, in Gemeinwesen, angewandt wird, deren Weltbild holistisch ist: Alles ist voneinander abhängig. Die Gesellschaft ist Mikrokosmos, Teil des Makrokosmos, des Universums. In diesem Universum geschieht nichts zufällig, ist alles determiniert. Die Geschichte ist das Ergebnis schwer durchschaubarer Beziehungen zwischen Menschen und Göttern. Die Menschen stricken zwar an ihrer Geschichte mit, sie machen sie aber nicht selber, der Mensch ist nicht das Maß aller Dinge, das Individuum nicht das Maß der Menschheit, sondern dem Kollektiv untergeordnet. Zwar wird der einzelne als eigene Persönlichkeit anerkannt, aber er ist kein einzigartiges selbständiges Rechtssubjekt, kein Individuum im modernen Sinne.

Beim Ordal wird im Rahmen eines Ritus eine numinose Instanz, Gott oder die Götter, angerufen, um eine eindeutige Entscheidung über einen Rechtsstreit zu erreichen: über Schuld oder Unschuld eines mutmaßlichen Verbrechers, über die Rechtmäßigkeit eines Besitztitels oder eine sonstige Rechtssache. Das Gottesurteil ist unwiderruflich, denn es ist ja gerade sein Sinn und Zweck, durch Vermittlung dieser übernatürlichen

Instanz, dieses über den Menschen stehenden »obersten Gerichtshofs« eine allgemeinverbindliche Rechtslage herzustellen, da das Weiterschwelen des Rechtsstreits das Gemeinwesen in eine ausweglose Krise zu stürzen droht. Durch das Ordal wird ein Ausweg geschaffen, indem öffentliches Recht gesprochen wird, das nicht durch Konsens *erzielt*, sondern durch Anrufung einer über jeden Konsens thronenden übernatürlichen Instanz *erwirkt* wurde und deshalb allgemeinverbindlich ist. Was unserem Rechtsverständnis als willkürliches, brutales Walten des Zufalls anmutet, wird vom Gemeinwesen als rechtlich zwingende Unterwerfung unter eine allgemein anerkannte und daher unanfechtbare Gewalt vorgestellt.

*Tertium non datur*: Das Ordal ist streng zweiig. Entweder der Beklagte überlebt die Prüfung bzw. übersteht sie ohne Schuld beweisende Verletzungsmale. Dies bedeutet Freispruch; er wird von jeder Schuld gereinigt und nicht nur wieder in die Gemeinschaft aufgenommen, sondern er gewinnt höheres Ansehen, entsprechend der Größe der Gefahr, der er im Ordal ausgesetzt war. Oder er besteht sie nicht; dann vertieft sich der Bruch zwischen dem Schuldigen und dem Gemeinwesen. Schuld bedeutete in vielen Fällen auch Tod. Der Tod war manchmal in den Modalitäten der Prüfung selbst angelegt (Zweikampf, Gifteinnahme). Urteilsspruch und Urteilsvollstreckung fielen dann im Ordal zusammen.[38]

Das Ordal ist also auch wesentlich Versöhnungsritual, und zwar in einem Gemeinwesen, dessen Kerneinheit weder Kleinfamilie noch Individuum ist, sondern die Sippe, das eigentliche Subjekt der Ehre, das mächtigste Interaktionsprinzip der Feudalzeit. Durch das Gottesurteil soll der Sippe ein für allemal untersagt werden, das Recht eines ihrer Mitglieder – durch die Fehde – eigenständig zu sprechen, was zu nie endenden Racheakten führen würde. Innerhalb des Gemeinwesens wird somit ein ständiger Unruheherd zwar rudimentär, doch wirksam gelöscht. Die Wiederherstellung des inneren Friedens wird auch dadurch erreicht, daß durch die Unterwerfung unter das Gottesurteil niemand das Gesicht verliert. Der Ratschluß der übernatürlichen Instanz wird von allen als unanfechtbar anerkannt. Das Ordal integriert auf rituelle Weise die Unordnung durch Befragung der numinosen Gründer des Gemeinwesens, des einen Gottes oder der Götter, ohne die das Universum stumm und leer, das Leben des Menschen sinnlos wäre.

Schon bei den alten Griechen finden sich Hinweise auf das Ordal. In der *Antigone* verwahren sich die Wächter bei der Leiche des Polyneikes gegen den Vorwurf der Fahrlässigkeit: »Wir waren bereit, glühendes Metall mit Händen aufzuheben, durchs Feuer zu laufen und bei den Göttern jeden Eid zu schwören, daß wir es weder getan hätten, noch Mitwisser wären.«[39] Für das Hochmittelalter sind viele Ordalien schriftlich dokumentiert. Spuren leben im heutigen Sprachgebrauch weiter:

»Dafür lege ich meine Hand ins Feuer.« Peter Brown sieht als wesentliche weltanschauliche Grundbedingung des Ordals die enge Verflechtung von Heiligem und Profanem.[40] Das Ritual wird als Spektakel veranstaltet, was seine rationale Erklärung darin findet, daß in einem weitestgehend lese- und schreibunkundigen Gemeinwesen das Spektakel die wirksamste Form sei, die Geltung des Urteils in das kollektive Gedächtnis einzuprägen: »*verba volant, ordalia manent*« (Worte vergehen, Ordalien bleiben), hieß es damals vom Ordal. Das Gottesurteil wurde quasi auf alle ordnungsrechtlichen Alltagsangelegenheiten angewandt: Schulden, Geld, Vieh- und Grundbesitz bis hin zur Hexerei, Vergiftungen, Raubüberfall und Totschlag.

Hinsichtlich der Verflechtung von Sakralem und Profanem ist das Ordal dem Mirakel verwandt, das sich ebenfalls direkt an übergeordnete Instanzen, Gott oder die Heiligen, wandte. »Das Ordal setzt das Mirakel voraus, bedarf dessen als der einzigen Beweisform, die aufhellen kann, was gutes Recht ist.«[41] Nur ist das Ordal stärker rituell formalisiert als das Mirakel. Es ist die Aufgabe der Kleriker, über den vorschriftsmäßigen Ablauf zu wachen: Isolation des Prüflings für die Dauer von drei Tagen, während derer der Beklagte fastet und betet, um gereinigt zum Ordal zu erscheinen; Gebete und Segnungen für sein Heil und Weihe des bei der Prüfung eingesetzten Instrumentariums. Ist all dies rituell korrekt vollzogen, kann der angerufene Gott dem Gemeinwesen sein Urteil nicht mehr verweigern, denn der Ritus hat einen geheiligten Raum und eine geheiligte Zeit konstituiert, in denen Gott oder die Gottheit notwendigerweise seine Entscheidung über Recht und Unrecht offenbart.

Bereits am Anfang dieses Jahrhunderts hat Gustave Glotz hervorgehoben, daß das Ordal zu einem gewohnheitsrechtlichen System gehört, das in traditionalen Gemeinwesen ausnahmslos anerkannt und verinnerlicht war. Seine juristische Funktion bestand darin, die genossenschaftliche Gerichtsversammlung, die »plaids«, ihrer Aufgabe zu entbinden, wenn es ihr nicht gelungen war, einen Konsens zwischen den streitenden Parteien herzustellen. Seine politische Funktion war es, den inneren Frieden des Gemeinwesens zu erhalten. Die Gerichtsversammlung schlägt eine Ritualisierung der Unordnung und die symbolische Überwindung einer für das Gemeinwesen bedrohlich festgefahrenen und wahrscheinlich lange dauernden Konfliktsituation vor. Durch die Ritualisierung der Unordnung wird der Konflikt in eine übermenschliche Sphäre gehoben und werden die möglichen Folgen, innere Wirren oder Bürgerkrieg, abgewendet. Der Verweis auf eine numinose Instanz hebt die Ungewißheit der Rechtslage und die Ausweglosigkeit der Konfliktsituation auf. Vorbedingung für den Rückgriff auf das Ordal sind in den meisten Fällen die Unmöglichkeit einer konsensfähigen Rechtsfindung durch die Institutionen des Kollektivs und, daraus folgend, die andauernde Feindschaft zwischen den Rechtsparteien.»Ein Ordal ist eine stillschweigende 'Entschärfung' des Problems. Es ist kein Urteil *durch* Gott, es ist die Überantwortung eines Falles *ad iudicium Dei,* 'an das Urteil Gottes'. Das ist eine Handlung, die dem Entfernen eines Schlußsteins des Bogens gleichkommt, auf dem bis dahin aller Druck konvergiert war.«[42]

Das Ordal ist ein Pazifizierungsverfahren, das bestimmte Spannungen innerhalb eines Kollektivs löst. Die oberste Rechtsprechung Gottes setzt alle Vorbehalte außer Kraft, die ein rein menschliches Gericht unweigerlich begleitet hätten. Es ist ein rituelles Gerichtsverfahren, spezifisch für ein gewohnheitsrechtliches Gemeinwesen, das dauernd auf der Suche nach einem Modus vivendi ist, nach einem Konsens über seine durch individuelle oder kollektive Dissense ständig bedrohte Ordnung.[43] Das Ordal weist außerdem den unschätzbaren Vorteil auf, den streitenden Parteien die Möglichkeit zu bieten, ohne Ehrverlust auf Fehden zu verzichten. »Denn dadurch, daß der Fall dem Urteil Gottes vorgelegt worden ist, ist er bereits aus den Zwängen menschlicher Interessen herausgetreten, und so kann seine Lösung von einem großem Teil des Odiums menschlicher Verantwortlichkeit frei sein.«[44]

Bliebe noch die ausführliche Erörterung des faktischen Ordalgebrauchs. Denn trotz seines vordergründig disjunktiven Charakters läßt das Urteil faktisch Raum für Interpretationen. Begnügen wir uns an dieser Stelle mit dem knappen Hinweis, daß die Sterblichen das Unsterbliche gerne als Rechtsbeistand nutzen. Das Ordal wurde, wie gesagt, als Spektakel veranstaltet, dem eine große Schar emotional Engagierter beizuwohnen pflegte. Daß aus dem Publikum heraus versucht wurde, das Urteil zu beeinflussen, und dies gelegentlich auch gelang, liegt auf der Hand. Denn obwohl das Gottesurteil streng zweiwertig formuliert war, beruhte es doch auf einem interpretationsfähigen Ereignis: Eine Hand, die in siedendes Wasser getaucht wurde oder mit glühendem Eisen in Berührung kam, sollte nach drei Tagen vernarbt sein.[45] Doch ab welchem Heilungsstadium konnte man von »Vernarbung« sprechen? Und wann trieb ein an Händen und Füßen Gefesselter noch auf dem Wasser und wann war er bereits gesunken? Hier, *in vivo*, öffnet sich wieder der Raum der Konsensbildung. Es wäre daher falsch, wollte man das traditionale Ordal darauf reduzieren, daß ein Mensch unter den Augen eines schaulustigen Publikums dem grausam blinden Zufall ausgeliefert wird.[46]

Wie beim modernen Ordal handelt es sich um die Suche nach Bedeutung und Versöhnung in einer Situation, aus der das Kollektiv keinen Ausweg mehr weisen kann. Anstelle des funktionslos gewordenen Kollektivs tritt eine übergeordnete Instanz. Die symbolische Wirksamkeit beruht auf der Mobilisierung bewußter und unbewußter Energien im Prüfling wie im Kollektiv, das als Zeuge die Wirkung potenziert.

Die symbolische Wirkung beruht auf den bis zum Glühen gebrachten Empfindungen des Prüflings (wie auch auf den Empfindungen der Zuschauer), der sein Leben aufs Spiel setzt, und ihre jähe Auflösung in einer klaren Antwort, welche die Existenz des Subjekts (und seiner Umgebung) suspendiert, wenn das Urteil gesprochen ist.

## Das Ordal heute

Parallel zum Übergang vom Gemeinschaftlichen zum Individuellen, vom Wandel des Althergebrachten, ändert sich auch die Gestalt des Ordals grundlegend: von einem kollektiven Ritus der Rechtsfindung zu einer individuellen Bewährungsprobe zwecks Selbstfindung. Der Rückgriff auf das Ordal, der in traditionalen Gesellschaften ganz bewußt gewählt wird, erfolgt in der modernen Version eher aus dem Unbewußten heraus. Aber trotz dieser Umpolung bleibt der anthropologische Kern des Ordals in der modernen Form insofern erhalten, als ein Urteil über das Weiterleben eingeholt wird und derjenige, der das Ordal besteht, eine erhöhte Lebensberechtigung erwirbt.
Wenn sich der Lauf der Ereignisse in einer Grenzsituation, in der das Individuum vor dem Tod gestanden hat und seine Identität hat wanken fühlen, als günstig erwiesen hat, wird der Ausgang der Prüfung oft als positives Schicksalszeichen gedeutet. Das Schicksal hat gesprochen und verleiht der durchlebten kritischen Situation die Aussagekraft eines Orakels: Die Existenz ist einem nunmehr zugesprochen. Nur der Tod kann darüber entscheiden, ob das Leben noch eine Bedeutung hat. Das individuelle Ordal hebt die Unbestimmtheit auf und vertreibt das Gefühl der Ohnmacht, das die Initiative lähmt. Es ist ein unerwarteter Ausweg aus einer erstarrten Situation, in der sich der Akteur vergeblich abmüht. Es funktioniert wie ein Ritual der Versöhnung mit der Welt und den anderen. Die individuellen und sozialen Auswirkungen der Krise legen das Ordal nahe, weil nur dieses eine unmittelbare Lösung der Prüfung in der symbolischen Konfrontation mit dem Tod gestattet.[47] Der günstige Ausgang des Ordals projiziert den Menschen in die Zeit zurück, unvermutete Kräfte werden freigesetzt, die das Tor zur Zukunft aufstoßen; der erblickte neue Horizont mesmerisiert das Lebensgefühl. Steht am Ende der Tod, gilt dennoch folgendes Zitat aus Malraux' *La Voie royale*: »Man tötet sich immer nur, um zu existieren.«[48] Nach dem Gefühlsgewitter in der Dämmerung des Todes tritt auf einmal ein leuchtender Augenblick ein, in dem sich die ganze Energie speichert, um entlang dem nachherigen Lebensweg verteilt zu werden, ein Lebensweg, der zumindest innerlich, oft auch äußerlich ein anderer ist. Aber um die menschlichen Beweggründe zu erfassen, die dem Rückgriff auf das moderne Ordal

zugrunde liegen, muß man von den Kategorien loskommen, die das Ego cogito und die Rationalität für Geist und Gefühl bevorzugen. Man muß sich vielmehr auf die Suche nach deren stillschweigend vorhandenen Voraussetzungen begeben, nach dem Sinn und vor allem dem Spruch des Heiligen, der dem einzelnen nur noch als Stimme im Innern klingt, der, da ihr draußen die kollektiven Symbole als Resonanzboden fehlen, um nicht zu verstimmen, des nackten Lebens als seines Arguments bedarf.

»Wo aber Gefahr ist, wächst das Rettende auch«, schreibt Hölderlin.[49] So lautet die Formel des Ordals, wenn es zu einer Figur des individuellen Unbewußten wird und sich dem Individuum in der Krise aufdrängt: Ein Pakt mit dem Tod, um lebendiger zu leben. In seinem urwüchsigen Zustand ist das Ordal in unserer Gesellschaft eine Suche weder nach dem Tod noch nach der Existenz, sondern nach Bedeutung. Unbewußt setzt sich das Subjekt bei dieser Suche dem Tod aus, wobei es die Prüfung gleichzeitig so einrichtet, daß eine redliche Rettungschance gegeben ist. Die Bedeutung des Ordals kommt erst später ins Spiel; es bringt in das nicht geringe Todesrisiko eine Kraft ein, die nachträglich für kürzere oder längere Zeit aufblühen kann, deren Virtualität das Individuum zum Zeitpunkt der Prüfung jedoch nicht ahnt.

Die Wahrscheinlichkeiten des Sterbens und des Überlebens vermengen sich gleichgewichtig miteinander; sie fügen sich zu einem Bogen zusammen, einer Art initiatorischer Grenze, die das Subjekt nicht überschreiten kann, ohne in eine veränderte Existenz einzutreten. Aus dem gelungenen Übertritt in die Nähe des Todes erwächst regelmäßig ein vages Gefühl der Auserwähltheit. Der ordalische Akt bedingt seiner Struktur nach einen symbolischen Austausch mit dem Tod, damit eine Daseinsberechtigung erhalten wird. Man setzt sein Leben aufs Spiel, um es besser retten zu können.

Beim modernen Ordal liefert sich das Individuum einem Zufall aus, das sich damit in Schicksal verwandelt. Wie die Prüfung ausgeht, hängt von der jeweiligen Verkettung der Umstände ab, auf die aber der einzelne durch seine Streitfreudigkeit und seinen Überlebenswillen Einfluß nehmen kann. Heil davongekommen zu sein, umstrahlt von der Aura des Bezwingers der Gefahr, überkompensiert jedoch den gebotenen Preis. Das Individuum ist, meist unbewußt, auf den Sinn des Sakralen aus, auf eine übernatürliche Macht, der er sich anheimgibt.

Das Ordal zielt auf den – nicht notwendigerweise als Spektakulum veranstalteten – Abbau einer Spannung zwischen dem Individuum und der Gesellschaft vermittels eines »Entweder-Oder«, da keine andere Lösung gestattet, einen Ausweg zu finden, eine vertrackte Situation zu »entknoten«, so daß der Konflikt endlos weiterzuschwelen droht. Das Ordal ist die soziale Antwort auf eine ausweglose Situation. Alle verbalen Beschwörungen, alle Lösungsversuche haben sich als vergeblich erwiesen. Das Ordal wirkt mit der ihm eigenen Einprägsamkeit: *verba volant, ordalia manent.* Wenn die Worte der Ermunterung sich als eitel erweisen, wenn die Anstrengungen des Prüflings, in der, wie er meint, Trägheit der Verhältnisse steckenbleiben, oder wenn er sich der Entkörperung überläßt, nicht mehr daran denkt, die Dinge zu ändern, dann bietet dies einen Ausweg. Es zeigt den Augenblick an, in der die Wahl der Mittel verloren ist, aber es bietet den Vorteil, die Entscheidung einer Instanz zu übertragen, die nicht mehr eigentlich menschlich ist und auf eine Intuition des Schicksals verweist.

Durch die Härte dessen, was es im Ordal erleidet, provoziert das Individuum die Gruppe, sichert sich deren Sorge oder Aufmerksamkeit und verstärkt auf diese Weise das soziale Band. Diese Intentionalität ist sehr häufig im Selbstmordversuch des Adoleszenten zu erkennen. Der Selbstmordversuch wird als Appell benutzt, einen abgebrochenen Dialog wieder aufzunehmen oder der unmittelbaren Umwelt zu bedeuten, daß man als eigene Persönlichkeit existiert. Das Todesrisiko wird zum allerletzten Mittel, um Anerkennung zu bitten. Dadurch, daß er nach intensiven Empfindungen dem Tod entronnen ist, entdeckt der Suizident in sich unerwartete Kräfte, die ihm eine »Wiedergeburt« oder zumindest die Kontrolle über sein Leben zurückzugewinnen gestatten. Das Gefühl, eine Garantie zum Leben erhalten zu haben, ruft vermehrte Lebensenergien hervor und gibt als persönliches Abenteuer dem Leben plötzlich Farbe.

## Der Sinnkreis des Todes

Der Tod ist ein Tabu westlicher Gesellschaften; er ist in die Verdrängung eingemauert, unaussprechlich. Ambivalent ist die Anziehungskraft, die er auf diejenigen ausübt, die im sozialen Feld die Notwendigkeit empfinden, ihre Daseinsberechtigung auf festeren Boden zu stellen, ihren existentiellen Standort zu bestimmen, vom Schicksal ein orakelähnliches Urteil zu erbitten. Jedes Verbot spiegelt sein Übertreten zurück. Die Übertretung ist eine Versuchung für die, die aus irgendeinem Grund Mühe haben, sich selbst innerhalb der von einem lückenhaften symbolischen Feld gezogenen Grenzen zu erkennen, und die tastend nach ihrem persönlichen Zeichen suchen, sich ein tragendes System für den eigenen Gebrauch zu schaffen trachten, das ihr Identitätsgefühl befriedigen kann. Jede Übertretung gibt demjenigen, der sie wagt, mehr Macht. Zumal dann, wenn es sich um das oberste Tabu handelt: sich bewußt in die Nähe des Todes zu begeben. Das plötzliche Näherrücken der Todesgefahr mobilisiert gewaltige Energien und verändert den Wagemutigen. Die aus seiner Handlung gewonnene Stärke hängt sowohl mit der physischen als

auch der symbolischen Grenze zusammen, die er durch sie hat berühren können. Nichts läßt das Leben intensiver spüren als der Tod. Auf jeden Fall ist kein Richter kompetenter als der Tod, wenn es um die Frage geht, ob der ihn auffordernde Antragsteller weiterleben soll. »Ich gehe den Dingen auf den Grund, ich steige bis auf den Grund der Langeweile und des Zweifels ab, bis zur Neige der Verachtung meiner Grenzen, um zu handeln und alle Konsequenzen meines Handelns zu akzeptieren«, äußerte sich Patrick Vallençant, der wenige Jahre danach bei einer Bergbesteigung ums Leben kam. »Man kennt das Risiko des Bergsteigens, ich weiß, daß ich mein Leben riskiere, wenn ich eine schwierige Steilwand hochklettere, aber ich akzeptiere dieses Risiko frohen Herzens, denn durch dieses werde ich leben. Dank ihm werde ich gewaltige Spannungen erleben, aber auch wunderbare Freuden.«
Seine Existenz in die eine Waagschale zu werfen, während in der anderen der Tod liegt, birgt die Gefahr in sich, umzukommen, aber auch die Möglichkeit, eine Energie zu erfahren, die zutiefst verwandelt. Die Gründlichkeit der Verwandlung hängt von der Größe der eingegangenen Gefahr ab. Wer wagt, gewinnt, sagt der Volksmund. Wer alles wagt, kann erwarten, viel zu gewinnen; im Ordal kann er auf eine »Wiedergeburt« unter günstigerem Stern, mit gewachsenem Selbstvertrauen, mit erhelltem Bewußtsein hoffen. Der besiegte Tod gewährt dem, der alles verloren oder vergeblich seinem Leben einen Sinn zu geben versucht hat, eine zweite Chance. Deshalb kann man in diesem Fall sagen, daß der Akteur, indem er eine anthropologische Struktur großer Mächtigkeit benutzt, aus eigener Kraft aus der bestandenen Prüfung die symbolische Wirkung hervortreibt, dank derer er die krisenhaften Seiten seiner Existenz integrieren, ein stärkeres Identitätsgefühl entwickeln oder einen Augenblick der Begeisterung erleben kann. Die Steigerung bis zu den extremsten Gefühlen im Feuer der Prüfung und in den Augenblicken nach ihrem erfolgreichen Ausgang ergeben eine reichhaltige Wegzehrung für das noch vor einem liegende Leben. Die Wirkung kann in einer vorläufigen Gelassenheit oder Euphorie bestehen, es kann aber auch ein dauerhafter Friede mit der Welt eintreten. Das alte Leben ist der Preis, der für das neue Leben einzusetzen ist. Manchmal beendet der Tod den Tausch. Aber dem an einem solchen Punkt seiner persönlichen Geschichte angelangten Individuum ist dieser Preis dennoch nicht zu hoch für das, was es gewinnen will.
Wenn der Sinn des Lebens entschwindet, wenn alles gleichgültig wird, bietet das Ordal eine Lösung. Sie ist die einzige anthropologische Struktur, die eine zweite Chance gewähren kann. Über einen symbolischen Tausch wird der Tod zu einer Metapher; um alles gewinnen zu können, setzt der Akteur alles aufs Spiel. Das Ordal ist die letzte Chance desjenigen, der sonst alle Chancen verloren sieht. Es kommt darauf an, den Tod

zu verzaubern, sich seiner Existenz zu versichern, den Lebenshunger zu stillen. Angesichts der Unmöglichkeit, eine soziale Umwelt zu befragen, die sich ihrer Aufgabe, den Zweifel einzudämmen, entzieht oder der sich eben diese Aufgabe entzieht, angesichts der Unfähigkeit des sozialen und kulturellen Felds, der Existenz einen klaren Sinn zu vermitteln, und der Ohnmacht des Akteurs, in sich selbst die Mittel zur Überwindung der persönlichen Krise zu finden, wird dieser dazu veranlaßt, von sich aus direkt auf die Schranke zuzugehen, der er auf seinem bisherigen Weg zutreibt. Und diese Schranke ist die letzte, der Tod. Ein elementares, wesentliches, konstitutives Ansuchen, denn nur noch das Nein des Todes kann dem Akteur die Lebenslust zurückgeben.

Wir wiederholen: Heute ist das Ordal eine unbewußte individuelle Struktur. Selten begegnet man ihm in Reinkultur, als gezielter, überlegter Handlung. Es leitet sich aus einer besonderen Dimension des eingegangenen Risikos ab, die das ordalische Individuum später einmal verstehen wird, falls es die Umstände und die Beweggründe seiner Aktion genauer analysieren kann. Häufig auch durchwirkt eine ordalische Grundstimmung die Existenz eines Menschen; seine Neigung führt ihn dann dazu, das Risiko der sich auferlegten Prüfungen von Mal zu Mal zu überbieten.[50] Der Weg, den ihn diese Neigung zu gehen befiehlt, braucht keine besonders intensiven Momente bereitzuhalten; er kann sich fast aus dem Stand hineinziehen lassen: Alkohol, Drogen, Geschwindigkeitsrausch, Spieltrieb, Verliererverhalten, Aktionismus.

Das Ordal ist nie bewußte Absicht des Akteurs, der es in Anspruch nimmt, sondern vielmehr eine unbewußte Figur seines Handelns, selbst dann, wenn die ordalische Komponente von den ihm Nahestehenden klar erkannt wird.

Sehr oft werden Wagnisse mit ausgeprägt ordalischer Färbung von den anderen als eine Leidenschaft wahrgenommen, und zwar nicht nur die spontan eingegangenen Risiken, wie sie für Jugendliche kennzeichnend sind, sondern ebenso die gesellschaftlich sanktionierten der »neuen Abenteurer« oder auch von Sportlern, die ihr Leben in der frenetischen Jagd nach Höchstleistungen in Gefahr bringen. Für den Akteur sind sie eine Versuchung, gegen die er wehrlos ist; er wird in schwindelerregender Weise von ihnen angezogen. Zunächst mit Lustempfinden verbunden, kann sich dieses Verhalten nach und nach zu einem Zwangsverhalten steigern, das durch immer weitere und stärkere Sensationen nach Befriedigung drängt. Letztere aber wird nie erreicht: die Leidenschaft bleibt, bleibt unersättlich, und obwohl sie den Lebenshunger nie ganz sättigen kann, würde die Lebenslust ohne sie doch ihren Nährboden verlieren. Wenn der Gegenstand der Leidenschaft das Leben ist, verzichtet man lieber auf das Leben als auf die Leidenschaft. Dem Ordaliker, dessen ganzes Leben vom Vexierbild des Todes zehrt, droht immer die

Gefahr, schließlich selbst vom Tod verzehrt zu werden. »Ich wollte leben, darum mußte ich sterben«, schrieb Nietzsche.

Wie jede andere Prüfung, die mit einer Gefahr für das Leben verbunden ist und überstanden werden muß, ist das Ordal eine Sinn erzeugende Instanz, um so mächtiger, als der Appell von einer Notwendigkeit diktiert wird, die vom Individuum in der Krise mehr oder weniger bewußt empfunden wird. Erinnern wir daran, daß das Ordal eine gewisse, wenn auch geringe Kontrolle des Individuums über die Bedingungen der Prüfung voraussetzt. Der Mensch ist kein passiver Reisender, der in einem verunglückenden Auto oder Zug keinerlei Einfluß auf die Ereignisse ausüben kann; was immer die Folgen eines Unfalls sein mögen, die Prüfung entbehrt des ordalischen Charakters.

## Eine Symbolik des Wilden

Weil die Gesellschaft nicht mehr imstande ist, dem Handelnden Sinn und seiner Existenz zu bestätigen, und auch die unmittelbare Umwelt diese Aufgabe nicht zu übernehmen vermag, steht dieser gleichsam vor dem Nichts. Es bleibt ihm nur die ganz persönliche Freiheit, das nackte Leben auf Spiel zu setzen, das heißt, Fangen mit dem Hauptsignifikanten Tod zu spielen.

Das Leben ist ein Leben zum Tod hin, und vom Tod bezieht es Sinn und Wert. Aus dem Wissen um den jederzeit möglichen Verlust des Lebens wächst auch die Lust am Leben, aus der Revolte gegen dieses Wissen der Lebenswille. Lebenslust und Lebenswille irren im Ewigen ziellos umher. Das Ewige ist das Immergleiche, endlos, ohne Wiederkehr. »Wir müssen die uns mangelnde Ewigkeit durch Leidenschaft ergänzen.«[51]

Die Nähe des Todes ist wie ein anthropologischer Sinnbrennpunkt. Auf welche Weise auch immer es geschieht, sein Nahen verändert das Identitätsgefühl und die Beziehung zum Mitmenschen. Der Tod eröffnet dem Menschen die Welt – zumindest solange die Hoffnung besteht, ihm ausweichen zu können. Verschwindet diese Hoffnung, wird man oft feststellen, daß sich das angstgelähmte Individuum wieder der Welt verschließt.

So kann das Fehlen kollektiv festgesetzter symbolischer Grenzen eine Flucht nach vorn auslösen, die nur durch den Tod Einhalt findet – und Halt (*Mors ultima linea rerum est*). Seine Nähe aber, das Spüren seiner Bedrohung in jeder Faser des Körpers, kann möglicherweise ausreichen, dem Individuum die Garantie, die Versicherung zu geben, daß es seine Ziele selber bestimmen kann, ohne sich weiteren Gefahren auszusetzen. Während seines Verweilens im Grenzland zwischen Leben und Tod strömt dem Akteur eine symbolisierende Schöpfungskraft zu. Der symbolische Lohn des Risikos ist die erneuerte Lust am Leben. Das Gegenüber Tod scheint in magisch anmutender Weise als Jungbrunnen zu wirken. Dieser Vorgang ähnelt einem *rite de passage*, einem Übergangsritus, in dessen Verlauf die tödliche Gefahr, wenn überwunden, sich positiv in die Möglichkeit verwandelt, sich der Schwerfälligkeit der früheren Existenz zu entledigen und in eine weniger krisenhafte, gar neue Existenz überzutreten. Die symbolische Berührung mit dem Tod fördert die Häutung, die Katharsis, das Aufblühen eines nachhaltigen Identitätsgefühls.

Es handelt sich dabei um eine wilde Symbolik, die im wesentlichen nur für das Individuum Geltung hat. Reziprok zur Einschränkung der sozialen Bindungsmöglichkeit führt die individualistische Strukturierung westlicher Gesellschaften dazu, daß sich das Individuum immer mehr auf sich selbst bezieht, es aus den eigenen Möglichkeiten heraus zu schaffen sucht, was es früher aus dem soziokulturellen System schöpfte. Das ordalische Verhalten bietet eine begrenzte, aber mächtige Möglichkeit, sich vor sich selbst zu legitimieren, sich gegen Angst und Gleichgültigkeit zu wehren.

## Das Ordal: ein Übergangsritus heutiger Gesellschaften

Das zunehmend zu beobachtende moderne ordalische Verhalten ist, anders als das traditionale, keine gerichtliche Prüfung, sondern eine existentielle. Diese existentielle Prüfung kann zwar im Einzelfall oder gleichzeitig innerhalb eines Einzelfalls verschiedene Formen annehmen, aber deren gemeinsamer Nenner ist, daß das Leben aufs Spiel gesetzt wird. Die Zunahme solcher Verhaltensweisen drückt die Zerfaserung der kollektiven Sinn- und esysteme, ein Fehlen von sozialem *holding* aus. Die Akteure finden in dieser ihrer Gemeinschaft keine Stütze mehr. Sie revoltieren nicht gegen sie, sie wenden sich ab. Häufig sind sie sich nicht bewußt, daß es Mängel sind, die sie zu ihrer gewagten persönlichen Suche veranlassen. Das Risiko- und Ordalverhalten bedeutet dann eine Suche nach Identität oder Selbstbestätigung mittels einer frontalen Auseinandersetzung mit dem Tod.

Aus dem Bestehen der Prüfung wird ein Mehr an Sinn gewonnen, ein inneres Hochgefühl, eine Lebensgarantie, die dem Leben neuen verleiht. Über diesen Sinn und die Modalitäten der Sinnfindung ist nur derjenige Richter, der sich zur Prüfung entscheidet, zeitweilig sein Leben in Gefahr bringt, jedoch so, daß eine Chance besteht, die Prüfung heil zu überstehen. Die anthropologische Funktion des Ritus besteht darin, den symbolischen Tausch zu regeln und die aus der Ungewißheit herrührende Angst abzubauen; sie besteht auch darin, das aufkommende Gefühl

der Ohnmacht angesichts einer Situation zu überwinden, für die eine Gebrauchsanweisung fehlt. In diesem Sinn sind Ordalien auch Beschwichtigungsriten. Sie besitzen den Stellen individueller Übergangsriten. Anders als bei den Übergangsriten traditionaler Völker wird die Herausforderung nicht metaphorisch repräsentiert, sondern schroff und frontal im Realen gesucht. Traditionale Übergangsriten sind kollektiv sanktionierte Zeremonien mit hohem symbolischen Gehalt, bei denen der kurzzeitige Übertritt in einen anderen sozialen Status vollzogen wird. Wir bezeichnen hier das moderne Ordal deshalb als individuellen Übergangsritus, weil es sich um den Akt eines einzelnen handelt und nur für diesen der aus dem Akt gewonnene Sinn gilt, wenn sich auch an seinem sozialen Status nach erfolgreich bestandener Prüfung nichts ändert: Doch ändert sich das Dasein des Akteurs virtuell (Bewirkt der Rückgriff auf das Ordal keine solche Änderung, keinen inneren Wandel, ist der Versuch als gescheitert anzusehen, wofür – wiederum – nur der Akteur selbst verantwortlich ist.). Trotzdem handelt es sich aufgrund der anthropologischen Struktur um einen gesellschaftlichen Übergangsritus: um die Offenbarung der Identität, um den mehr oder weniger bewußt erstrebten Übertritt in eine neue Existenz. Allein deshalb, weil es sich hier um ein bedeutsames soziologisches Phänomen handelt, das sich in der Gesellschaft immer häufiger in immer vielfältigerer Form manifestiert. Unabhängig von seiner jeweiligen äußeren Gestalt antwortet das Ordal auf die gleichen Unzulänglichkeiten der Gesellschaft mittels der gleichen anthropologischen Struktur. Es ist eine Art ultimativer Rückgriff, Zuflucht, eine letzte Chance, die der Akteur ergreift, weil er glaubt, ohnehin nichts mehr zu verlieren zu haben.
Wir werden später sehen, wie sehr heutzutage solche Verhaltensweisen bei Adoleszenten Hochkonjunktur haben: Toxikomanie, Selbstmordversuche, Trebegang oder Fluchtverhalten, Straffälligkeit, Risikoverhalten, Anorexie treten besonders häufig bei Adoleszenten auf.
Handlungen ordalischen Charakters nehmen in dem Maße zu, wie sich im sozialen Feld die Sorge um Sicherheit weiterverbreitet. Nach Art der Wiederkehr des Verdrängten zeigen sie an, wie sehr die heutige Gesellschaft auf ordalischer Grundlage beruht – trotz der Sekuritätsvorstellung, in welcher die Modalitäten ihres Funktionierens (immer dürftiger) eingelagert sind.

## Die ordalische Gesellschaft

Der technische und wissenschaftliche Fortschritt, der für das abendländische Bewußtsein mit dem Kampf gegen Zufall, Verwundbarkeit und Tod verbunden ist, verkehrt sich in sein Gegenteil. Er birgt heute den

Keim einer radikalen Zerstörung der Menschheit. Technologische Großkatastrophen wie Tschernobyl, die fortschreitende Zerstörung der Ozonschicht, die weltweite Umweltverschmutzung, die zahlreichen Pannen spitzentechnologischer Systeme mit ihren verheerenden ökologischen Folgen deuten auf den unbewußt ordalischen Akzent einer ganzen Reihe technischer und wissenschaftlicher Leistungen hin, die absolut sicher zu funktionieren schienen und folglich als Sinn- und Wertgeber betrachtet worden waren. Das Ordal bildet heute eine der bedeutendsten Sozialstrukturen. Allerdings nicht mehr als Rechtsfindungsritus – als solcher ist es unerheblich geworden – sondern als Schicksalsritus. Die Moderne schreitet blind in eine Zukunft, die sich jeder Vorhersage entzieht. Jenseits der realen Risiken, die so komplex geworden sind, daß niemand sie wirklich einzuschätzen vermag, verzeichnet ein Katastrophendiskurs die derzeitigen Sackgassen, die mit dem technischen Fortschritt verbunden sind: technologische Risiken und ihre Folgen für das Leben auf der Erde, die Gefahren der Umweltverschmutzung, die alle berühren und die, mögen sie auch manchmal unter Kontrolle gebracht werden, die Natur in bestimmten Gebieten zerstören. Die tägliche Litanei der Verkehrsunfalltoten (jährlich 250 000 im Weltdurchschnitt) trägt das Ordal mitten in den Alltag hinein. Ein Beispiel: Jedes Jahr kann man vor Beginn der großen Ferien in den Zeitungen die Schlagzeile lesen: »Die 2 500 zum Tode Verurteilten dieses Sommers«. Die nukleare Aufrüstung hat die herkömmliche militärische Strategie von Grund auf verändert. Kriege sind nach dem ordalischen Prinzip geplant, das zuerst nur auf die auf dem Schlachtfeld kämpfenden Heere angewandt wurde, heute aber durch Bombenangriffe und vor allem durch nukleare und chemische Waffen die gesamte Zivilbevölkerung quasi als Geisel nimmt. Es ist schließlich dazu gekommen, daß sie den ganzen Planeten als Geisel nehmen und jede Neutralitätsposition rein theoretisch werden lassen. Der Terrorismus zieht diese indifferente, aber wirksame Logik manchmal bis in den Alltag westlicher Gesellschaften durch. Auch er benutzt wahllos eine Taktik, deren Struktur ordalisch ist.[52]
Zahlreiche Kommentatoren der Moderne haben deren ungewisse Zukunftsperspektive und die Risiken glossiert, die aus ihrer sich ohne Korrekturen vollziehenden Entwicklung entstehen. Das Überleben in der Zeit nach der großen Katastrophe ist Thema zahlreicher Filme und Bücher. Im Mittelpunkt des okzidentalen Imaginären steht eine Mythologie der Riesenkatastrophe; in ihr schlagen sich diffuse Ängste nieder: vor der Gegenwart wie vor der Zukunft, der Sinnverflüchtigung, der Fragmentierung der Werte, der Verwischung aller Orientierungslinien. Die Mythologie der Katastrophe beschwört den in unzähligen Filmen heraufbeschworenen Alptraum einer von vagen Ängsten heimgesuchten Gesellschaft, die auf ihrem Weg des Fortschritts die Orientierungsfähig-

keit verloren hat, aber trotz alledem diesen unsicheren Weg in die Zukunft auf Gedeih und Verderb fortsetzt. »Alle Diskurse«, so Georges Balandier, »die gewöhnlichsten wie die wissenschaftlichsten, sind eingebettet in eine Zeit des Endens, des Vollzugs, des Endes einer Zivilisation, einer herrschenden Ideologie – der des Fortschrittes. Die genauesten Umfragen vermitteln den faszinierenden Eindruck einer zum Nekrolog gewordenen Zeit, unerschöpflich in der Aufzählung der Heimgänge.«[33] Jenseits der mit den unmittelbaren oder kumulierten Folgen der technologischen Risiken verbundenen Angst kann man eine andere, vermutlich stärkere Angst entdecken: die Angst vor dem *anthropologischen Hauptrisiko*, die Angst vor der Heimatlosigkeit und der Leere, die sich ins Innere der Vertrautheit einnistet, die Angst vor der nahen Zukunft des Gattungswesens Mensch, das angesichts der Schwächung der Wert- und Sinnsysteme eine Identitätskrise durchleidet.

Diese Bemerkungen sind grundlegend, denn sie zeigen, daß die individuellen Risiko- und Ordalhandlungen den charakteristischen Verhaltensweisen auf gesamtgesellschaftlicher Ebene wesensverwandt sind. Diese werden durch eine kollektive Verdrängung verstärkt, die heute immer deutlicher erkennbar wird. Der in der Öffentlichkeit affirmativ vorgetragene der Sicherheit, der Vernunft, des Fortschritts verhehlt nur mangelhaft das Spiel mit dem Feuer, und zwar nicht nur in der langen Frist, in der, so wird angenommen, die erforderlichen technischen Lösungen zur Bewältigung der Umweltproblematik, der zunehmenden Verelendung der Dritten Welt, der demographischen Probleme gefunden werden dürften, sondern auch in bezug auf die Gegenwart, die Katastrophen eines neuen Typs erlebt, lautlose und unsichtbare Katastrophen wie die in Tschernobyl, von der heute niemand mehr abschätzen kann, welche Gefahr sie darstellt. Die Maschinen von Jean Tinguely, autodestruktive technologische Wunder, sind ironische Zeugnisse der modernen Gesellschaft und ihres ordalischen Charakters. Die individuellen Risiko- und Ordalhandlungen haben dort ihre Quelle, ihren Nährboden; sie werden von einer die Gesellschaft durchwaltenden Logik ermutigt, die in den einzelnen zurückstrahlt. Angesichts ihrer innigen Beziehung zu dieser immer mehr um sich greifenden »Fortschrittslogik«, zum Beherrschungswillen, zur Rationalität, Sekurität dürfte auch die Zukunft der Risikosuche gesichert sein. Die Radikalität der modernen Zeit wird auch die Radikalität der ordalischen Praxis ihrer Zeitgenossen sein.

## 3. Lust am Risiko

>»Das Verlangen, kopfüber zu versinken, das jeden Menschen im Innersten befällt, unterscheidet sich nichtsdestoweniger vom Verlangen zu sterben, weil es ambivalent ist: Zweifellos ist es das Verlangen zu sterben, aber es ist zugleich das Verlangen, an den Grenzen des Möglichen und des Unmöglichen mit fortwährend wachsender Intensität zu leben.«[54]
>
> Georges Bataille

### Mythologie des Extremen[55]

In der Mythologie, die heute das neue Abenteuer oder die körperliche oder sportliche Höchstleistung begleitet, kehren immer die gleichen Schlüsselworte wieder. Diese sind inzwischen durch pausenlose Wiederholung zum Klischee geworden. Eines dieser Wörter ist »extrem«: »Ushuaia: das Magazin des Extrems«, »Antipodes: das Magazin des Unerreichbaren«, Extremmediziner, Extrembergsteiger, Extremski. Wollte man versuchen, alle Extreme aufzuzählen, man erhielte eine Girlande von Benennungen, an der ein neuer Barthes auf den Spuren keimender Mythen seine helle Freude hätte.

Extrem: Limit, Grenze, aber stets jenseits dessen, was bereits da ist und ein Individuum auf einer Suche, die es nicht benennen kann, die es unablässig antreibt, die nicht befriedigt werden kann. Immer weitertreiben, bis ans Ende der Kräfte, endlich an eine Grenze zu stoßen, nachdem man mit den Kräften gewuchert hat, um dort einstweilen oder dauerhaft seinen Elan zu messen, sich leben zu fühlen, dabei sich selbst eine »Fassung« gebend. Das Paradoxon des Extrems ist, daß man sich auflöst, um sich selbst zu sammeln, eine zerstückelte Identität zu einem Ganzen fügen will, indem man aufs Ganze geht.

Die westlichen Gesellschaften erleben ein sprunghaftes Ansteigen individueller körperlicher oder sportlicher Höchstleistungen, die äußerste Anstrengung erfordern und oft mit enormen Risiken und Ungewißheiten

verbunden sind. »Sich ausschöpfen«, »sich auseinandersprengen«, eine Anstrengung bis zur letzten ungeahnten Kraftreserve weitertreiben, trotz Erschöpfung, Hunger, Kälte, Ungewißheit, Angst, die übermächtig auf Verzicht drängen, diesem Flehen des Körpers widerstehen. Solche Unternehmungen, deren Ziel es ist, der eigenen Kraft alles bis zum Taumel am Rand des Kollaps abzufordern, dem Exzeß zu frönen, bewegen sich zwangsläufig oft auf des Messers Schneide, auf dem schmalen Grat zwischen Schwindelgefühl und Selbstkontrolle; sie wollen das Nachgeben so weit wie möglich hinausschieben, die hitzige Entschlossenheit im Kältebad der Belastungen härten. Unter diesem Gesichtspunkt ist das angestrebte Ideal ein asketisches: das der Selbstbeherrschung. Gleichzeitig stellen sie die Nerven des Herausforderers auf eine harte Probe, denn das Ziel kann nur irgendwo in der Nähe des Zusammenbruchs liegen; dort, wo Leiden, Erschöpfung, Schweißausbrüche, Erbrechen, Panik unerträglich zu werden beginnen, fängt erst die eigentliche Selbstüberwindung an. Die langgedehnte Anstrengung mündet in eine völlig veränderte sinnliche Wahrnehmung, in ein Beben der körperlichen Fundamente. Ohne das normale Bewußtsein aufzuheben, tritt ein zweiter Bewußtseinszustand ein. Die Prüfung richtet sich an den Körper, denn nur dieser vermag den greifbaren Beweis der erlebten Intensität zu bieten. Die Erinnerung an das Ereignis zeichnet sich in Fleisch und Muskeln ein als unauslöschliche Spur einer erreichten persönlichen symbolischen Grenze. Die sich auf dem Körper abzeichnende »Spur« ist die Beigabe, das Wahrzeichen des seelischen Zugewinns (immer ein symbolischer Zugewinn), welcher dem Individuum seine Existenz beweist, sein Identitätsgefühl bestätigt.[56]
Dualisiert, in etlichen modernen Verhaltens- und Vorstellungsweisen als Alter ego gesetzt, ist der Körper Widersacher, den es zu unterwerfen oder zurückzuweisen gilt, der privilegierte Gegner in diesen agonalen Prüfungen, bei denen es weniger auf die äußeren Gegner als vielmehr auf den inneren Kampf gegen die Versuchung ankommt, alles hinzuwerfen und die Prüfung abzubrechen. Nur der Körper kann später den Erfolg zweifelsfrei beglaubigen. Je mehr er gezeichnet ist, desto eindrücklicher ist die Erinnerung daran, desto bedeutender das symbolische Erleben, der symbolische Zugewinn. Es findet der symbolische Austausch mit dem Tod statt, wobei der verfügbare Körper als Mittel des Tauschs fungiert. Der Tod wird dabei auf gewisse Distanz gehalten: Es findet weniger eine reale Annäherung an ihn als eine metaphorische Berührung mit ihm statt. Der überzeugende Beweis für die Lauterkeit des persönlichen Engagements sind die Leiden während einer solchen Prüfung oder, überzeugender noch, die Narben danach, die wie Trophäen die Haut schmücken (siehe Niki Lauda). Die Berichterstattung über das Ereignis (Fernsehen, Fotos, Zeitungsartikel, Erlebnisberichte) verweilt immer bei den vor

Erschöpfung verzerrten, schweißtriefenden, ausgehöhlten Gesichtern. Der Schmerz des Körpers trägt die Schrift des Symbolischen: »Ich habe kotzen müssen... Ich war ausgebrannt... Fix und fertig... Ich bin restlos verausgabt... Es war schrecklich, aber super, ich werde es wieder machen...« Klischeesätze, die man gleich nach dem Wettbewerb von allen Teilnehmern hören kann. Und sie sind nicht mehr länger das Privileg von Berufssportlern bei Spitzenveranstaltungen, sondern zunehmend das Hohelied des »Biedermanns«, der am Mythos teilhaben will. Ob es sich darum handelt, einen Marathon zu laufen, eine schwierige Wand zu besteigen, an einem Raid teilzunehmen oder eine Etappe von Paris-Dakar zu Ende zu fahren, das »Es war hart« drückt den Jubel über das wiedergefundene Leben nach der ermattenden Aufmischung während der Prüfung aus, es ist ein feierliches Wort zur Wiederkehr des Symbolischen in die Existenz. »Der heutige Mensch kann nicht mehr gehen«, kann man in einem Werbeprospekt von Terres d'Aventure lesen, der Abenteuerwilligen eine Trekkingwelt »von Marokko nach Tibet und vom Jura bis Labrador« anbietet. Die Beilage betont die körperliche Intensität solcher Märsche: »Der Körper rächt sich für seine lange Verwahrlosung. Vergessene Muskeln bringen sich in Erinnerung... Und plötzlich wird aus Weh Wonne. In der Mulde eines bezwungenen (!) Gletschers oder auf dem Gipfel einer besiegten (!) Düne schweigt der Körper und spricht das Herz. Triumphaler Augenblick, wo alles möglich wird. Hypnotisierende Rhythmen... der Marsch offenbart sich als das Paradox aller Paradoxe: je weniger es geht, um so mehr geht's.«
Obwohl es unterschiedliche Niveaus des Engagements für das Extreme gibt und eine Konfrontation mit dem Extrem nicht immer bewußt gewählt wird, ist das anthropologische Ziel aller derartigen Unternehmungen gleich. Über die körperliche Belastung, das Aktivieren der persönlichen Möglichkeiten und das Abwehren eines zwar eher metaphorischen, aber wegen der Radikalität der Herausforderung oft doch realitätsnahen Todes wird ein Experiment vollzogen, das dem Subjekt jenen Sinngewinn bringt, der, und sei es nur für einen Augenblick, seine Existenz nach außen und innen verdichtet. Eine ganze Reihe körperlicher und sportlicher Leistungssparten sind Angebote für die heute vom Subjekt empfundene Notwendigkeit, seine Kräfte bis zur Neige auszuschöpfen, um in einer Exploration der eigenen Grenzen ein im symbolischen Feld nicht mehr dauerhaft gründbares Identitätsgefühl auf ein endlich faßbares Ganzes zu beziehen. »Wenn mir das Herz heftig in der Brust schlägt, entdecke ich, wie weit ich über die Vernunft hinausgehen kann: wenn das Rennen beendet ist, weiß ich wirklich, wer ich bin«, sagte James Fix, einer der Propagatoren des Joggings in den USA, der 1984 während eines Rennens tot zusammenbrach (*Le Monde*, 3. August 1984).
Die »Sinnrisse« schließen sich in einer intensiven selbstbezogenen Su-

che nach der körperlichen Grenze. Es ist die körperliche Bewährung, die den Zugang zum Sinn des Lebens eröffnet. Die Suche nach den Grenzen, die Steigerung bis zum Extrem findet ihren spektakulären Ausdruck in den Strapazen, denen sich in den westlichen Gesellschaften eine immer größere Zahl unterzieht, wie beispielsweise Trekking, Marathon, Jogging, nordischer Ski, Bergsteigen, Survivaltraining oder Schneetraining. Auch Behinderte und Schwerkranke touren im Rollstuhl um die Welt, beteiligen sich an Wettbewerben, an allen möglichen Herausforderungen, um zu beweisen, »daß auch sie es schaffen«, daß sie Menschen wie die anderen sind und ihre Behinderung oder ihre Krankheit kein Wesenszug ihrer Identität ist, sondern etwas, was sie äußerlich kennzeichnet. Mehr als andere Menschen sind Behinderte oder Schwerkranke gezwungen, sich selbst zu behaupten, sich eigene Referenzen auszustellen. Mit dem physischen Übersoll wird das ausgrenzende soziale Urteil selbst in die Schranke verwiesen. Weil sie, eher suggestiv denn kategorisch, als verdammte Existenz betrachtet werden, sehen sich viele »Stigmatisierte« genötigt, auf der symbolischen Szene den Beweis ihrer Vorzüglichkeit anzutreten. Ein Beispiel: Ein Italiener, dem ein fremdes Herz eingesetzt worden ist und der früher nie Sport getrieben hatte, entdeckt nach der Operation auf einmal seine Begeisterung für den Langstreckenlauf. Wie es denn so kommt, beginnt er sich eines Tages auf den Marathon vorzubereiten, zur großen Empörung seiner Bekannten, die für die Finanzierung der Herztransplantation Geld gesammelt hatten. Das Riskante der Herausforderung ist deutlich genug: da das fremde Herz nicht mit dem eigenen Nervensystem verbunden ist, kann es seine Überbeanspruchung nicht durch Schmerz signalisieren. Der Marathonkandidat mit dem fremden Herzen will deshalb auf der Strecke mehrmals pausieren und hofft, auf diese Weise immerhin eine Zeit unter sechs Stunden (!) zu laufen. Für den New Yorker Marathon haben mehrere Sponsoren seine Reise finanziert und einen 18köpfigen Betreuerstab um ihn versammelt. Ein anderes Beispiel sind die Krebspatienten des Vereins Revivre (Wiederaufleben), die den Plan fassen, den Kilimandscharo zu besteigen. L. Pélissier, der Förderer dieses Projekts, der selbst drei Monate nach einer Lungenablation den Mont Blanc bestieg, erklärt, daß alle in ärztlicher Behandlung gewesen seien: »Die Ärzte haben uns geheilt. Es bleibt nun, uns selbst davon zu überzeugen, im Kopf zu heilen. Indem wir etwas schaffen, was wir vorher nicht gewagt haben, weil es so hart ist, finden wir unseren Optimismus wieder, die Hoffnung, daß man trotz einer tödlichen Krankheit leben kann.« (*L'Impatient*, Dezember 1990) Anderen vermittelt der Verband Clément Sport Santé die Teilnahme an dem Triathlon Paris-Mailand-Paris (2 700 Kilometer). Der Verbandspräsident, ein Krebsspezialist, erklärt: »Sport treiben heißt auch, gegen den Krebs anzukämpfen. Wir ermutigen unsere Patienten zu einer kämpferi-

schen Lebenseinstellung und zur Ablehnung der totalen Hilfsbedürftigkeit.«
Ausdauerleidenschaft, Kampf gegen sich selbst, gegen die Elemente, mehr noch als gegen die anderen, denn meist ist man während dieser Prüfungen auf sich allein gestellt; selbst im Pulk läuft der Marathonläufer für sich selbst. Die vollbrachte Leistung besitzt häufig keinerlei über das Subjekt hinausgehenden. Aber gerade darauf kommt es an: sich selbst hervorbringen, sich existieren fühlen, etwa in einem in weniger als drei Stunden oder auch nur zu Ende gelaufenen Marathon, in der Besteigung eines Gipfels, in der Zurücklegung einer gewissen Distanz auf dem Surfbrett... Diese Leistungen werden nicht mehr vor den zuschauenden Göttern vollbracht, der einzelne Mensch schaut auf sich selbst, fordert sich selbst heraus, kämpft und gewinnt gegen sich selbst. Das einzige Gebot lautet, bis zum Ende zu gehen, sich selbst zurufen zu können: »Ich habe es gepackt, ich habe es gemacht.«[57]
Ein 55jähriger Unternehmer erklärt nach seinem Marathon: »Ich habe noch nie im Leben so gelitten, ich lag wie im Sterben; dann habe ich an meine Tochter gedacht. Vor fünfzehn Tagen wurde sie ins Krankenhaus gebracht. Sie hat zehn Tage im Koma gelegen. Sie wurde schließlich gerettet. Ich habe mich entschlossen, wie ein Vater zu laufen, aber ich hatte nicht viel geschlafen... Ich habe gelitten wie ein Tier, aber ich habe mir gesagt: 'Sie hat mit dem Tod gerungen, sie hat gekämpft, also muß ich durchhalten. Ich muß meine Anstrengung fortsetzen, ich darf nicht aufgeben, ich muß durch. Diese Medaille ist für sie, ich will diese Medaille für meine Tochter. Und ich habe sie. Und das ist ein unermeßlicher Sieg.'«[58] In diesem Zeugnis drückt sich die Suche nach einer dem Leben fehlenden epischen Dimension aus. Um eine wahrhaft innige, unübertragbare Wandlung zu bewirken, muß man in diesen immer gegenwärtigen Sinnbrunnen hinabsteigen, was nur durch einen Kraftakt, einen Bruch mit dem geruhsamen Gang des Alltags erreichbar ist. Der Überdimensionalität des Tuns entspricht häufig eine karge Ausdrucksweise. Dem »Das war es« ist nichts mehr hinzuzufügen. Der Kommentar erfolgt hier wortlos. Worte für das Erlebte zu finden, so scheint es, käme einer Verunglimpfung seiner Intensität gleich. Man ist sich darüber im klaren, daß diese Erfahrung unaussprechlich ist. Daher die Überfülle an Klischees, die redselige Art und Weise auszudrücken, daß es nichts zu sagen gibt, die rein emphatische Verstärkung des vom Individuum soeben erbrachten Beweises seiner Existenz.
In dieser Suche des Extremen, der Verausgabung drückt sich der Wunsch aus, den Mythos in die Wirklichkeit zurückzuholen. Die in den »Alltag des Mannes ohne Eigenschaften« zurückgekehrte Sage ähnelt in ihrer Zeichenökonomie den alten Sagen, unterscheidet sich jedoch von diesen durch die individuellere Ebene. Die moderne Sage vollzieht sich auch

nicht länger als das Privileg der »Stadiengötter«. Wie Auto und TV wird sie für immer breitere Schichten erschwinglich, wenn sie dabei auch häufig im strikt privaten Gebrauch verharrt. Die Existenz des einzelnen stärkt sich aus diesem sich selbst entrungenen Mehr an Sinn, indem er einen Wettbewerb beendet, Schwächen und Ängste zurückdrängt. Der Sagenmythos ist somit nicht mehr das Vorrecht des Ausnahmekönners. Der Individualismus unserer modernen Demokratien bietet ihn im Überfluß an. Jeder kann jene Viertelstunde Ruhm erlangen, von der Andy Warhol sprach. Aber für diese Ehre muß er die Herausforderung bis zum Ende bestehen. Ein persönliches Ziel zu erreichen, und sei es in aller Diskretion, »sich zu übertreffen« gestattet, in Sinn- und schichten vorzudringen, welche die moderne Gesellschaft verschüttet und der Eigeninitiative des Individuums zur Entdeckung überläßt, aus denen ein dauerhafter Symbolüberschuß, ohne den das Leben nicht mehr wäre, was es ist, geborgen werden kann. Höchstleistungen bieten, was die soziokulturelle Umwelt nicht mehr zu bieten vermag: der individuellen Existenz einen Sinn zu geben. Es ist diese wiedergewonnene Lust am Leben, von welcher der oben erwähnte Unternehmer spricht, nachdem er der Schicksalsordnung, die seine Tochter heilte, den eigenen Körper als Pfand angeboten hat. Er rettete sie, indem er sich wie der Baron von Münchhausen am eigenen Schopf aus dem Morast zog. In der Extremleistung ist ein ökonomisches Verlustprinzip wirksam, insofern als der verausgabende, nicht der sparsame Umgang mit den eigenen Kräften angestrebt wird. Auf einer metaphorischen Ebene indes verwandelt sich die physische Verausgabung in symbolischen Gewinn. Im körpernahen Gefecht mit der Natur, in der fortgesetzten Schwerstanstrengung versucht man, sich der Festigkeit und der Wirklichkeit seiner Beziehung zur Welt zu versichern. Wo der Sinn fehlt, übernehmen die Sinne die Aufgabe und gestatten eine körperliche Erfahrung der symbolisch versunkenen Welt. Die Selbstherausforderung tritt an die Stelle der Selbstverständlichkeit der Dinge.
Die Veralltäglichung des oft unbewußten, aber sozial signifikanten Risikoverhaltens läßt sich zum Beispiel deutlich an der Zahl der Unfälle ablesen, die sich gerade am Anfang und am Ende des Urlaubs ereignen. Die begehrte Intensität endet als Drama einer frenetischen Suche des Schwindelgefühls in der Begeisterung des ersten und der Übersteigerung des letzten Tages (noch einmal genießen vor der Rückreise). Der medizinische Direktor von Europe-Assistance stellt fest, daß sich die physische Einstellung gegenüber dem Urlaub verändert hat. »Da der Urlaub heute mehr über das Jahr verteilt wird, werden die einzelnen Urlaubsperioden kürzer, und die Leute neigen dazu, intensiver vom Urlaub profitieren zu wollen. Sie möchten keinen Augenblick verpassen und stürzen sich in körperliche Aktivitäten, für die sie nicht in jedem Fall

vorbereitet sind. Man braucht nur auf den Winterurlaub zu schauen. Die Mehrzahl der Notrufe empfangen wir am ersten oder letzten Urlaubstag. Es handelt sich um das Phänomen der ersten und letzten Abfahrt. Jene, die man trotz Abreisestreß um jeden Preis machen will. Dort geht es dann schief.« (*Libération*, 12. August 1987) Der jähe Übergang zur körperlichen Anstrengung drückt sich in einer signifikanten Unfallzahl aus und zeigt die Durchlässigkeit eines symbolischen Systems an, das sich nur zum Teil zwischen Mensch und Welt stellt. Es fehlt ein Übergangsraum, das heißt eine Anpassungs- oder Eingewöhnungszone, die eine Vertrauen und Bedeutung stiftende Begegnung ermöglicht. Im Fall des Urlaubs heftet sich das Risiko an die Normalität der Freizeit; es ist nicht direkt Ziel eines Projekts, sondern offenbart sich vielmehr als verunglückter Versuch in der Häufigkeit der Unfälle dergestalt, daß der Chefarzt von INSEP (Institut national de sports et d'éducation physique) über die Notwendigkeit sinniert, vor »körperbetonten Ferien« ein Training zu absolvieren, das mindestens drei Monate vor der Abreise und für Trekkings oder Surfurlaub gar sechs Monate vorher zu beginnen habe (*Libération*, a.a.O.).

## Risiko um des Risikos willen

Als Gegensatz zum herkömmlichen Bergsteigen ist das »moderne Bergsteigen« entstanden, das alles Rekordhafte in den denkbar verschiedensten Spielarten bevorzugt: Heraufsetzung der individuellen oder kollektiven Risikoschwelle, Erhöhung der Geschwindigkeit, Anhäufung der erklommenen Gipfel. Mit seinem reichen Angebot an Höhenschwindelerlebnissen und Absturzgefahren ist das Hochgebirge das ideale Terrain der »neuen Abenteurer«. Und dessen unwegsamstes Gelände ist selbstverständlich ihr Nonplusultra. Ein besonders anschauliches Beispiel für das »gehobene« Abenteuer bieten Besteigungen im Himalaja-Gebirge, dessen Achttausender zwischen 1950 und 1960 alle bezwungen wurden. Der Andrang an Bergsteigern ist inzwischen so groß, daß sich die nepalesischen Behörden genötigt sehen, die Bergbesteigungsvorhaben sorgfältig zu sieben. Es müssen Karten und Fotos vorgelegt werden, Streckenverlauf und Finanzierungsquellen sind anzugeben, für die Teilnehmer wird eine Erkennungskartei angelegt usw. Dann werden die Kandidaten in die Warteliste eingetragen. Je nach Gipfel kann die Wartezeit bis zu zehn Jahren betragen. Nicht zu vergessen ist die Erhebung einer Pro-Kopf-Gipfelgebühr (*Le Monde*, 1. September 1984). Und auch nicht unerwähnt bleiben soll, daß die Basislager der westlichen Himalajabezwinger regelrechte Müllhalden in der Landschaft zurücklassen. Jedes Jahr versuchen sich fünfzig bis zweihundert Alpinisten an der

Besteigung des Mount Everest. Andere wählen sich das Dach der Welt für Extremski, Snowboardfahren, Gleitschirmfliegen oder Monoski. Das Spektakel ist stets mit von der Partie: Marc Batards Besteigung des Dhaulagiri wird »live« von einem Privatsender übertragen. S. Koening organisiert an den Hängen des Everest eine Expedition, unterstützt von dreiundsiebzig Sponsoren, die für das Unternehmen eine Riesensumme und fast sechzig Techniker zur Verfügung stellen. Die Direktübertragung flimmert zwei Wochen lang als Fernsehserie über den Bildschirm. Mit von der Partie sind auch weitere sieben Seilschaften aus ebensovielen Nationen, jeweils in Begleitung eines nationalen Fernsehsenders. Den Auftakt hatten kurz vorher die Japaner mit der Erkletterung des Everest gemacht. »Ein Mann auf dem Gipfel des Everest ohne Kamera bedeutet nicht viel«, bemerkt T. Leclerc in einer Reportage über »Die Massen am Everest« (*Télérama*, Nr. 2020, 1988). Erst im Licht der Scheinwerfer erstrahlt die Höchstbelastung des menschlichen Körpers in vollem Glanz. Diese »Reality-Show« ist es, die das Risiko in mythologische Sphären hebt.

Dem Bergführer vom alten Schlag galt die Anerkennung seiner nächsten Gefährten in den gemeinsamen Gefahren des Berufs mehr als die größere, aber unpersönlichere Bekanntheit, die eine gelungene »Premiere« oder eine individuelle Großtat abwarf. Wettbewerb und Rekordjagd nach Schwierigkeitsgraden, Risikoschwellen oder Geschwindigkeit sind diesem Bergführer fremd. Solche Ansporne sind Produkte einer modernen, ausgesprochen individualistischen und städtischen Erlebensweise. Einen schwierigen Gipfel zu überwinden oder einen neuen Weg zu bahnen, sind nach dem Verständnis des traditionellen Bergführers Aufgaben, die zum Wesen seines Berufs gehören, nicht Mittel der Befriedigung persönlicher Sucht nach Ruhm. Die Mehrzahl dieser Bergführer hatte sich um die Registrierung ihrer »Premieren« keinen Deut geschert. Wenn sie es dann und wann doch taten, geschah dies eher auf Drängen ihrer nach völlig anderen Maßstäben beenden städtischen Klientel. »Ach wo«, sagte ein schon betagter Bergführer zu Françoise Loux, »von dieser Art Premieren habe ich einige hinter mir. Mein Kollege A hat sie auf seinen Namen registrieren lassen. Er wußte nichts davon. Ich bin dann eines Tages zu ihm gegangen und habe ihm gesagt: 'Schau her, diese Strecke, die du da hast registrieren lassen, hier habe ich den Bericht, wo's geschrieben steht. Na, du hast sie auf deinen Namen eintragen lassen, ich hatte sie aber mindestens fünf oder sechs Jahre früher bewältigt.' Warum ich denn nie was davon gesagt hätte, wollte er wissen. Was ich mir denn darauf einbilden solle, habe ich ihn gefragt?«[59]

Diese alten Bergführer sind dem Berufsrisiko oder den schwierigen Aufgaben nie aus dem Weg gegangen. Was die körperliche Anstrengung oder das Risiko anbelangte, standen sie nicht hinter den modernen

Abenteurern zurück. Aber es war eine andere Zeit und die Lebenseinstellung eine ganz andere. Die Erfüllung der Berufspflichten war es, was ihnen Befriedigung schenkte. Die Großtaten waren einfach Bestandteil des Alltags der Bergbewohner. Das Abenteuer war eine Randerscheinung, allenfalls hinterließ es eine persönliche Genugtuung, bei der man sich indes nicht allzu lange aufhalten durfte. Nicht, daß es an Anerkennung der anderen gefehlt hätte. Im Gegenteil, nur wird dabei immer Großtat und Urheber im gleichen Atemzug erwähnt, nicht mit großem Nachdruck, sondern beiläufig: »Der, ein guter Bergführer war er, ein sehr guter. Wissen Sie, den Dunod-Kamin, am Grépon, er war es, der ihn als erster geschafft hat.«[60]
Eingereiht in die Abfolge der Tage, wird ein solches Ereignis nicht mit jener romantischen Aura überzogen, mit jenem mit Willenskraft erfüllten Pathos dargestellt, durch die es in der modernen Gesellschaft erst vollständige Gültigkeit, wirklichen erhält. So wenig wie der Perlentaucher auf Borneo, der Scherpa des Himalaja oder der Melanesier, der mit bloßen Händen auf Haifang geht, hat der Alpenführer vom alten Schlag Gefühl, etwas Außerordentliches zu erleben. Dieser geht seinem Beruf nach, gibt sich der Freude der Jagd hin, erschafft sich jeden Tag seine Existenz neu, immer mit einer Bescheidenheit, die ihm zu selbstverständlich ist, als daß sie ihm bewußt würde, die jedoch im Rückspiegel einer vom modernen Abenteurer vollbrachten und sofort sensationalisierten, medialisierten und als individuelle Leistung glorifizierten vergleichbaren »Heldentat«, ihre Premiere und ihre Aufbereitung in den Medien Werte sind, die der traditionellen Welt der Bergbewohner fremd erscheinen, zeigt sich an dem Unwillen, den die Suche nach dem Spektakulären bei den alten Bergführern hervorruft. Sie haben ihre Tätigkeit immer als einen Beruf verstanden, einen Dienst an den Mitmenschen; Risiko war das Mittel zum Zweck zur Gewinnung günstigerer Lebensbedingungen, zur Steigerung der Sicherheit. »Was alles verdorben hat, das ist diese Geschichte mit den Einzelgängern. Das hat alles kaputtgemacht. Wenn einer dieser Kerle da oben hops zu gehen wünscht, soll er doch hops gehen. Aber vom Standpunkt eines Bergführers meine ich... Nein, die Bergführer hätten sich nie auf dieses Einzelgängertum einlassen dürfen. Das ist ein schlechtes Vorbild. Die Jungen sagen: 'Aber der hat es doch gemacht, warum soll ich es nicht auch tun?'«[61]
Im Lauf der zweiten Julihälfte 1988 wird der Weg zum Gipfel des Mont Blanc und zurück ohne Beachtung der traditionellen Pflichtenlehre des Bergführers fünfmal in neuer Rekordzeit zurückgelegt. Der letzte gelungene Rekordversuch wird von einem lokalen Unternehmen gesponsort und vom Fernsehen gefilmt. In ebendiesem Monat schließt die Bilanz der Bergsteigerunfälle in den vier Alpenprovinzen mit einundzwanzig Toten, zwei Vermißten und hundert Verletzten. Einer dieser Rekordjäger,

der in weniger als sechs Stunden den Abstieg bewältigte, überrascht mit seiner paradoxen Empfehlung zur Nichtnachahmung: »Man sollte sich hinter die Ohren schreiben, daß man für den Mont Blanc besser einen Bergführer als Begleiter, zwei Tage Zeit zum Aufstieg und dann erst mal eine Nacht Schlaf nimmt.« (*Libération*, 6. und 7. August 1988) Die Sicherheit-Risiko-Spirale schraubt sich immer unkontrollierbarer in die Höhe. Auf der einen Seite sorgen sich die Lokalbehörden immer vehementer wegen der ständigen Zunahme der Unfälle infolge mangelnder Erfahrung und Vorsicht der Bergsteiger, auf der anderen Seite nähren sich die mit Risiko und Gefahr verbundenen Unternehmen gierig an dem unerschöpflichen Köder der medialen Zurschaustellung und Bejubelung solcher Leistungen. In Biella (Italien) wird 1988 der Weltverband *Mountain Wilderness* gegründet, der sich zum Ziel setzt, gegen »die übertriebene Zivilisierung des Gebirges« zu protestieren, gegen die Invasion der Geländewagen, die Urbanisierung der Gebirgsgegenden und ähnliches. Wider die Sicherheitsvorrichtungen, Schutzhütten usw. klagt dieser Verband die Wiederherstellung eines »wilden« Raums ein, der schwer zugänglich zu sein habe; die Mitglieder dieses Verbands wollen »ein Sperrgebiet, in dem es möglich sein soll, sich zu verirren und ohne Beistand umzukommen«. (*Le Monde*, 28. Oktober 1988) Die ordalische Struktur derartiger riskanter Unternehmungen mag den Handelnden selbst noch so gut verborgen sein, sie spricht aber aus ihren Kommentaren.

Hier macht sich auch ein Dilemma bezüglich des Risikowillens einer modernen Gesellschaft bemerkbar: Das Paradox liegt darin begründet, daß sich dieser Wille zum Risiko in einer von Sekurität besessenen Gesellschaft manifestiert, die nahezu manisch bestrebt ist, jedes nur erdenkliche Risiko durch irgendeine Art von Versicherung und eine lückenlose Gesetzgebung weitestgehend abzusichern. Dieses ängstliche Besorgtsein unserer modernen Gesellschaft um Sicherheit und die Verdrängung des Todes als seine Prämisse verleihen dem bewußt gewählten Risiko einen ähnlich überhöhten Stellen wie dem Unfalltod. »Das Risiko«, schreibt Paul Thibaud, »ist immer weniger das Ergebnis der Konfrontation mit den 'Unwägbarkeiten' der Natur, sondern schlicht ein Spielraum, der von Technik oder Verwaltung mehr oder weniger aus Versehen vernachlässigt worden ist.«[62] Es ist dann Sache derer, die sich der Vorsorglichkeit und Sicherheit des sozialen Versicherungsapparats verweigern, diesen sich als unerschöpflichen Freiraum erweisenden vernachlässigten Spielraum zu nutzen und dort das Fanal ihrer Individualität zu pflanzen. Aber nur das Risiko, das freiwillig eingegangen wird, ist ein Wert.[63] Die Berufe mit hohem Risiko sind lange als sozial minderig betrachtet worden. Ein in diesem Zusammenhang bezeichnendes Beispiel findet sich in einem Brief der Marquise de Sévigné an ihre Tochter.

Das Risiko, dem die Dachzimmerer ausgesetzt sind, ist für sie nur der Beweis des geringen Werts ihres Lebens und der ihnen fehlenden Würde. »Ich habe über mir zehn Zimmerleute, die meine Decke hochziehen und auf Balken herumlaufen, die so lose liegen, daß sie jederzeit in Gefahr sind, sich den Hals zu brechen, und die mir dadurch, daß ich ihnen von unten helfen will, Rückenschmerzen bereiten. Und man denkt an diese wundervolle Wirkung der Vorsehung, welche die Habsucht geschaffen hat, und ich danke Gott, daß es Menschen gibt, die für zwölf Taler bereit sind, etwas zu tun, das andere nicht für hunderttausend Taler tun würden.«

Die neue Leidenschaft zum Risiko wirft ein anderes Licht auf das Risiko, das dem Beruf oder solchen Aktivitäten inhärent ist, die für eine menschliche Gemeinschaft in einer bestimmten natürlichen Umwelt (Meer, Gebirge, Wüste, Dschungel...) notwendig sind. In einer Gesellschaft, in der Risiko und Sicherheit nicht als Gegensätze verstanden werden, sondern sich in der Bedeutsamkeit ihrer Beziehung zur Welt auflösen, wird weder das eine noch das andere als geltend gemacht, übt weder das eine noch das andere eine besondere Anziehungskraft aus. Wo Sicherheit kein gesellschaftliches Bedürfnis, keine etablierte Forderung ist, besteht auch kein Anlaß, das Risiko als Gegen zu setzen. Die Lust am Risiko entsteht gleichsam vor dem Hintergrund einer krampfhaft nach Sicherheit verlangenden Gesellschaft. Man muß daher klar unterscheiden zwischen dem Risiko, das bestimmten traditionellen Tätigkeiten innewohnt und die indirekte Konsequenz eines durch den Beruf diktierten Engagements gegenüber der Welt ist, einer besonderen Veranwortung gegenüber der Gruppe, das heißt, entscheiden zwischen einem Risiko, das überlistet werden soll, und dem freiwillig eingegangenen, aufregenden, als Selbstzweck gesetzten Risiko, wie es als neue Mythologie seit Ende der siebziger Jahre in Erscheinung tritt. Das Risiko, das die »neuen Abenteurer«, Jugendliche oder Urlauber auf sich nehmen, ist nicht im geringsten mit jenem Risiko vergleichbar, das mit der Ausübung gewisser gefährlicher Berufe oder Aktivitäten (zum Beispiel die Jagd in traditionalen Gesellschaften) verknüpft ist. Für den Bergbewohner oder den Perlenfischer ist das Risiko ein kulturelles Erbe; es bedingt überhaupt kein Grenzgängertum, sondern ist Teil einer täglichen Arbeit. Es kommt ja in diesen Fällen gerade darauf an, das Risiko durch eine tradierte und angelernte Erfahrung auszuschalten.[64] Taucht eine Gefahr auf, so flößt sie Besorgnis ein, selbst wenn sie, einmal überwunden, sich der gemeinsamen Erinnerung besonders nachhaltig einprägt. In den modernen Gesellschaften wird das Risiko jedoch zum Selbstzweck, zur geregelten Disziplin mit ihren gelegentlich offiziellen, häufiger aber informellen Verbänden, Klubs oder Bruderschaften, mit ihren eigenen »Hauspostillen« wie Fernsehmagazinen, Zeitungen, Fachzeitschriften,

Festivals und seit 1988 sogar Preisverleihungen an die hervorragendsten Draufgänger (der »Abenteuer-Victor«). Ein zweckfreierer und unwahrscheinlicherer Tausch als das Risiko um des Risikos willen ist kaum denkbar. Aber das Risiko ist innerhalb weniger Jahre zu einer unerschöpflichen symbolischen Quelle geworden, zu einem Königsweg der Sinnfindung. Seine Erhebung zu einem hochgeschätzten hat den Sicherheitskonsens zur Voraussetzung. Und außerdem auch eine nachlassende Bindungskraft kollektiver Sinn- und Wertorientierungen und die damit korrelierende Notwendigkeit, individuell andere Wege der Existenzlegitimierung zu erschließen.

## Sekurität und Eroberung des Risikos

Die Breitenwirkung der Risikolust setzt ein, als Anfang der achtziger Jahre das Sekuritätsthema im politischen und sozialen Diskurs auftaucht. Georges Balandier unterscheidet in der modernen Welt einen individuellen und einen kollektiven Sinnbildungspol. Einerseits findet man eine Art Nomadismus, »der zu einer unablässigen Suche ohne klar definierte Ziele führt, zum 'Mal sehen, ob es klappt', zu einer grundsätzlichen Zuweisung von Bedeutungen an Veränderungen als solche. Die Ordnungsräume werden als unstet akzeptiert, das Neue und Vorübergehende wird geschätzt – weil es nicht lange weilt, wird es nicht langweilig –, die Lappalie wird bedeutend, das Genießen des Augenblicks tritt an die Stelle des Projekts. Der Bewegung des Wanderns steht »das Verlangen nach Verwurzelung gegenüber, der Rückzug in soziale und kulturelle Räume, in denen Vergangenheit und Tradition ihre Spuren hinterlassen haben.«[65] Diese beiden gegensätzlich gerichteten, aber zum gleichen Sekuritäts- und Risikovektor gehörenden Haltungen sind es, die sich für die Analyse anbieten. Auf der einen Seite wird die Lebensintensität in einem Stakkato wechselnder Erfahrungen, im *carpe diem*, in der Kürze der Aktionen, der Dichte des Augenblicks, der Leidenschaft des Aufbruchs gesucht. Auf der anderen Seite steht das Verlangen nach dem Largo des Vertrauten, dem Dauerhaften, dem Bruchlosen, nach einer verläßlichen Beziehung zur Welt, einem steten Tun, und sei es zum Preis einer eingeschränkten Freiheit. Sekurität setzt auf Erhaltung, Sparen, Rückzug auf sich selbst, sie verschreibt sich der Vorbeugung, der Voraussicht, der Vorsicht; sie fürchtet den Tod. Sie träumt davon, sich in einer Schutzburg zu verschanzen, in der alles Unbekannte schließlich neutralisiert werden könnte. Sie bewegt sich in einer Vorstellung, die den Tod systematisch verneint. Unsicherheit, Zufall, Fremdes werden gebannt oder beseitigt. Die Wahl des Risikos appelliert hingegen an das Engagement in der Welt, an Einsatz. Sie ist auf das Schwindelgefühl aus und überlistet die Angst in der Berührung mit dem Tod. Im freiwillig eingegangenen Risiko wird eine symbolische Wette auf den Tod abgeschlossen; Einsatz ist das Leben. Diese Wette besteht für den Akteur darin, das Leben so intensiv wie möglich in sich pulsieren zu fühlen, seine Sicherheit aufs Spiel zu setzen, um seine Lebensgarantie zu testen. Wenn die symbolische Strukturierung des sozialen Felds keine klaren Grenzen zieht, fühlen sich viele herausgefordert, diese Grenzen in der unmittelbar körperlichen Begegnung mit der Welt zu orten.

Grundsätzlich jedoch sind Sekurität und Risiko vom gleichen Bestreben getragen, das brachliegende Feld der - und Sinngebung neu zu bestellen, was bei ersterem durch ängstlichen Rückzug hinter moralisch gezogene Grenzen geschieht, die durch letzteres wiederum eine spielerische Erweiterung erfahren. Beide Strömungen bewegen sich im gleichen Flußbett und vermischen sich: *coincidentia oppositorum*. Sie verstärken sich gegenseitig, bilden nicht immer eine klare Scheidelinie. Oft genug verlaufen sie gleichzeitig durch ein und denselben Akteur hindurch, der damit den gesamtgesellschaftlichen Zustand widerspiegelt, indem er je nach Lage der Dinge von der einen oder der anderen Strömung getragen wird. Es kann denn auch nicht wundern, daß der Hang zum Risiko und die Neigung zur Sicherheit gleichzeitig in einer Handlung Ausdruck finden: Es wird zum Beispiel eine Kampfsportart betrieben, deren Lizenz die Versicherung gegen die mit ihr verbundenen Gefahren einschließt. Oder man begibt sich auf eine gefährliche Tour durch die Welt und schließt vorher eine Versicherung ab, in der manchmal nicht nur jedes erdenkliche Unfallrisiko, sondern auch die Kosten für die etwaige Rückführung der sterblichen Überreste abgedeckt sind. Man trägt sich, Versicherungspolicen im Gepäck, für die Rallye Paris-Dakar ein. Man durchquert die Wüste, verständigt aber vorher die Behörden. Man nimmt an einem Risikolehrgang teil, erklärt sich aber bereit, die Organisatoren im Fall eines Unglücks von der Haftung freizustellen. Die Behutsamkeit ist manchmal die treueste Lebensgefährtin des Risikos. Die sich miteinander vermischenden Sekuritäts- und Risikoströmungen sind um so stärker und erkennbarer, als man sich den Ufern nähert. Den äußersten Rand des Risikos bildet das Ordal, den der Sekurität die Sicherheitsideologie. Die Schattierungen, die vom Risiko zum Ordal oder von der Sicherheitsvorsorge zum Sicherheitswahn überleiten, sind, wie übrigens auch die Übergänge vom Risiko zur Sekurität, vielfältig und fließend. Wir stehen hier inmitten einer sozialen und individuellen Ambivalenz.

Seit etwa Ende der siebziger Jahre ist das Risiko zu einem Beungsmaßstab geworden, der systematisch in allen Bereichen des gesellschaftlichen Lebens, in der Beziehung des Menschen zur Technik und zur Natur aufgespürt wird. Der Staat, aber immer mehr auch die verschiedenen Gebietskörperschaften und die großen Institutionen werden als

Schutzeinrichtungen verstanden, in denen sich väterliche Autorität und mütterliche Fürsorge in der politischen Form des Wohlfahrtsstaats vereinigen. Wachsamkeit und Schutz gehören zu ihren wesentlichen Aufgaben.[66] Und wenn sie sich dem, was als ihre oberste Pflicht erachtet wird, entziehen, reagieren die Opfer mit einer Wut, die um so größer ist, als sie einer enttäuschten Erwartung entspringt. In zahlreichen Statistiken wird regelmäßig die Wahrscheinlichkeit eines Verkehrs-, Arbeits-, Heimunfalls errechnet und die Obsession so weit getrieben, daß gar die Gefahrenschwelle für den Pendelverkehr zwischen Vorort und Arbeitsplatz berechnet wird. Bei der Ausarbeitung der Universalversicherungspolice werden alle Gefahren in Ansatz gebracht, denen der Versicherungsnehmer ausgesetzt ist. Politische Parteien auf Stimmenfang ködern mit der Angst, indem sie auf die Unruhestifter zeigen (Ausländer, Straffällige, Drogensüchtige, HIV-Infizierte bzw. Aidskranke). Sie beschwören den Unsicherheitsspuk herauf und versprechen, ihn zu vertreiben. Das Phantasma sucht nach dem archimedischen Punkt, von dem aus das Risiko aus der Gesellschaft herausgetrennt werden kann.

Als zu lösendes technisches Problem formuliert, wird das Risiko zum Gegenstand einer fieberhaften Großfahndung, bei der, je nachdem welcher überhitzten Vorstellung es entspringt, Ingenieure, Ärzte, Psychologen, Pädagogen, Sozialarbeiter und Politiker eingesetzt werden. Die PER (Plan d'évaluation des risques)[67] sind 1982 per Gesetz institutionalisiert worden; sie erfassen mögliche Naturkatastrophen (Lawinen, Waldbrände, Überschwemmungen, Erdbeben usw.). Es werden die ortsspezifischen Risiken einer Kommune beschrieben, mögliche Auswirkungen abgeschätzt, die kritischsten Zonen umrissen und Pläne für den Fall des Katastropheneintritts ausgearbeitet; solche Pläne erzeugen lokal unzählige Konflikte (bestimmte Interessen können durch den Nachweis einer potentiellen Gefahr wie Tourismus, Handel, Immobiliengeschäfte geschädigt werden). Es kommt darin der Wille zum Ausdruck, den sozialen Raum zu rationalisieren; unbeabsichtigt wird gleichzeitig Angst erzeugt, indem womöglich eine Gefahr aufgedeckt wird, an die bis dahin niemand gedacht hatte. Es werden Risikogruppen erfaßt, aber der Versuch, die ursächlichen Faktoren zu bestimmen, endet schließlich damit, daß aus dem einen oder anderen Grund irgendwie jeder als gefährdet betrachten wird. »Potentiell kann jeder zur Risikoperson werden.«[68]

Das politische, soziale und technische Risikomanagement ist ein Reflex der Zweifel, die unsere Gesellschaft hinsichtlich ihres Funktionierens, ihrer Ziele und Bedeutung plagen. Es ähnelt ein bißchen einer Teufelsaustreibung: Eine Gefahr, die in einer knappen Formel heruntergebetet wird und ein Aktionsplan, ihrer Herr zu werden. Das Phantasma besteht darin, daß es die Jagd nach Risikovorbeugung mit der Herstellung absoluter Risikolosigkeit gleichsetzt, als ob das Wissen nicht bloß

Macht, sondern das bloße Wissen schon schiere Allmacht bedeutete. Es stellt sich dann gelegentlich heraus, daß die Gefahr an einem gewissen Punkt unter Kontrolle gebracht wurde, um an einem anderen, völlig unerwarteten Punkt aufzutauchen, und zwar ironischerweise im Herzen gerade jener Systeme, die als die zuverlässigsten und technisch am besten beherrschbaren gelten: siehe Tschernobyl, Challenger, Seveso, Harrisburg. Das unvorhergesehene Versagen führt zu einer gesteigerten Kontrolle. Und die Spirale dreht sich endlos weiter, denn die Risikokontrolle erzeugt immer andere, neue Risiken. Dem exorzistischen Eifer gelingt es nicht, die kollektive Angst auszutreiben, der es wirklich nicht an Nahrung mangelt.
Das Aufspüren des Risikos erweckt gerade jene Ängste, die zu überwinden das Ziel war. Vor lauter Vorbeugung werden nur noch Gefahren gesehen. Außerdem widerspricht das politische und soziale Gebot der Sicherheit den hier analysierten Formen einer individuellen Risikosuche. Das Engerknüpfen des Sicherheitsnetzes schnürt den Raum individueller Freiheiten ein und führt zu einer erhöhten Zahl von Akteuren, die Gefallen an dem Reiz des Risikos und der Aufhebung der Zwänge finden. Die Gefahr verwandelt sich in einen Raum der Freiheit und Selbstbehauptung, in ein symbolisches Eldorado, das darauf wartet, von Wagemutigen erschlossen zu werden.

## Beständigkeit und Ungewißheit

Wie in der Mitte eines Flusses, wo sich die beiden Strömungen in einem stets vorläufigen Gleichgewicht vermischen, fließen auch die dem Risiko und der Sekurität zugehörigen Werte ineinander. Hindernisse, Schwierigkeiten dringen in das Innere der Sekurität, das Risiko in das Innere der Beständigkeit ein. Und aus dem wogenden Gedränge entspringt die bereits erwähnte Formel: Nur was in Gefahr ist, verloren zu werden, hat einen Preis.
Der Mensch ist ein *animal insecurum*, er ist einer relativen Unsicherheit seiner Beziehung zur Welt ausgesetzt. Unsicherheit bezüglich seines Lebenswegs, seiner Begegnungen, Trennungen, Krankheiten, seinem Altern und schließlich seinem Tod. Die Gemeinschaft, in der er lebt, ist mehr oder weniger in einem Sinn- und esystem vereint, das die Aufgabe erfüllt, die Angst zu bannen, die Unsicherheit einzudämmen, die Wegmarken des Lebens abzustecken und das Gefühl der Zerbrechlichkeit zu bekämpfen, indem es den Menschen in ein soziales Geflecht einbindet und somit Fragen beantwortet, die ihn vor allem hinsichtlich der dem menschlichen Dasein innewohnenden Ungewißheit bedrängen können. Dieses Sinn- und esystem lenkt die Entscheidungen, die er in den

verschiedenen Phasen seines Lebens zu treffen hat. Trotz der objektiven Sprödigkeit seiner Existenz lebt er in einem Gefühl relativer Sicherheit, obwohl, wie F. Jeanson erinnert, »das Risiko unser ontologischer Status ist«.[69]
Risiko und Sicherheit sind die beiden Achsen, entlang derer sich die oft schwierige Entscheidungssuche des einzelnen bewegt. Wenn auch menschliche Gesellschaften mehrheitlich die Sicherheit bevorzugen, kommen sie doch nicht umhin, den des Risikos anzuerkennen, das einige eingehen. Diese Risikofreudigen verkörpern Erneuerung, Wagemut, Jagd- oder Kriegstüchtigkeit, die Notwendigkeit, in der Stunde der Gefahr entschlossen zu wagen statt vorsichtig zu wägen, sowie das Bestreben des Menschen, anders zu sein beziehungsweise bis zu den Grenzen der Erfahrung vorzustoßen, um andere Seinsweisen zu entdecken. Deutlich tritt uns diese Ambivalenz des Lebens aus der Parabel des verlorenen Sohnes entgegen (Lukas, XV, 11–32). Trotz der Mahnungen des Vaters zur Vorsicht kann der jüngere Sohn der Verlockung der ihm unbekannten Welt nicht widerstehen. Der ältere Sohn hingegen entscheidet sich für ein stilles Arbeitsleben und für die Ehrfurcht vor der tradierten Ordnung.
Welcher der beiden Brüder hat den richtigen Weg gewählt? Die Erzählung scheint darauf eine unmißverständliche Antwort zu geben, kehrt doch der jüngere Sohn nach seinem Umherschweifen in der weiten Welt in das Vaterhaus zurück, wo er mit Freude empfangen wird. Augenscheinlich ist er aus Schaden klug geworden. Aber die Dualität zwischen den beiden Brüdern ist damit nicht aufgehoben. Der ältere, der den traditionalen en verbunden blieb, erscheint am Ende der Parabel in einem ungünstigeren Licht. Es fehlt ihm nicht nur an Zuneigung zu seinem jüngeren Bruder, er hegt auch Groll gegen ihn, da er sich sehr wohl bewußt ist, daß sein Bruder um eine Erfahrung reicher zurückkehrt, die er selbst nicht gewagt hat. Im Vergleich zu seinem Bruder führt er selbst letztlich ein blasses Leben, aus dem er bis zur Rückkehr des Bruders Zufriedenheit schöpfte. Nun aber wird ihm klar, daß er von der Welt nur einen winzigen Ausschnitt kennengelernt hat. Er beneidet den Jüngeren um den Wagemut, dem er selbst entsagt hat.
Der verlorene Sohn versöhnt die widersprüchlichen Neigungen im Menschen, die Risikofreude mit dem Verlangen nach Sicherheit, das den Drang zügelt, über das Alltägliche und Bekannte hinauszustreben. Er ist der Spiegel, in dem der ältere Bruder das Bild seiner verdrängten Trauer über das ungelebte Leben erblickt, denn der jüngere hat die Sicherheit des Vaterhauses erst gewählt, nachdem er das andere Leben gelebt hat; er selbst aber ist geblieben und erfährt seine Wahl im Rückblick als Verzicht. Die Parabel ist doppelsinnig. Sie malt das Opfer und die Familientreue des älteren Bruders in hellem Licht, aber im Lichtschatten

wertet sie das individuelle Risiko auf und läßt so ihr Urteil in der Schwebe. Die Moderne ist jene Zeit, die beide Haltungen radikalisiert.[70]

## Der Unfall

Octavio Paz zeigt, daß in nichtokzidentalen Gesellschaften die Katastrophe ein fester, integrierter Bestandteil ist. Die Katastrophe ist in diesen Gesellschaften eine Manifestation der Launen der Götter oder eine Bestrafung des Menschen. Sie wird in eine rituelle Ordnung hineingestellt, die eine Art Versöhnung mit der zornigen Schicksalsmacht ermöglicht. Die westliche Rationalität hat das Wirken der Götter aus der Welt verbannt. Sie hat statt dessen den Unfall erfunden, das heißt eine Kette tödlich hereinbrechender Ursachen, ausgelöst durch den Zufall. Der Unfall ist ein Un-Fall, eine Dysfunktion des Systems; die Katastrophe, und sei sie ökologisch, kann dann in einem Verschiebungsvorgang als Unterlassungsklage gegen die Behörden in das System integriert werden. »Die Katastrophe wird banal und lächerlich, weil der Zufall letzten Endes nur ein Unfall ist.«[71] In der durch und durch ambivalenten Gegenwart erwirbt jedoch der Unfall im Zuge der zunehmenden Risikohandlungen, des Aufkommens einer sozialen Praxis, in der eine symbolische Todesberührung gesucht wird, wieder einen sozialen Sinnbezug und wird zu einem der Königswege zeitgenössischer Imagination. Dort lokalisiert sich der Todestrieb. Doch schmälert die Faszination nicht im mindesten das Sekuritätsmotiv. Angstverlust und Angstlust stehen in einem zweideutigen Verhältnis.

Das Hereinbrechen des Unglücksfalls, des Un-Falls löst heftige Attacken gegen die Behörden aus, die es an Vorbeugemaßnahmen hätten fehlen lassen. Man sucht nicht mehr nach den göttlichen Urhebern des Dramas, sondern nach den zuständigen Stellen, die, sei es aufgrund fehlender Wachsamkeit, sei es durch Ungeschicklichkeit, ihre Sorgfaltspflicht verletzt haben. Wo immer sich Erschütterndes ereignet, wird, selbst wenn die Ursache eine natürliche ist, beschwörend nach Verantwortlichen, nach Schuldigen gerufen. Währenddessen beschreiben die Medien den Schrecken von allen Seiten, photographieren, filmen und tun sich als Spezialisten der Schockwirkung hervor. Ein Zusammenstoß beim Autorennen wird mit allen Mitteln der Aufnahmetechnik ausgeschlachtet, die kritische Phase in Zeitlupe abgespult, der Aufprall im stillstehenden Bild festgehalten. Die Challenger-Katastrophe geht in die Geschichte ein; die perfekte Medialisierung des Todes erleben Millionen Zuschauer am Fernseher als Augenzeugen. »Eine üble Ausbeutung des Todes durch die Medien? Nein: Sie begnügen sich, damit zu arbeiten, daß die einzigen Ereignisse, die für alle ohne Kalkül oder Umweg unmittelbar bedeutsam sind, diejenigen Ereignisse sind, die auf die eine oder andere Weise den Tod ins Spiel bringen. In diesem Sinne sind die übelsten auch die objektivsten Medien.«[72]

In der Faszination des Unfalls nimmt die rational und technisch domestizierte Symbolik ihre Revanche. In einen Raum, den man gegen jede Überraschung methodisch abzuschotten versucht, bricht eine Sinnflut ein. Unter der Wucht der Katastrophe hält der Damm der Rationalität nicht mehr, wird der Traum der Beherrschbarkeit fortgeschwemmt. Der selbstsichere Gestus der politischen Führer weicht der Betroffenheitsgestik. Der Tod durchbricht das Absperrgitter der Faszination und betritt das kollektive Gedächtnis. Gleichzeitig erfüllt die Sinnflut ein notwendiges kollektives Bedürfnis: Die Katastrophe erweckt die immer doppeldeutige Forderung nach Symbolisierung. Eine Forderung jenseits der Moral, denn sie ist weder eine ruhige Suche nach Glück noch eine Suche nach dem Tod. Sie ist es, die den Menschen heimsucht, Individuum wie Gemeinschaft; sie gleicht daher vielmehr einem von der Gemeinschaft akzeptierten Opfer.

Die vom Zufall des tödlichen Ereignisses wie in einer Lotterie bestimmten Opfer hätten auch andere, hätte jeder von uns sein können, Menschen »wie du und ich«. Ihr Sterben löst ein Gefühl des Schreckens aus, vertreibt aber durch das diffuse Gefühl des Überlebens zeitweilig die Angst.

Man muß Canettis Intuition, daß »der Augenblick des Überlebens Augenblick der Macht« ist, auf diese in der beruhigenden Atmosphäre eines Aufenthaltsraums per Medien miterlebten Dramen ausdehnen. Dadurch erklärt sich der stumme Andrang an Unfallorten, das Nicht-von-der-Stelle-Weichen, selbst wenn es den Nothelfern den Zugang versperrt. Man will den Tod nicht aus den Augen lassen, den Schauder über das eigene Noch-da-Sein spüren, in der Unbeteiligtheit des Starrens das Gefühl festigen, Überlebender eines schemenhaften Ordals zu sein, das in unmittelbarer Nähe sein Opfer gewählt hat, man selbst dabei jedoch zum Zeugen gemacht wurde. »Was beim tödlichen Unfall so fasziniert, ist die Künstlichkeit des Todes. Es ist technisch, nicht natürlich, also beabsichtigt (möglicherweise vom Opfer selber), also von neuem interessant – denn der beabsichtigte Tod hat einen Sinn. Diese Künstlichkeit des Todes bedingt, ebenso wie beim Opfer, seine ästhetische Verdoppelung der Imagination und das sich daraus entwickelnde Vergnügen.«[73]

In der kollektiven Vorstellung erzeugt der spektakuläre Tod des anderen einen Sinnschub. Dieser überaktiviert die Angst, aber aus dieser Angst selbst zieht das Individuum einen beträchtlichen Sekundärgewinn, indem sie ihn von der bedrückenden Vormundschaft der Rationalität befreit. Die jederzeit mögliche Auslöschung des eigenen Lebens tritt kurz ins Bewußtsein des Zuschauers; da ihn selber nichts bedroht, zieht sich die fatale Möglichkeit hinter die Genugtuung zurück, am Leben zu sein, während der andere, der Dingsda, nicht mehr existiert, eingehüllt ist im Tuch der unwiderruflichen Niederlage, als die der Tod nach moderner Auffassung gilt. Das Grauen vor dem Verkehrsunfalltod hält eine Weile den Blick in seinem Bann, um dann selbst in den Blick verbannt zu werden. Im Verkehrsunfalltod, der allein in Frankreich jährlich um die zehntausend Tote und viele Tausende Verletzte fordert, kehrt das atavistische Opfer in moderner Gestalt wieder; er ist, wie bereits erwähnt, eine Art ordalisches Symbol, dessen Bedrohung alle angeht. Niemand weiß, wer Opfer sein wird, aber das Urteil wird bereits am Vorabend eines jeden Wochenendes gesprochen. Die Statistiken zeigen von Jahr zu Jahr eine bemerkenswerte Konstanz. Die Handschrift des Ordals ist übrigens ebenso in Natur- und technologischen Katastrophen wie in Attentaten und Flugzeugabstürzen nachweisbar, deren imaginärer Ertrag noch höher ist. Das sich den Sinnen unwiderstehlich in Erinnerung bringende Bild des Todes wird durch die Ästhetisierung des Makabren bekämpft. Durch Unfall und Katastrophen entgleist die strukturelle Banalität der Gesellschaft. Das Desaster bewirkt eine brutale Neubildung von Aura. Ein symbolischer Komet schießt in den von Technik und Rationalität kontrollierten Raum. Eine Wiederkehr von ungezügeltem, sich dem bewußten Willen entziehenden Sinn ereignet sich, endet aber in einer unbewußten Logik, die sich Opfer wie Zuschauer vergegenwärtigen. So setzt man sich der Gefahr aus, spielt mit der Technik, um sich symbolisch einen Platz zu sichern. Sterben, um nicht zu sterben. Jeder tödliche Unfall kann diesen Appell enthalten. »Und weil wir einen langsamen Tod leben, träumen wir vom gewaltsamen Tod.«[74] Henry-Pierre Jeudy spricht sogar vom »Katastrophenwunsch«[75] und führt das Beispiel des Superschnellzugführers an, der im Grunde überhaupt nicht mehr fährt, weil alles automatisiert ist. Der Mensch ist nur noch für den Fall da, daß das System versagt, obwohl auch für diesen Fall Automatismen vorgesehen sind, so daß der Fahrer im Prinzip überflüssig ist. Er selbst ist es eigentlich, der kontrolliert wird: Das Risiko einer Depression oder einer anderen psychischen Störung wird höher sein als das eines technischen Versagens. Es sind Simulationssysteme, mit denen sich der Fahrer auseinanderzusetzen hat; sie sorgen dafür, daß er trotz seiner Überflüssigkeit aktiv bleibt. Der Mensch selbst wird zur Schwachstelle, die einen Unfall ermöglichen kann. Durch Simulationssysteme soll jener Katastrophenwunsch zerstreut werden.

»Fehlleistung des sozialen Netzes«, schreibt D. Sibony. Weil er die Allmacht der Moderne Lügen straft, wird der Unfall zum gewaltsamen Vollzieher der Rückkehr des Verdrängten.

## 4. »Eintritt in das Leben« und Risikoverhalten

*»Ich fürchte mich. Gegen die Furcht muß man etwas tun, wenn man sie einmal hat.«*[76]

Rainer Maria Rilke

Es ist nicht unsere Absicht, im folgenden Kapitel eine Soziologie oder Anthropologie der Adoleszenz zu versuchen. Unsere Analyse konzentriert sich auf den Augenblick des »Eintritts in das Leben« unter dem Blickwinkel der Risikohandlung. Aus dieser Perspektive ergeben sich wesentliche Ansatzpunkte für eine mögliche Anthropologie dieses Lebensabschnitts innerhalb unserer Gesellschaften. Gewiß sind Risikohandlungen keine absolute Begleiterscheinung der Adoleszenz in den westlichen Gesellschaften. Im Gegenteil vollzieht der weitaus größte Teil der Jugendlichen diesen »Eintritt in das Leben« ohne extreme Symbolisierungsformen. Dennoch bleibt festzustellen, daß solche Handlungen, bei denen eine zweideutige Beziehung zum Tod geknüpft wird, vorwiegend während dieses schwierigen, für viele mit Verunsicherung verbundenen Übergangs von einer Lebensphase in eine andere merklich häufiger zu beobachten sind. Unfälle, Sucht, diverse Formen des Risikoverhaltens, Flucht, Selbstmordversuch, Magersucht sind Erscheinungen, die in dieser Altersgruppe auffallend häufiger auftreten als in anderen. Der gemeinsame Nenner dieser sozialen Kristallisationen ist jene bereits thematisierte symbolische Berührung mit dem Tod innerhalb eines Sinnfindungsprozesses. Ohne bis in die Einzelheiten zu untersuchen, warum sich ein Jugendlicher gerade für diese oder jene Handlung entscheidet, die ihn in mehr oder weniger metaphorische Todesnähe führt, oder welche familiären Umstände diese oder jene Handlung ausgelöst haben, richten wir im folgenden unser Augenmerk auf die übergreifenden Zusammenhänge solcher Verhaltensweisen.

# Adoleszenzen

Die Adoleszenz begleiten Trauer und Angst; Trauer um die in immer größere Entfernung rückende Kindheit, die als das Paradies erinnert wird, sowie Angst vor dem Weg in ein neues Leben.[77] Wenn auch die Adoleszenz, deren Dauer sich in unseren westlichen Gesellschaften stetig verlängert, einen eigenständigen Lebensabschnitt darstellt, so ist sie doch ein »Unterwegssein«. Während dieses Unterwegsseins streift der Adoleszent nach und nach die Verhaltensweisen der Kindheit ab, um sich das »erwachsene« Verhalten anzueignen. Diese Zeit der Öffnung gegenüber den anderen und der Welt ist dennoch eine Übergangszeit, in der abwechselnd viele Rollen geprobt und viele Beziehungen ausprobiert werden können, das soziale Umfeld erkundet wird und eine intensive Suche nach Sinn und der eigenen Persönlichkeit vor sich geht. Die Entfernung von der Welt der Kindheit drückt sich in körperlichen Veränderungen aus, die ebenfalls häufig in Angst erlebt werden. Doch soll im folgenden die Adoleszenz als vor allem sozialer und nicht physischer Vorgang betrachtet werden. In den traditionalen Gesellschaften zielen die Übergangsriten wesentlich stärker auf den sozialen als auf den körperlichen Aspekt, wie es Anfang dieses Jahrhunderts Arnold Van Gennep klar erkannte. Das für die Adoleszenz charakteristische Gefühl einer inneren Aufgewühltheit beschreibt Carson McCullers vorzüglich in ihrem Roman *Das Herz ist ein einsamer Jäger*: »Dieses Gefühl war viel schlimmer als Hunger auf Mittagessen; es war aber so ähnlich. Ich möchte – ich möchte – war alles, was sie denken konnte; aber was sie eigentlich wollte, das wußte sie nicht.«[78] Während dieser ungewissen, fluktuierenden, oft Angst erweckenden Zeit bilden Adoleszenten ein dauerhaftes Identitätsgefühl aus, das sie als vollwertige Partner in der Gesellschaft verwurzelt.

Erik Erikson sieht in der Adoleszenz eine Zeit der notwendigen Krise, eine schwierige Zeit des Ausgleichs zwischen den Möglichkeiten des Jugendlichen und der von der Gesellschaft vorgeschlagenen Auswahl aus diesen Möglichkeiten. Der Eintritt in das Leben ist eine Zeit der Prüfung, der Krise, des Kampfs und des Verzichts, während der der Jugendliche in westlichen Gesellschaften mit einer Vielzahl von Rollen konfrontiert wird, die einerseits von ihm persönlich ausgewählt werden können, andererseits durch soziale Faktoren, zum Beispiel Klassenzugehörigkeit, bedingt sind.[79] Der auf die Adoleszenz bezogene Krisenbegriff verweist im wesentlichen auf die Diskrepanz zwischen den Wünschen des Jugendlichen und den von der Gesellschaft angebotenen Verwirklichungsbedingungen.[80] Für denjenigen, der aus den Irrungen und Wirrungen mühsam herausfindet, endet dieser schwierige Übertritt in

das Erwachsenenalter meist mit der Herausbildung eines stabilen Identitätsgefühls, das Erik Erikson folgendermaßen definiert: »Das bewußte Gefühl, eine persönliche Identität zu haben, beruht auf zwei gleichzeitigen Beobachtungen: auf der Wahrnehmung der Selbstgleichheit und Kontinuität der eigenen Existenz in Zeit und Raum; und auf der Wahrnehmung der Tatsache, daß andere unsere Gleichheit und Kontinuität anerkennen.«[81]
Aber wenn es in dieser Zeit nach Meinung der Jugendlichen an zuverlässigen und legitimen sozialen und kulturellen Strukturen, wenn es an Gesprächspartnern fehlt, gestaltet sich die Adoleszenz als eine schwierige Phase, in der anstelle des Gelingens einer Selbstvertrauen und Selbstsicherheit schenkenden Synthese der vielfältigen persönlichen Möglichkeiten Verwirrung, Unentschlossenheit und die mentale Unfähigkeit stehen, sich an klaren und genauen Zielsetzungen zu orientieren, welche die Kristallisierung eines unzweideutigen Identitätsgefühls ermöglichen. Der Eintritt in das Leben erscheint dann als ein mit Fallen übersäter Weg. Die Adoleszenzkrise verlängert sich und wird in den modernen Gesellschaften zur Jugendkrise.
Zu der Sinn- und desorientierung kommen weitere erschwerende Umstände hinzu: die Lockerung der Familienbande durch zum Beispiel räumliche Trennung, die zunehmende Unbeständigkeit der Ehebindung und folglich die größere Schutzlosigkeit gegenüber den Krisen in der Kleinfamilie.[82] Die Kleinfamilie, die erste fördernde Umwelt, ist nicht immer ausreichend gefestigt, um den schrittweisen Eintritt ins Leben zu steuern. Denn der Adoleszent ist nicht der einzige Akteur, er ist nicht das einzige Subjekt seiner Geschichte; die Turbulenzzone, die er durchschreitet, steht weitgehend unter dem Einfluß der Elterndynamik und des Ortes, den er in dem derart konstituierten realen und imaginären Feld einnimmt. Die von dem Jugendlichen erlebte Krise ist auch eine Krise des gesamten Familiensystems. Das gegenseitige *containing* des Beziehungssystems erfährt während der Krise der sozialen Adoleszenz des Jugendlichen eine gründliche Änderung. Die Eltern werden mit der Trauer des Kindes konfrontiert, das sie schützen und in ihrer Obhut halten konnten. Im übrigen fällt der Erwerb der Autonomie auf seiten des Kindes mit der »Krise der Lebensmitte« bei den Eltern zusammen, die sich in einer Zeit des Bilanzziehens und der ständigen Änderung ihrer affektiven und sozialen Besetzungen befinden.
In diesen Kleinfamilien ist das Kind oder der Jugendliche vorwiegend auf die Eltern angewiesen, ist gewissermaßen deren Privatbesitz. Es fehlen die psychologischen Vorteile der alten Großfamilie, in der die größere Geschwisterzahl und das Zusammenleben von mehr als zwei Generationen ein Gegengewicht zum elterlichen Einfluß bildeten. Von den Eltern affektiv überbesetzt oder vernachlässigt, ist das Kind verletz-

lich, da es über kein Modell verfügt, sich in seiner Situation zurechtzufinden. Indes hängt die Art, wie es in das Leben eintritt, von dem Gehalt dieser Interaktion ab, wenn diese auch nicht einer strengen psychologischen Gesetzmäßigkeit unterliegt.
Außerdem erschweren die Bedingungen der modernen Welt die Herstellung eines Erziehungsbandes zwischen den Generationen. Es ist in diesem Zusammenhang viel die Rede von der Abdankung der Eltern und dem Verlust der Kommunikation während der Adoleszenz. In dieser sich ständig verändernden Welt wird der Mensch, nach dem von Margaret Mead geprägten Ausdruck, zu einem »Einwanderer in die Zeit«, die Kindererziehung wird zum Problem, die Kluft zwischen den Generationen vertieft sich derart, daß die Eltern nicht mehr wissen, wie ihr zu begegnen wäre. »In diesem Sinne müssen wir erkennen, daß wir keine Nachkommen haben – wie unsere Kinder keine Vorfahren haben.«[83] Manchmal kehren sich die Beziehungen zwischen Eltern und Kind um, und es lernen die Eltern von den Jugendlichen, sich in die moderne Welt zu integrieren. Doch wird grundsätzlich die Störung der Beziehung zwischen den Generationen an der spürbaren Zunahme der Kindheits- und Adoleszenzpathologien deutlich.
Gewiß entwirft die Jugend ihre eigenen segmentierten und sich je nach sozialer und kultureller Herkunft unterscheidenden Rituale für den Übergang von einer Altersgruppe zur nächsten: ein eigener Jargon, gemeinsame Bezugnahme auf Musik, Comic strips, Sport, Kleidungs-, Eß- und Beziehungsriten, »Anmache«, Streitverhalten. Es handelt sich dabei um vorläufige Riten, die der Dynamik der Cliquen oder der informellen Freundesgruppen unterliegen und außerdem von der Stimmung des Augenblicks und den wechselnden Schwärmereien abhängen. Diese Symbolisierungsformen tragen dazu bei, eine von diffuser Unruhe geprägte Randsituation zu lindern, aber es handelt sich nicht um stark verwurzelte Riten, sondern um solche, die mit den rasch wechselnden Konsumwellen treiben. Sie bilden den Jugendlichen nicht zum Leben aus, sondern sind vielmehr Inseln der Sicherheit und der Solidarität mit den Altersgenossen. In ihrer extremen Mannigfaltigkeit hilft die Adoleszentenkultur selten dabei, »in das Leben einzutreten«, dem Jugendlichen das Gefühl zu vermitteln, daß sein Leben einen und einen Sinn hat.

## Die Unbestimmtheit des Übertritts in das Erwachsenenleben

In seinem 1909 erschienenen Werk über die Übergangsriten schreibt Arnold Van Gennep, daß jede Gesellschaftsform mit einem Haus verglichen werden könne, »das in Zimmer und Flure abgeteilt ist, mit um so

dünneren Trennwänden und um so engeren Verbindungstüren, je mehr sich die Zivilisation der betreffenden Gesellschaft der unseren nähert«.[84]
Mit dieser Feststellung wollte Van Gennep auf die Rückbildung der Übergangsriten in industrialisierten Gesellschaften und ihre zentrale Bedeutung in traditionalen Gesellschaften hinweisen, in denen der Übertritt in eine andere Altersklasse durch genaue und von allen Mitgliedern anerkannte Riten geregelt ist.
Heute, fast ein Jahrhundert nach dieser Beobachtung, läßt sich feststellen, daß in jenem Haus kaum noch Abteilungen erkennbar sind und seine Weiträumigkeit dem Jugendlichen jene Orientierung und Identitätsfindung ersch., die ihm erlauben, ohne Verzögerung und Verbitterung seinen Platz als Tauschpartner einzunehmen.
Der Übertritt in das Erwachsenenleben ist nicht ritualisiert. Er zieht sich manchmal so lange hin, daß man ihn nach sozialen Kriterien einer anderen Altersgruppe als der adoleszenten zuordnen muß. Der durch die erschen Bedingungen verzögerte Übertritt ins Erwachsenenleben wird elegant als Postadoleszenz bezeichnet. Die Schwellen verschwinden, immer mehr Werte werden gültig und gleichgültig, die allseitige Unbestimmtheit ersch. die Suche nach der persönlichen Identität. Die Kriterien für den Übertritt in das Erwachsenenalter lassen sich nur noch schwer bestimmen. Nicht nur verlängert sich die Dauer der Ausbildung, auch sind die einzelnen Ausbildungszeiten sehr uneinheitlich. Außerdem schließt sich dem Abschluß der Ausbildung meist nicht unmittelbar der Eintritt in das Berufsleben an, sondern häufig folgt zunächst eine Zeit der Arbeitslosigkeit oder der Gelegenheitsjobs, ehe man sich in einer stabilen Situation einrichten kann. Der Weg von einer Berufsausbildung zum Beruf ist steiniger geworden. Eine Million Jugendliche sind heute arbeitslos. Der Schulabschluß hat seine Schwellenfunktion eingebüßt. Ähnlich verhält es sich mit anderen Lebenszäsuren: Sexualität, Liebesbeziehung, Ehe, erstes Kind, Volljährigkeit, Erstwahl, Wehrdienst, Erststelle, Abitur usw. Keines dieser Ereignisse zeichnet eine Grenzlinie ein, ist emotional besetzt, geeignet, und sei es nur schemenhaft, den Stellen eines Übergangsritus anzunehmen. Die potentiellen Kriterien für den Eintritt in das Leben haben ihre Wirksamkeit verloren. Das Erwerben der schulischen Reife, der Rechtsgeschäftsfähigkeit, der vollen politischen Rechte ist nicht gebündelt in der Einheit des Ritus oder in der inneren Überzeugung, eine andere, mit dem Siegel der Dauerhaftigkeit versehene und von Lebenslust begleitete Phase des Abenteurs Leben erreicht zu haben. Die Herausbildung eines solchen Gefühls gelingt vielen Jugendlichen nur unter großen Mühen oder gar nicht.
»In unserer Zivilisation scheint die Existenz des Individuums von der Wiege bis zur Bahre im gleichen Tenor zu verlaufen; die aufeinanderfolgenden Etappen des gesellschaftlichen Lebens sind schwach markiert

und lassen ständig das kontinuierliche Muster des individuellen Lebens hervortreten. Aber die weniger fortschrittlichen Gesellschaften, deren innere Struktur eng und streng bestimmt ist, fassen das Leben als eine Abfolge unterschiedlicher und klar voneinander abgegrenzter Phasen auf, von denen jede einer bestimmten, relativ gut organisierten gesellschaftlichen Klasse entspricht; folglich impliziert jedes Erreichen eines bestimmten Lebensabschnitts den Übertritt in eine andere Gruppe, eine zeitweilige Absonderung, das heißt einen Tod und eine erneute Eingliederung, das heißt eine Wiedergeburt.«[85] Übergangsriten sind keine anthropologische Notwendigkeit. Zahlreiche Gesellschaften kennen sie nicht. Die Tatsache, daß sie in gewissen Gesellschaften nur in sehr verblaßter Form oder überhaupt nicht vorkommen, wirft solange keine Integrationsprobleme auf, als sich der individuelle Lebensentwurf an einem Projekt oder gemeinsamen en ausrichtet oder der Jugendliche in oder außerhalb seiner unmittelbaren Umwelt für sich einen Lebenssinn zu entdecken vermag.

Die Funktion eines Übergangsritus besteht in der Symbolisierung eines Wandels, in der Beschwörung der Trauer über das Verlassen eines vertrauten und beruhigenden Zustands, in der Bannung der unbestimmten Angst vor dem Eintritt in ein bisher nur am Rande erfahrenes neues Leben und vor der Bürde der Verantwortung mittels Inszenierung eines sozialen Dramas. Der Initiierte erleidet rituell den Tod, um mit einer neuen sozialen Identität wiedergeboren zu werden. Es geht nicht nur darum, einen neuen symbolischen Status zu erwerben, sondern darum, die Kindheit zu verlassen. Da der Mensch somit gewissermaßen immer im Unvollendeten verweilt, begleiten die Riten sein Leben und dramatisieren die Wenden im Lebenszyklus, indem sie einen Verlauf und einen Sinn festlegen. Die Riten zeichnen den Weg und entschärfen die Angst vor dem Wandel. Sie geben dem Tod einen Sinn, zerlegen ihn in seine Sequenzen und ersparen dem Adoleszenten dadurch eine angstvolle körperliche Begegnung mit ihm. Dem Leben einen Sinn zu geben, der Tat einen Horizont und dem Alltag ein Verhalten sind die sichersten Gegengifte gegen den Tod.

## Initiationsriten

Die anthropologische Bedeutung der Initiationsriten in traditionalen Gesellschaften liegt nicht nur in der sozialen Regulation des Übertritts von einem Lebensabschnitt in den nächsten, sondern auch darin, daß sie den Weg in die Zukunft abstecken, jegliche Unsicherheit über die Lebensführung und die ihr zugrunde gelegten gemeinsamen Werte aufheben. Der Initiationsritus verwurzelt den Jugendlichen fest in den Rahmen eines kollektiven Gedächtnisses und in eine Zugehörigkeit, die sein Gefühl der persönlichen und sozialen Identität bestätigen. Der Initiationsritus ist die Furt zwischen Vergangenheit und Zukunft. Durch ihn wird der Jugendliche in das kollektive Gedächtnis des Gemeinwesens eingeschrieben, das nicht bloß ein erbauliches Inventar der Geschichte eines Kollektivs ist, sondern darüber hinaus eine Denk- und Handlungsweise begründet, eine Lebensart, die den Lauf der Existenz begünstigt und erleichtert.

Der Initiationsritus drückt sich am augenscheinlichsten im Kollektiv aus, dem der Jugendliche angehört. Dadurch, daß der Jugendliche dabei entweder allein oder gemeinsam mit seinen Altersgenossen ins Zentrum der rituellen Symbolisierung gestellt wird, erfährt er eine Existenzaufung. Der Ritus symbolisiert ein Durchschreiten des Todes als eines Übergangs zu einer anderen Existenz. Das Band mit seiner Gruppe, das Zeichen seiner volligen Mitgliedschaft in ihr, wird ihm in einer oft schmerzhaften Prozedur in den Körper eingraviert. Es prägt ihm das Siegel des Sozialen gewissermaßen nach Art einer Mnemotechnik auf. Das Mal und der Schmerz haben für das Kollektiv die Funktion einer Garantie für den Fall, daß der initierte Jugendliche den eingegangenen Verpflichtungen später nicht mehr nachkommen sollte. Ein für allemal bestätigt es vor den Augen aller, daß die Existenz und Sinn besitzt. Der Initiationsritus bietet gleichzeitig dem Jugendlichen die Gelegenheit, seine Entschlossenheit und seinen Mut und folglich die endgültige Berechtigung seines Anspruchs auf das Verlassen des Kindesalters und die Übernahme der mit dem Erwachsenenalter verknüpften Verantwortung zu beweisen. Dieses Moment der Mutprobe, des überwundenen Todes besiegelt den Übertritt. In bestimmten traditionalen Gesellschaften wird der Jugendliche, der die Initiationsprüfung nicht besteht, in eine wenig beneidenswerte Existenz verwiesen. Man wird ihn immer wieder an sein Versagen erinnern, und es wird ihm später das Heiraten ersch. Jeder Initiant muß sich als fähig erweisen, die Grenzsituation zu bestehen. Dann wird er im Leben nie mehr dem Tod begegnen.

Durch den Initiationsritus lernt der Jugendliche die zentralen Bedeutungen seines traditionalen Gemeinwesens kennen: die Gründungsmythen der sozialen Institutionen, die den Riten zugrunde liegenden religiösen Prinzipien, die Namen der Götter und deren Funktion im Weltschöpfungsmythos. Er wird in die geheimen Traditionen eingeweiht: Tänze, Gesänge, manchmal auch die besondere, nur den Eingeweihten verständliche Sprache. Er entdeckt die Grundlagen der Gesellschaft und das, was sie zusammenhält und heiligt. Er übernimmt nach Einzeichnung des Körpermals, die gewissermaßen seine Geschlechtsreife bescheinigt, seine ambivalenzfreie Geschlechtsrolle. Er nimmt sich als eines unter mehreren Mitgliedern innerhalb eines sozial und religiös

hierarchisierten Gefüges wahr, in dem jeder einen festen Platz erhält. Der Initiationsritus, wie immer verschieden seine Ausgestaltung von Gemeinwesen zu Gemeinwesen sein mag, erfüllt oder vielmehr kondensiert letztlich die Funktion einer Ausbildung auf das soziale Leben hin. Zwar hat der Nichtinitiierte bereits vieles über das Gruppenleben lernen können, doch blieben ihm bisher noch eine ganze Reihe wesentlicher sozialer Zusammenhänge verschlossen. Der Initiationsritus ist eine erzieherische Ergänzung, nach dessen Vollzug der Jugendliche ein völliges Mitglied des Gemeinwesens wird: Er ist nun ein anderer geworden.
Aber der Initiationsritus spendet auch Sinnfülle. Er bringt den Initiierten neu zur Welt, stellt eine zweite, soziale und kulturelle Geburt dar und sichert ihm einen anerkannten und eindeutigen sozialen Status. Er mildert die Härte des Lebens. Er symbolisiert den beschwerlichen Weg aus der Adoleszenz in die Welt der Erwachsenen mit den ihr innewohnenden Verantwortlichkeiten. Im Gegensatz dazu symbolisiert der Jugendliche in okzidentalen Gesellschaften mit ihren individualisierenden Strukturen diesen beängstigenden Übergang allein (oder in der Jugendbande). Der Rückgriff auf ordalische Verhaltensweisen gewinnt unter diesen Umständen eine wesentliche, aber immer nur persönliche Bedeutung. Der Ritus wird zu einer individuellen Figur, die jedoch statistisch anhand einer Reihe innerhalb des sozialen Feldes verstreuter Handlungen oder Verhaltensweisen nachweisbar ist. Er bedeutet einen Ausbruch, dessen sich erst später offenbart und dessen anthropologische Bedeutung verborgen bleibt.

## Die Anziehungskraft des Risikos

Initiationsriten im traditionellen Sinn sind, wenn auch erheblich rückgebildet und verwandelt, bis in das erste Viertel dieses Jahrhunderts hinein auch in okzidentalen Gesellschaften erkennbar: zum Beispiel im Wehrdienst, bei der ersten sexuellen Beziehung, Heirat usw., allerdings ohne jene explizite traditionale Akzentuierung, ohne den im rituellen Vollzug scharf gekennzeichneten Bruch zwischen einem Vorher und einem Nachher. Übergangsriten setzen ja relativ vereinheitlichte Gemeinwesen voraus, mögen sie im Innern noch so vielfältig gegliedert sein; ihre Voraussetzung ist die Überlieferung eines kollektiven Erbes durch die Älteren an die Jüngeren. Die Älteren leiten die Zeremonie, geben eine Orientierungslinie an und vermitteln ein Wissen über das künftige Leben der Jugendlichen. Moderne Gesellschaften hingegen stehen einer nicht vorgezeichneten Zukunft gegenüber, einem Übermaß an Offenem und Unwägbarem, einer verwirrenden Vielzahl von Sinngebungs- und Wertsetzungsmöglichkeiten. Unter solchen Bedingungen erweist es sich als müßig, ein Wissen weiterzugeben, das, heute erworben, morgen vielleicht schon überholt sein kann. Die soziale Normierung selbst ist unter dem Druck der Rationalisierung des kollektiven Lebens, des technischen und wissenschaftlichen Fortschritts auseinandergebrochen. Beständig ist in der Moderne nur der ständige Wandel. In einer Gesellschaft, deren Kennzeichen »Bewegung plus Ungewißheit« (Georges Balandier) ist, ist keine rituelle Schleuse mehr imstande, den geordneten, konsensuellen Übergang ins Erwachsenendasein zu regeln, den Jugendlichen Sinn und Wert mit auf den Weg in die Zukunft zu geben.

Wenn der Weg in das Erwachsenendasein nicht von der sozialen Umwelt vorgegeben wird, ist die Freiheit des Individuums hier uneingeschränkt. Es selbst muß dabei die Initiative ergreifen. Es steht ihm frei, nach eigenem Ermessen, fern jeglicher Tradition und Autorität seinen eigenen Weg zu erkunden. Es liegt an ihm, die Sinnquelle zu erschließen, die seine Existenz berieseln wird. Die Jugend wird so zu einer Zeit der Entdeckungen und der Freiheit, in der alles möglich ist. Autoritäten sind nur die von ihm frei ausgewählten. Niemand schreibt ihm vor, wie er sich zu verhalten habe. Gleichzeitig wird jedoch diese Chance durch die innere Forderung eingeschränkt, in seiner sozialen und kulturellen Umwelt eine Antwort auf seine Erwartungen zu finden und völliges Vertrauen zu seiner Gemeinschaft zu haben. Ohne Kompaß jedoch verliert sich die Freiheit in ihrer Weite.

Die Vielfalt der Möglichkeiten führt eher in die Verwirrung als zu der Erarbeitung einer inneren Sicherheit hinsichtlich Sinn und Wert der eigenen Existenz. Die sozialen Strukturen, die seine Entscheidung abstützen könnten, fehlen oder reichen nicht aus. An diesem Scheideweg, an dem sich unweigerlich auch die Frage nach dem Sinn des Lebens stellt, ist jede Selbstverständlichkeit entschwunden. In der Schnellebigkeit der modernen Welt muß der Jugendliche seinen Weg selbst entwerfen. Mangels Übergangsriten (in ihrer traditionalen Gestalt sind sie in einer modernen Gesellschaft nicht denkbar), die ihm den vollen Eintritt in das Erwachsenenalter bedeuten und die Herauskristallisierung eines in seiner sozialen und kulturellen Umwelt fest verwurzelten Identitätsgefühls begünstigen, mangels sonstiger Orientierungen, die ihm eine geglückte Integration in die Gesellschaft ermöglichen, und schließlich mangels einer Umgebung, die ihm einen Halt bieten könnte, nimmt der Jugendliche Zuflucht zu einer wilden Symbolik. Er unterwirft sich individuellen Prüfungen, die ihm gestatten, indem er der Welt die Stirn bietet, seine Grenzen zu testen und einen Halt zu finden, der ihm vom sozialen Sinnsystem nicht mehr bereitgestellt wird. Er befragt metaphorisch den Tod, indem er mit ihm einen symbolischen Pakt schließt, der seine Existenz legitimieren soll.

## Adoleszenz und Todesgedanke

Von André Haim stammt eine bemerkenswerte Analyse über die Art, wie der Adoleszent mit dem Todesgedanken umgeht, einem Gedanken, den Haim übrigens als eine innere Notwendigkeit der Adoleszenz betrachtet.[86] Der Todesgedanke ist, wie schon erwähnt, eine Strategie, den Tod selbst auf Abstand zu halten, durch seine gedankliche Heraufbeschwörung seine drohende Präsenz zu bannen – ein Königsweg der Sublimierung, um so mehr dann, wenn der Jugendliche über die Möglichkeit des Freitodes sinniert. Eine an einem Lyoner Gymnasium von Marie Choquet durchgeführte Erhebung ergab, daß 30 Prozent der Befragten bereits mit dem Selbstmordgedanken gespielt hatten (22 Prozent männliche und 8 Prozent weibliche Schüler). Davon gaben 3 Prozent der männlichen und 9 Prozent der weiblichen Schüler an, bereits einen Suizidversuch gemacht zu haben.[87] Andere Erhebungen gelangten zu ähnlichen Ergebnissen. Dieses Imaginäre erfüllt innerhalb der kognitiven und affektiven Aktivität während dieser Phase, in der sich seine Beziehungen zu den anderen wandeln und er selbst im Zentrum dieses Wandels steht, dessen Ende er nicht absieht, eine strukturierende Funktion. Der imaginäre Kontakt mit dem Tod ermöglicht die Symbolisierung seiner Unsicherheit, versichert ihn seiner Existenz und bannt eine schwer greifbare Angst, indem er auf subtile Weise eine von ihm kontrollierbare Situation herstellt. Der Tod verliert dadurch seine Unfaßbarkeit und Unvorhersehbarkeit und wird in eine Gestalt verwandelt, mit der es bis zu einem gewissen Grad möglich wird, zu verhandeln und zu paktieren. Wie wenn Sterben nur mehr die Folge der eigenen Entscheidung wäre. Das Gedankenspiel mit dem Tod fördert daher eine Erkundung seiner selbst, seiner Beziehung zur Welt. Der Jugendliche zitiert die eigene Widerrufbarkeit und die seiner Nächsten vor sein Bewußtsein. Unbewußt initiiert er eine Trauerarbeit, die ihn dazu bringt, seine eigenen Grenzen und innerhalb dieser sich selbst zu erkennen und nach und nach vom Omnipotenzgefühl der Kindheit Abschied zu nehmen. Indem er sich die Vorläufigkeit, die Widerrufbarkeit seiner Nächsten vergegenwärtigt, beginnt er sich von ihnen zu lösen und für sich selbst zu existieren, seine eigene Individualität zu erforschen.

## Risikoverhalten

*Surfistas*, Jugendliche zwischen fünfzehn und zwanzig Jahren in den Vororten Rio de Janeiros, benutzen regelmäßig die Dächer der übervollen Züge, die zwischen ihren Wohnorten in den Vorstädten und der

Innenstadt verkehren, um ihre Surfwettbewerbe auszutragen. Sie versuchen bei Geschwindigkeiten von bis zu 70 Stundenkilometern auf Hochspannungsleitungen und Brücken das Gleichgewicht zu bewahren, ohne sich abzustützen und trotz des Fahrtwindes. »An einen Unfall«, sagt einer dieser *Surfistas*, »daran denkt man schon. Aber aufs Dach klettern tun wir, weil im Zug kein Platz ist... Am Anfang legst du dich so flach hin wie möglich, den Bauch gegen das Dach gepreßt. Aber bald wird das langweilig. Dann setzt du dich, dann versuchst du aufrecht zu stehen. Du kriegst den Wind voll in die Fresse, und dann beginnt das Spiel so richtig. Bald kommst du ohne dieses Gefühl nicht mehr aus, schlimmer als Rauchen ist das. Es gibt sogar welche, die nachts einen Surf hinlegen. Sie können fast nichts mehr sehen, sie gehen dann nach ihrem Instinkt, und das ist noch aufregender.« (*Libération*, 20. Januar 1988)

Mangels Bewährungsproben, die den Austritt aus der Kindheit sanktionieren und ihn der Bedeutung seiner Existenz versichern, stürzt sich der Jugendliche ins Risiko und stellt seine Lust am Leben auf die Probe. Er unterzieht sich Herausforderungen, deren Bestehen seiner Überzeugung nach den unwiderlegbaren Beweis seines Werts erbringen. Er nimmt es selbst in die Hand, den Beweis seiner Vortrefflichkeit zu liefern. Mag auch seine Absicht ihm selbst nur vage bewußt sein, so unterwirft er sich doch absolut freiwillig der schwierigen Prüfung, den Punkt herauszufinden, bis zu dem er gerade noch gehen kann. Unabhängig von seinen vielen Erscheinungsformen ist das Eingehen des Risikos eine Möglichkeit, sich seiner persönlichen Macht zu vergewissern und die Lebensgewähr zu testen. Gewiß geht damit auch ein Gefühl des Überschwangs einher, ein zeitweiliges Schwindelgefühl, das den jugendlichen Akteur im Innern bestätigt, die Dinge im Griff zu haben. Das Risiko bietet sich dem Jugendlichen um so mehr an, als er ohnehin wenig Halt besitzt und nicht weiß, was er mit seinem Leben anfangen soll. Die Annäherung an den Tod, und bleibe dieser noch so fern, durch eine körperliche oder sportliche Aktivität oder ein *acting out* ist eine Art und Weise, sich der Legitimität seiner Existenz zu vergewissern. »Die Manipulation des Risikos«, bemerkt André Haim, »ist das Gegenstück des Todesgedankens auf der Ebene der Tat.«[88]

Wenn die Gesellschaft den Jugendlichen keinen Lebenssinn vermitteln kann, keine symbolischen Grenzen zu ziehen vermag, innerhalb derer das Gespräch möglich ist, wenn sie nicht in der Lage ist, ihm eine sichere Zukunft in Aussicht zu stellen, dann setzt sich diese Gesellschaft einem Ausbruch wilder Verhaltensweisen aus, in denen sich die anthropologische Forderung einsam und unbestimmt zur Sprache bringt. Das Schicksal, der Zufall (den unsere Gesellschaften gern ignorieren) tritt an die Stelle der sozialen Rituale. Die persönliche Sinnsuche vollzieht sich in einer Prüfung mit ungewissem Ausgang, bei der dem Jugendlichen ein variabler Spielraum verbleibt. Das Eingehen des Risikos erhält den Stellenwert eines Übergangsritus. Freilich ein an die heutigen gesellschaftlichen Verhältnisse angepaßter: Der Ritus wird zur individuellen Angelegenheit. Außerdem ist sein Vollzug nicht punktuell, sondern erstreckt sich diskontinuierlich und sequentiell über Zeit und Raum. Seine symbolische Wirkung ist immer vorläufig und verlangt nach Wiederholung, ist wechselhaft und unstet. Wir sind hier weit von den Übergangsriten traditionaler Gesellschaften entfernt. Es sei denn, der Jugendliche wählt vom Anfang an die extremste Form des Risikos: das Ordal, das in seinen Wirkungen nachhaltiger ist.

Für viele Individuen ist die mehr oder weniger größere Todesnähe ein Weg in die Gesellschaft. Sie setzen sich zur Aufgabe, die Macht des Todes symbolisch herauszufordern, um ihm jene symbolische Wirksamkeit abzufordern, die ihrer Existenz eine Garantie geben kann. Ein Stoppschild zu mißachten, bei Rot durchzufahren, Geisterfahrten, in ein Kaufhausschaufenster zu rasen oder ein geklautes Auto zu Schrott zu fahren, einen Laden zu plündern, Heroin zu spritzen oder Leim zu schnüffeln, Überdosen an Medikamenten zu schlucken, Essen zu verweigern, mit einem Motorrad durch eine enge Dorfstraße zu brausen, im Zorn mehrere Tage lang aus dem Elternhaus abzuhauen, eine schwierige Kletterpartie zu riskieren, sich körperlich bis zum Zusammenbruch zu schinden, all dies und vieles mehr sind für sich stehende Handlungen, die, obgleich vordergründig nicht miteinander vergleichbar und in ihren konkreten Folgen sehr verschieden, eine gemeinsame Struktur aufweisen. Denn in allen Fällen handelt es sich um ein freiwillig eingegangenes Risiko und überdies um ein manifest oder latent ordalisches Verhalten: um einen wilden Aufbruch zur Sinnsuche.

In einer von geordneter und rationaler Verwaltung besessenen Welt, der aber ihre anthropologische Funktion der dauerhaften Existenzorientierung ihrer Akteure zunehmend abhanden kommt und diese Aufgabe völlig der persönlichen Initiative überläßt, stellt das ordalische Verhalten der Jugend einen Protest dar; mit diesem Verhalten fordern die Jugendlichen sich selbst heraus und ergeben sich einer Schicksalsintuition, einer der stärksten Sinngebungsformen menschlicher Gemeinschaften.

Das Ordal ist zugleich Orakel über die Legitimität der Existenz. Es kann sich in indirekter Weise durch das Eingehen eines Risikos vollziehen, bei dem das Spiel mit dem Tod abgemessen ist, homöopathisch quasi, in Metaphern beschlossen. Oder direkt, indem gezielt die Lebensgefahr gesucht wird. Die Grenze zwischen diesen beiden Formen ist jedoch schwer zu ziehen. Im Ordal ist die Absicht alles andere als souverän; die Beschleunigung auf schmaler Dorfstraße oder die Erkletterung eines Felsens können sich als weniger gefährlich erweisen als angenommen. Dieses kryptische Spiel mit dem Tod kann einzigartige individuelle oder kollektive Wege gehen. Aber es bilden sich soziologische Kreuzpunkte, die zur Kultstätte des Risikos und des adoleszenten Todes werden: Toxikomanie, Verkehrsunfall, Selbstmordversuch, Flucht, Delinquenz.

## Toxikomanien

»Von den Toxikomanen, mit denen wir es täglich zu tun haben, sind die meisten heroinabhängig; viele von ihnen leben in enger Beziehung zum Risiko, zumal zum Todesrisiko. Obwohl derzeit die Tendenz vorherrscht, die Toxikomanie auf die Abhängigkeit zu reduzieren (...) sind nicht alle durch die Tür der Abhängigkeit in die Toxikomanie gelangt, sondern viele sind durch das Risiko hineingeraten.«[89] Sucht bedeutet, mit dem Tod zu liebäugeln, um die Angst ins Visier zu nehmen. Dadurch, daß der Tod zu einem fordernden Partner gemacht wird, dem man sich im Betäubungs- oder Taumelzustand nähert, den man aus freien Stücken heranwinkt, wird seine Bedrohlichkeit und die damit verbundene Angst beschworen. Es geht darum, dem Tod gegenüber »den längeren zu ziehen«, selbst wenn der symbolische Pakt bestimmt, daß das längere Ende, an dem man zieht, täglich kürzer wird.
Nach dem Verzicht auf die Droge versuchen viele ehemalige Abhängige, Hand an sich zu legen. »Weit davon entfernt, ein Äquivalent für den Freitod zu sein, hilft die Droge zu überleben; viele unserer Patienten unternahmen einen Selbstmordversuch, als sie nicht mehr süchtig waren. Es ist dies ein regelmäßig zu beobachtendes Phänomen: Der Patient stirbt geheilt. Ohne Droge bleibt ihm nur der Selbstmord als Ausweg... Da sie den Tod nicht mehr herbeiempfinden können, sterben sie.«[90] Die der Toxikomanie innewohnende ordalische Struktur taucht in anderer Form wieder auf. Es ist ihnen unmöglich, ohne die Herausforderung des Todes zu leben.
Wie bereits erwähnt, spricht Winnicott vom *holding*[91], einem zugleich physischen und symbolischen »Gehaltenwerden«, das dem Kind in den ersten Lebensjahren die Unterstützung seiner Umwelt signalisiert und dessen spätere Fortsetzung ihm hilft, eine Vertrauensbeziehung zu den anderen und der Welt aufzubauen. Erik Erikson hat dafür den Begriff des Urvertrauens geprägt. Das »Gefühl des Gehaltenwerdens« hat beim Toxikomanen keinen Bestand. Nichts hält ihn, außer dem Stoff, den er zu sich nimmt. Eine Kleinigkeit genügt, ihn zu verletzen. Die Beschwichtigung der Angst vor dem Leben und die Geborgenheit vor der Abgründigkeit der Welt, die die soziale Symbolik spenden sollte, halten nicht vor. Von den anderen nicht »besetzt«, ist der Jugendliche außerstande, irgendein anderes Wesen in seiner Umwelt zu »besetzen«, so wenig wie sich selbst. Nur das Heroin, die Opiate oder die Psychotropika

helfen ihm, jene Distanz herzustellen, die den rauhen Kontakt mit der Welt mildert. Die Droge ist ihm wie die Stange dem Seiltänzer. Das Schwindelgefühl, der Sog der Leere, die sich in der versagenden Symbolik auftut, werden durch den Schwindelrausch beschworen. Der Süchtige geht auf das zu, was über ihn hereinzubrechen droht, so daß er paradoxerweise eine Weile seiner Verlorenheit Herr wird.
Die Droge funktioniert wie das Scheinbild eines symbolischen Systems; aus ihr schöpft das Subjekt zwar Kraft, jedoch nur unbewußt, flüchtig und mit der Zeit immer zwanghafter. Und wenn sie auch dieses Mindestmaß an Sinn wiederherstellt, das zum Weiterleben gebraucht wird, so ist sie letzten Endes doch nur ein weiterer Schritt in den Tod. Die soziale Beziehung bleibt konfliktgeladen, unzureichend symbolisiert. Zahlreiche Studien heben die elementare Beziehungsstruktur des Toxikomanen hervor: »Alles soll sich um ihn drehen.« Seine massiven Forderungen ermatten diejenigen, die ihm zu Hilfe kommen wollen, er drängt sich auf, ohne Rücksicht auf die Verfügbarkeit der anderen zu nehmen. Er stellt ihre Geduld hart auf die Probe, testet ständig ihre Grenzen. Die symbolische Abfederung, die Gegenseitigkeit, deren sozialer Kontakt bedarf, will er Bestand haben, fehlt ihm vollends. Die Wirkungsdauer des biochemischen Erzeugnisses verschafft ihm eine innere Dichte, die ihm eine unzulänglich angeeignete symbolische Ordnung nicht zu gewähren vermag. Die anthropologische Notwendigkeit einer Grenzziehung erscheint hier in einer verzerrten Perspektive. Die Unmöglichkeit, ein Identitätsgefühl in einem von der symbolischen Ordnung (das heißt von einer für einen anderen sinnvollen Interaktion) anerkannten Ich zu entwickeln, wird durch den Rückgriff auf ein Erzeugnis überbrückt, das dem Subjekt die vorläufigen Konturen eines Körpers verleiht, so daß es eine Weile seiner Durchlässigkeit entkommt. Die Grenze ist jenseits der sinnlichen Rekonstruierbarkeit gezogen, aber sie hinterläßt dennoch einen Eindruck, der nachhaltig genug ist, den Toxikomanen stets von neuem zum Versuch zu bewegen, sie zu rekonstruieren. Es ist bezeichnend, daß die Entziehungskur in ihm einen ähnlichen Schmerz auslöst wie das »Phantomglied«[92] des Amputierten. Die Kur wird nur dann Erfolg haben, wenn es dem Therapeuten und dem Pflegepersonal gelingt, die Grenze auf andere Art und Weise zu ziehen, wenn die Symbolisierung des Verhältnisses zur Welt sich auf andere, stabile und affektive Beziehungen stützen kann. Ohne dieses *holding*, das gestattet, schrittweise Autonomie zu erreichen, üben Risiko und Ordal weiterhin ihre Anziehungskraft aus und bleibt nur die Suche nach der Todesnähe als einziger Weg übrig, von dem sich der Drogenabhängige Aussicht auf eine erfolgreiche Symbolisierung verspricht. Die von der Umwelt gezogene Grenze muß die Anziehungskraft des Todes übersteigen – womit alles über die Schwierigkeit dieser Aufgabe gesagt ist.

Octavio Paz bezeichnet die Droge als Ausdruck der menschlichen Sehnsucht nach dem Unendlichen. In einer Gesellschaft ohne Transzendenz und ohne eine Kultur, die mehr als nur formalen Wert besitzt, in einer Gesellschaft des Vieler- und Einerlei, in der die existentielle Aufgabe, einen Lebenssinn herauszubilden, dem einzelnen überlassen oder überstellt wird, ist die Droge ein Mittel, das Gefühl der Leere durch Überschwang zu bekämpfen, um dann, ist der Rausch verflogen, die Lust bis zur Neige ausgekostet, als Mittel zu dienen, der einziehenden Leere durch den Nadelstich und die immer rascher folgenden nächsten Nadelstiche eine selbstgewählte »Leere«, einen Schwebezustand entgegenzusetzen – bis zum letzten Nadelstich. Die Toxikomanie ist der Versuch einer homöopathischen Befreiung: mit Leere gegen Leere, mit Schwindelgefühl gegen Schwindelgefühl, mit dem Tod gegen den Tod.
Seit Ende der sechziger Jahre ist die Drogensucht keine Randerscheinung mehr.[93] Ähnlich dem Selbstmord breitet sie sich in der Jugend, ja in der Gesellschaft überhaupt aus, und zwar unbeachtet der sozialen Schicht. In den achtziger Jahren wurde ihr zunehmendes Übergreifen auf Kinder registriert, vor allem in den Wohnsiedlungen an der Peripherie der Großstädte. Zehnjährige Kinder benutzen Lösungsmittel, Äther, Benzin und Leim als Rauschmittel. Der Konsum von Heroin und Opiaten steigt stetig, ein typisches und ironisches Produkt der Moderne, das die Leidenschaft für das Vorbeirauschende durch die Überholtheit des Lebens selbst ausdrückt. Die Droge ist Simulation der Welt durch Stimulation angesichts einer dem Individuum zu bitteren Wirklichkeit; bezahlt wird sie mit dem Todesrisiko. Der schmerzende Zusammenstoß des Toxikomanen mit seiner sozialen Umwelt, das Fehlen eines Übergangsraums, einer abfedernden Symbolik stumpfen sich im Rückgriff auf ein chemisches Erzeugnis ab, das den Schwierigkeiten aus dem Wege zu gehen gestattet und gleichzeitig einen intensiven Reiz verschafft, eine Erfahrung, in der die Klippen seiner Beziehung zur Welt im Nebel verschwinden. Der Toxikomane sucht in der Intensität der Droge Ersatz für die ihm fehlende Extensität seiner Beziehungen zu anderen. Er tritt auf der Stelle und macht, allein oder in der Gruppe, eine »Reise«, aber »in einem Zustand innerer Stille und äußerst regressiven Wohlbefindens. Er denkt nicht dabei. Er bricht mit seiner Vergangenheit, er zerschneidet die Kontinuität mit sich selbst und mit seiner Geschichte. Er stellt sich außerhalb der Zeit und erfreut sich einer desexualisierten Lust. Ein äußeres Ereignis erreicht ihn als Trauma: Unfall, Zwist mit den Freunden, Krankheit, körperliche Schwäche ... und das Denken gewinnt wieder die Oberhand.«[94]
Die Droge manipuliert das Zeitempfinden, um das Leben zum Preis des täglichen Zolls, der dem Tod entrichtet wird, erträglich zu machen. Sie tut dies durch Auslöschung des Denkens, eben dessen, was die Verbin-

dung zur Welt und zu den anderen herstellt. Die Droge versetzt in eine Art Schwerelosigkeit und ermöglicht es, den Zwängen der eigenen Geschichte und der erschütternden Erfahrung der sozialen Bindung zu entrinnen.

Für den Drogenkonsumenten können ein unerwartet auftretender Bruch im Ritual oder eine Begegnung wieder einen Sinnhorizont sichtbar machen oder dazu führen, daß auf andere Weise nach Sinn gesucht wird. Der Akteur knüpft dann wieder an seine Geschichte an, er nimmt die Herausforderung seiner Umwelt an, selbst zum Preis einer langen schmerzhaften Entziehungskur. Und weil er dann wieder zu denken, sich selbst zu begreifen gezwungen ist, muß er nach und nach auf ein Produkt verzichten, dessen ganzer Wert darin lag, ihm die Wirklichkeit zu verschleiern. Das Schwierigste bleibt allerdings noch zu tun. Ohne den Schutz der Droge, ohne die Abhängigkeit ist das Individuum der Leere restlos preisgegeben und kommt in die Versuchung, den Tod statt auf Raten unmittelbar zu suchen, falls es ihm nicht gelingt, einen neuen Sinn so zu bestimmen, daß die eigenen Grenzen nicht mehr in endloser und immer frenetischer werdender Wiederholung als flüchtige Suggestion im eigenen Körper erfahren, sondern stetig in das kollektive Symbolikmuster eingewoben werden.

Den Arbeiten über die Toxikomanie kann man entnehmen, wie sehr sich im Laufe der Zeit die Beziehung des Drogensüchtigen zum Tod verändert. In einer ersten Phase (die Monate bis Jahre dauern kann) ist er auf Sicherheit bedacht. Er reinigt die Nadel oder wechselt sie jedesmal aus, er achtet auf die Qualität der Droge. Das Risikoverhalten ist nicht blind und verbleibt innerhalb der Ritualisierung. Er läßt sich zwar auf das Ordal ein, trifft aber Maßnahmen, um ein Maximum an Chancen auf seiner Seite zu halten – weshalb das Ordal in der Regel einen günstigen Ausgang nimmt. Jedoch führt dies schnell dazu, daß dieses günstige Ergebnis als Dauerbündnis mit dem Glück gedeutet wird. Die Überheblichkeit im Vertrauen auf die eigenen Kräfe nimmt überhand. Die vertrauten Riten, die der Toxikomane an die Stelle der sozialen Riten setzt, in denen er sich nicht wiedererkennt, werden fahrlässiger zelebriert, verlieren ihren Symbolisierungsgehalt. Mit der Fahrlässigkeit wird das Todesrisiko immer größer. Die Gegenwelt verliert ihre Eigenschaften als Übergangsobjekt. Die Abhängigkeit von der Droge duldet keinen Aufschub mehr. Das Lustempfinden schwindet vor der Notwendigkeit, die Spannungen abzubauen, die das Fehlen der Droge erweckt. Der Dämmerzustand verdrängt zunehmend die Exaltiertheit. Die Faszination der von der Droge erzielten Wirkung verhindert jede andere Überlegung. Der Phantomkörper, den die Droge vorübergehend sinnlich erfahrbar macht, gewinnt eine größere Wirklichkeit als der stoffliche Körper. Die Erfahrung wird ungeordneter, sie weicht einem immer blinder werdenden Trieb, immer wahlloser wird geschluckt und gespritzt. Der Ritus wird schließlich vom Subjekt nicht mehr beherrscht, sondern er beherrscht es. Alles was Rausch erzeugen kann, ist willkommen. Die körperlichen Beschwerden nehmen zu, auf Hygiene wird nicht mehr geachtet. Die Dringlichkeit gewinnt die Oberhand über die kontrollierte Ritualisierung. Begünstigt durch die Gleichgültigkeit gegenüber dem Körper, treten Abszesse, Infektionen, Hepatitis oder AIDS auf, addieren sich und steigern das Risiko. Im symbolischen Tausch mit dem Tod verliert der Drogenabhängige jeden Tag mehr Boden unter den Füßen. Die Chancen eines günstigen Ablaufs des Ordals schwinden. Unter diesen Umständen ist die Überdosis kein Zufall, kein Unfall, sondern die logische Folge des hier beschriebenen Verhaltens.

Die Schwierigkeit der Selbstorientierung und der aktiven Eingliederung in die soziale Umwelt hat vor allem unter Jugendlichen zu neuen Formen der Toxikomanie geführt, wie zum Beispiel der Medikamenten- und Schlaftablettensucht. Die Suche nach dem Rückzug, nach der Entkörperung erfährt eine weitere Steigerung. Es geht nicht mehr darum, die vom Heroin oder von den Opiaten hervorgerufene innere Explosion, den »Flash« zu erfahren oder sich einen Phantomkörper zu geben und im Spiel mit dem Tod weiterzuleben. Immenoctal[95] ist jetzt eines der am meisten geschätzten Mittel. Dieses Psychopharmakon mit hypnotischer und schmerzstillender Wirkung wird in großen Dosen genommen. Ein Streetworker erklärt: »Heroin ist dagegen vergleichsweise nobel. Man versucht noch, Fuß zu fassen. Bei Immenoctal schwebt man nicht einmal mehr. Es bedeutet das Ende des Wegs.« (*Libération*, 8. Juli 1988) Mit der Einnahme von Schlaf- und Beruhigungsmitteln wird das Koma als eine höhere Form der Entrücktheit angestrebt, womit eine bereits verbreitete Haltung radikalisiert wird. Sieben Millionen Franzosen konsumieren regelmäßig Antidepressiva und regulieren ihr Verhalten mit Hilfe chemischer Mittel (*Le Monde*, 1. Februar 1985). Die Anziehungskraft des Komas ist ein reales Spiel mit dem Tod, der symbolisch bereits in der Bewußtlosigkeit gegeben ist. Aber die Arbeit des Todes vollzieht sich auch am Körper: aufgedunsenes Gesicht, seelischer Verfall, krankhafte Veränderung der Organfunktionen, Epilepsien. »Die Risiken erhöhen sich durch eine massive Entwicklung medikamentöser Toxikomanien«, schreibt Claude Olievenstein, der auf die Gefahr von Barbituraten hinweist.

## Selbstmorde

Seit den sechziger Jahren ist in westlichen Gesellschaften ein regelmäßiges Ansteigen der Selbstmordrate festzustellen. In Frankreich hatte sie

sich nach dem Zweiten Weltkrieg auf einem relativ gleichbleibenden Niveau von etwa 15 auf 100 000 Einwohner eingependelt. Aber zwischen 1976 (15,8) und 1982 (20,9) zum Beispiel ist sie angestiegen und erreicht etwa den Stand in den Statistiken des beginnenden 20. Jahrhunderts, die Émile Durkheim für seine Untersuchungen auswertete – in einer von tiefgehenden Umwertungen gekennzeichneten soziokulturellen Krisenzeit also. Seit den sechziger Jahren, als die Jugend in den gesellschaftlichen Blickpunkt rückte, ist die Selbstmordrate unter den Jugendlichen unaufhörlich gestiegen. In der Altersgruppe zwischen 15 und 24 Jahren ermittelte das INSERM (Nationales Institut für Gesundheit und medizinische Forschung) für männliche Jugendliche die folgenden Raten, jeweils bezogen auf 100 000 Einwohner: 6,9 (1964), 9 (1968), 10,6 (1972), 13,5 (1976), 14,9 (1979), 15,2 (1982); bei den weiblichen Jugendlichen waren es: 3,8 (1964), 5 (1968), 4,5 (1972), 4,6 (1976), 5 (1979) und 5,4 (1982). 1986 wählen 973 Jugendliche den Freitod. Die Selbstmordrate beträgt für männliche Jugendliche zwischen 15 und 19 Jahren 9,1 und zwischen 20 und 24 Jahren 25. Die entsprechenden Zahlen bei weiblichen Jugendlichen sind 2,6 und 6,7.[96]
Selbstmord ist in Frankreich in der Altersklasse zwischen 15 und 24 Jahren zur zweithäufigsten Todesursache nach dem Verkehrsunfall geworden. Zwischen 1964 und 1985 hat sich die Häufigkeit mindestens verdreifacht. Überall nimmt sie merklich zu. In den Vereinigten Staaten hat sie sich in der gleichen Altersklasse innerhalb von zwanzig Jahren verdoppelt. 1985 wurden 6 000 Selbstmordversuche von Adoleszenten registriert. Zwischen 1950 und 1982 (5 170 registrierte Versuche) verfünffachte sich die Zahl. Es sei darauf hingewiesen, daß die Dunkelziffer von Selbstmordstatistiken vor allem bei den Jugendlichen schon deshalb beachtlich ist, weil sehr viele Fälle von der Polizei mit Zustimmung der Familien als Verkehrsunfall erfaßt werden. Wegen der Schuldgefühle der nächsten Verwandten einerseits und weil andererseits das Bild der lebenslustigen Jugend als Beweis für den inhärenten Wert der menschlichen Existenz dient, wird über diese Selbstmorde der Mantel des Schweigens ausgebreitet. Die Schwierigkeit, die Selbstmordabsicht in bestimmten Todesfällen zu erkennen, erklärt auch, weshalb die Ergebnisse der Untersuchungen voneinander abweichen.
Die folgende Definition des Selbstmords, die Durkheim in seiner Studie anbietet, ist allerdings nicht für die vorliegende Untersuchung gültig: »Man nennt Selbstmord jeden Todesfall, der direkt oder indirekt auf eine Handlung oder Unterlassung zurückzuführen ist, die vom Opfer selbst begangen wurde, wobei es das Ergebnis seines Verhaltens im voraus kannte.«[97] Denn wenn eine Person bereits fest entschlossen ist, sich selbst zu töten, hat sie bereits die Schattenlinie überschritten, sieht sie keine Möglichkeit mehr, ihre Existenz zu symbolisieren, nicht einmal

mehr durch die großen anthropologischen Strukturen der »letzten Chance«, die wir als Sinn- und Kraftquellen analysieren: das Extreme, das Risiko oder das Ordal. Jedoch ist beim menschlichen Handeln nicht immer leicht zu bestimmen, inwieweit eine klare Handlungsabsicht vorliegt. Die Situation des Akteurs im sozialen Kontext, seine affektive Position innerhalb des Beziehungsfeldes, seine persönliche Geschichte können über den Weg der Analyse die unbewußte Dimension erschließen, die verstärkend zum erklärten Willen hinzutritt. Gerade für die Wahl des »Freitods« läßt sich schwer einschätzen, was dabei unbewußt und was bewußt auf die Entscheidung einwirkt. Die Mehrzahl der Forscher ist sich in diesem Punkt einig, vor allem was die junge Generation betrifft. Vergleicht man in den verschiedenen Altersklassen das Verhältnis von mißlungenen und gelungenen Selbstmordversuchen, erhält man Ergebnisse, an denen sich ein tatsächlicher »Sterbewille« recht gut ablesen läßt. Es sei hier festgestellt, daß die sehr hohe Zahl der Selbstmordversuche bei den untersten Altersklassen mit steigendem Alter stetig abnimmt, um in der Altersklasse über 65 Jahre praktisch unbedeutend zu werden. Eine vom INSERM 1980 in zwei französischen Regionen mit insgesamt 2 100 000 Einwohnern durchgeführte Untersuchung ergab bei den Frauen zwischen 15 und 19 Jahren, daß auf 130 Versuche 1 Todesfall kam, während dieses Verhältnis bei den Frauen über 65 Jahre 1,6 zu 1 betrug. Die entsprechenden Zahlen bei den Männer waren 22 zu 1 und 1 zu 1. Eine andere in drei Regionen durchgeführte Untersuchung ergab für die Altersklasse zwischen 15 und 24 Jahren eine jährliche Zahl an Krankenhausaufenthalten wegen Selbstmordversuchen von 462 auf 100 000 bei Frauen und von 216 bei Männern. Auf die Gesamtbevölkerung bezogen, betrug dies 258 bei den Frauen und 138 bei den Männern. Marie Choquet schätzt die Zahl der nach einem Selbstmordversuch stationär behandelten Jugendlichen auf 45 000. Letztere Zahl ist deshalb eine unvollständige Schätzung, weil diejenigen, deren Zustand nach einem Selbstmordversuch keine stationäre Behandlung erforderte, nicht eingeschlossen sind. Eine in Frankreich unter Gymnasiasten durchgeführte Untersuchung ergab ein Verhältnis von 1 zu 2.[98]

Bei dem Greis, der sich umbringt oder umzubringen versucht, stellt sich die Frage nach der ordalischen Komponente seiner Handlung überhaupt nicht, was daraus zu ersehen ist, daß der Selbstmordversuch bei Personen über 65 nahezu immer den Tod zur Folge hat. Anders jedoch bei den Adoleszenten. Der deutliche Unterschied zwischen Selbstmordversuch und Selbstmorderfolg ist ein Gradmesser für den ordalischen Charakter der Tat, der um so wahrscheinlicher ist, je größer die Diskrepanz wird. Es handelt sich hier um ein radikalisiertes kollektives Risikoverhalten und nicht – so die Meinung der mit dem sich ausweitenden Problem

konfrontierten Psychiater – um ein Persönlichkeitsdefizit, aus dem eine akute Suizidgefährdung geschlossen werden kann. Diese Art des Suizids trägt das deutliche Zeichen eines Seinsmangels, eines Leidens; sie ist weniger in Ursache-Folge-Kategorien denn in der Kategorie des Appells zu begreifen, ist eher das fatale Ende einer Geschichte denn eine Pathologie. In Gesprächen mit Adoleszenten nach ihrem versuchten Selbstmord stellt sich nur selten eine klare Selbsttötungsabsicht heraus: »Der Selbstmordversuch erfolgt oft in einem chaotischen Bewußtseinszustand, der es dem Adoleszenten nicht mehr erlaubt, die Möglichkeit der Rettung genau zu beurteilen... Die reale Intention bleibt unterschwellig, entzieht sich der bewußten Introspektion. Manchmal ist der Adoleszent außerstande, auch nur die geringste Auskunft über seine Handlung zu geben, manchmal hat er nur nebensächliche Rationalisierungen parat.«[99] Den Schleier, der über dem Willen zu sterben liegt, zeigt sich besonders daran, daß es oft Banalitäten sind, die den Selbstmordversuch auslösen: eine Stunde als unberechtigt empfundenes Nachsitzen; das Gefühl, nicht verstanden zu werden; ein Mißerfolg in der Schule; ein Konflikt mit den Eltern; Liebeskummer; eine scheinbar unbedeutende Rüge; ein Streit mit Freunden. »Ich mußte was tun. Ich konnte nicht mehr«, meint ein Jugendlicher hinterher. Dieser nicht vorauszuahnende Impuls ist oft der gewaltsame Versuch, sich von einer bis dahin unterdrückten inneren Spannung zu befreien oder ein Leiden zum Ausdruck zu bringen, das, so glaubt der Jugendliche zumindest, niemand verstehe (oder verstehen wolle). Die Banalität des Anlasses kontrastiert aufs grellste mit der Dramatik seiner Folge. Deshalb wird das katalysierende Ereignis oft als Beweggrund rationalisiert. Die Umwelt, die Medien, die Statistik – alle stellen sie dieses Mißverhältnis zwischen Anlaß und Handlung in den Vordergrund und nutzen es dazu, ihre eigenen bösen Geister zu vertreiben. Das Fragen wird vor der kritischen Schwelle abgebremst, jenseits derer etwas sichtbar wird, was durchaus in Proportion zur Radikalität der Tat steht: Warum lebt der, der ich bin? Eine tiefergehende Analyse der Familiengeschichte wird vermieden, geschweige denn, daß der soziale und kulturelle Kontext ins Auge gefaßt würde. »Das vorgeschobene Zufallsereignis verleiht der Handlung den Charakter eines Un- bis Zufalles, wäscht den Suizidenten von jedem Verdacht der psychischen Anomalität und die Familie von jeder Mitverantwortung für die Tat rein.«[100]
Eine andere, 1981 vom INSERM durchgeführte Untersuchung unter 537 Adoleszenten zwischen 15 und 19 Jahren, die nach einem Selbstmordversuch im Krankenhaus behandelt wurden, gelangt hinsichtlich der Ambivalenz des Sterbewillens zu der gleichen Feststellung. 55 Prozent der Adoleszenten erklären, vor ihrem Selbstmordversuch nie daran gedacht zu haben. Einer von zehn hatte seit mehreren Tagen mit dem

Gedanken gespielt, und wiederum ein Zehntel hatte ihn seit Monaten ins Auge gefaßt. Drei Viertel hatten vorher überhaupt keine Selbstmordgedanken und handelten aus dem Impuls des Augenblicks heraus. Die Mehrzahl von ihnen hatten der Hausapotheke entnommene Hypnotika (32 Prozent), Tranquillizer (26 Prozent) oder Analgetika (19 Prozent) verwendet. Die Arzneimittel waren in den letzten Monaten (42 Prozent) ihnen selbst oder Familienmitgliedern (5 Prozent) vom Arzt verschrieben worden. Drei Viertel der Versuche wurden zufällig entdeckt. Beim Erwachen aus dem Koma gaben 32 Prozent der Jugendlichen an, froh zu sein, noch zu leben. 17 Prozent erklärten, es wieder versuchen zu wollen. 52 Prozent äußerten sich gar nicht zu der Frage. Die Untersuchung zeigt auch die Ambivalenzen in den Familien. Während die Hälfte sich dem im Selbstmordversuch zum Ausdruck gebrachten Appell öffneten und versuchten, den Jugendlichen besser zu verstehen, zeigte sich fast ein Viertel gleichgültig bis abweisend. Ein Viertel der Eltern konnte nicht befragt werden.[101]

Der Selbstmordversuch des Jugendlichen ist ein Ausdruck dafür, daß es ihm in sozialer Hinsicht an dem fehlt, was Winnicott *holding* nennt, daß es ihm schwerfällt, in die Gesellschaft einzutreten und sich vorzustellen, es könnte für ihn in dieser Gesellschaft eine Zukunft geben. Seine Tat ist Zeugnis für die nicht erhaltenen Antworten auf seine Fragen nach der Bedeutung seiner Existenz. In einem unmittelbaren Sinn ist seine Tat eine Anprangerung der Kommunikationsstörungen innerhalb der Familie, die es versäumt hat, ihn in seiner Einzigartigkeit anzuerkennen und ihm ein kohärentes und stabiles Identitätsgefühl zu vermitteln. Die Familie selbst vermag die Umwälzung sozialer und kultureller Leitwerte nicht unversehrt zu überstehen. Sie erfüllt oft nur mühsam ihre Erziehungs- und Sozialisierungsaufgabe. Von der Wirtschaftskrise materiell und von veränderten gesellschaftlichen Wertakzentuierungen psychisch verunsichert, geraten das Zusammenleben in der Ehe und das Erzieherrollenverständnis unter Druck. Selbst von den Stürmen der Moderne bedrängt, kann die Familie häufig nicht jener Hafen sein, der dem Adoleszenten Ruhe vor den mit dem Erwachsenwerden einhergehenden Erschütterungen bietet und seine geordnete Integration in die Gesellschaft fördert.

Aus den mit den Jugendlichen geführten Gesprächen geht hervor, daß der Suizidversuch im Zusammenhang mit einem Beziehungsdefizit innerhalb der Familie steht: Trennungen, Abwesenheit eines Elternteils – zumeist des Vaters –, Ehekrise. Oder aber mit der mangelhaften Fähigkeit der Familie, den Jugendlichen aufzufangen, sei es wegen übertriebener Strenge (zum Beispiel weil seine Gefühle, Stimmungen, Bedürfnisse, Ansichten mit einem autoritären Tabu belegt werden oder auf sein Herauswachsen aus der Kindheit und sein Autonomiestreben beharrlich einschränkend reagiert wird), sei es, umgekehrt, wegen einer als Gleichgültigkeit empfundenen Toleranz (so bedauert ein jugendlicher Suizident, daß seine Mutter ihm nie verboten hat, bei Freunden zu übernachten). »Fesselung« und »Entlassung«, beides wirkt sich gleich verheerend aus, wenn das dem Jugendlichen Eigene und das sich von ihm Unterscheidende nicht in Dialog miteinander treten, eine gemeinsame Weiterentwicklung beschreiten. Der Selbstmordversuch bringt dann symbolisch das Unsagbare zur Sprache, und es gilt aus ihm den Appell herauszuhören. Er lebt ein inneres Leiden, das sonst stumm bleiben muß, durch ein auf die »letzte Chance« hin gerichtetes Leiden ordalischer Struktur aus. Der Appell des Jugendlichen zielt auf seine familiäre Umwelt, trotzt aber gleichzeitig dem Tod eine vorläufige Lebensgewähr ab. Und vor allem stellt er die anderen auf die Probe, um das Maß des Werts zu messen, das seine Existenz für sie besitzt.

Wenn der Selbstmordversuch aus dem Familiengedächtnis verdrängt wird, wenn die Familie an der Beziehung zu ihm nichts ändert, wenn seine Tat als das Ergebnis eines Augenblicks der Verwirrung betrachtet wird – »Es war eine Dummheit, er wird es nie wieder machen« oder etwa »Er wußte nicht mehr, was er tat« –, dann wird der Appell vernebelt, die Handlung nicht als Sprache gewertet, und es gibt nicht jenen sinnerfüllten Neubeginn, von dem sich der Jugendliche das Gefühl versprach, von den anderen, den anderen, auf die es ankommt (*the significant others*), als wirkliches Selbst wahrgenommen zu werden. Dann wird ihm vielmehr gezeigt, daß dieses Selbst, seine Existenz sogar wertlos ist, sein Grenzgang als zu bedeutungslos nicht einmal auf die Tagesordnung gesetzt wird. Unter solchen Bedingungen ist eine Wiederholung des Suizidversuchs nicht unwahrscheinlich. Von vier Adoleszenten wiederholen drei den Selbstmordversuch nicht, einer tötet sich bei einem späteren Versuch.

Der Selbstmordversuch des Jugendlichen ist stark ambivalent. Wie schon festgestellt, besteht bis auf wenige Ausnahmen keine echte Selbsttötungsabsicht, ist er eher als Hilferuf zu verstehen. Nachdem alle anderen Lösungen versagt haben, greift der Jugendliche auf den Selbstmord nicht nur als einen letzten Vorwand, sondern auch als eine letzte Chance zu existieren zurück. Indem er die Mißachtung, als deren Opfer er sich fühlt, auf die Spitze treibt, ergibt sich der Jugendliche dem hypothetischen Tod, um das Leben zu verifizieren. Die überstandene Prüfung gewährt ihm zumindest vorläufig eine symbolische Effizienz, aus der sich seine Beziehung zur Welt nährt und die ihm das Gefühl gibt, daß sein Leben Bedeutung besitzt.

Die deutliche Überproportion nicht mit dem Tod endender Selbstmordversuche bezeugt, um es nochmals zu betonen, die stark ordalische Tönung dieser Versuche – nicht aufgrund der Absicht des Jugendlichen, von der wir gezeigt haben, wie diffus und spontan sie sein kann, sondern aufgrund der Handlungsstruktur selbst.

## Delinquenz

Auch in der heutigen Jugendstraffälligkeit bilden Lust am Risiko und die Herausforderung der eigenen Grenzen eine Komponente, die in dieser Dimension neuartig ist. In ihr wird ein Spiel mit der sozialen Symbolik zur Metapher und drückt sich eine Begeisterung für das Gefährliche als Lebensprinzip aus. Ihre Organisationsformen sind locker, ihre Ziele vordergründig oft widersprüchlich. Häufig geht es dabei mehr um das Erlebnis der mit der Übertretung verbundenen Risiken als um den schnellen Erwerb eines materiellen Gewinns mit möglichst geringem Aufwand. Kein Zweifel, der Diebstahl ist »ein einfaches Mittel, an Zaster zu kommen«, wie es ein junger Delinquent begründet, aber in den meisten Fällen geht es um mehr als Geld. Das Klauen in Kaufhäusern, Einkaufsmärkten (Platten, Kassetten, Radios, Kleidung, Bücher, Lebensmittel, Getränke, Kosmetika) oder das Aufbrechen und Ausrauben von Autos (zum Beispiel Autoradios) wird als Spiel erlebt, das oft einer Logik der Herausforderung und Provokation der Erwachsenenwelt gehorcht. Die seit 1981 in den Vororten regelmäßig wiederkehrenden Turbulenzen, die Plünderungen von Supermärkten, die »Rodeos« mit gestohlenen Autos, das Randalieren gegen die Polizei, die Anwesenheit von Krawallmachern bei Schülerkundgebungen zeigen die Verbreitung des Phänomens.

François Dubet zufolge lassen sich die Jugendlichen der Wohnsiedlungen kaum als Delinquenten definieren, »insofern die Delinquenz nicht den Kern ihrer Aktivitäten bildet«.[102] Die Mehrzahl dieser Jugendlichen hatten bereits mit der Polizei oder dem Richter zu tun. Dennoch ist ihre Straffälligkeit nicht eine Lebensweise, kein Ziel an sich. Sie mutet banal an, ist selten durchdacht, meist eruptiv. Wird ein Auto geklaut, geschieht dies nicht nach Plan, nicht mit der Absicht, es umzuspritzen und zu verkaufen, sondern, vor allem an Wochenenden, um einige »Runden zu drehen« oder mal die »Sau rauszulassen« (nicht selten mit einem Unfall als Finale). Die Statistiken zeigen übrigens, daß ein Diebstahl oft von einer Gruppe verübt wird.

A. Garapon, Jugendrichter in Valenciennes, erwähnt, daß viele Jugendliche nach einem Raub nichts Eiligeres zu tun haben, als sich ihrer Beute zu entledigen, indem sie diese zum Beispiel im Kanal versenken. So finden sich auf dem Grund von Gewässern gestohlene Autos und Juwelen oder gar Gold.[103] Auch das Anzünden von Autos, wie es in Minguettes und anderen Vororten geschah, dürfte die gleiche initiatische Bedeutung besitzen. In der neuen, sich in den letzten Jahren herausbildenden Form jugendlicher Delinquenz überwiegt der symbolische Tausch mit dem Tod mittels des Risikos materielle Erwägungen. Unter diesem Blickwinkel ist sie weniger Ausdruck des Scheiterns der Sozialisation denn ein symbolischer Akt der Selbstvergewisserung, mit dem der Jugendliche seine Grenzen auslotet, sogar (und vor allem) unter Inkaufnahme des Todes (in nicht nur metaphorischem, sondern durchaus realem Sinn, wie die Selbstverteidigungsakte oder polizeiliche »Kurzschlußhandlungen« zeigen). Die aus solchen Verhaltensweisen klar hervortretenden selbstzerstörischen Tendenzen verweisen auf eine Suche nach Identität durch Erprobung sowohl der äußersten Grenze, des Todes, als auch der gesellschaftlichen Grenzen, der Übertretbarkeit des Gesetzes. Eine Suche nach Abgrenzung durch ein »Infrontstellen«, wenn eine andere Grenzziehung nicht möglich scheint. Sehr oft folgt der Schritt in die Delinquenz aus einer persönlichen Lebenskrise. Indem er sich selbst in die Gefahr begibt, gewinnt der Jugendliche die Kontrolle über die Situation zurück, wobei er sich gleichzeitig insofern ausliefert, als eine Verhaftung oder eine Gefährdung seines Lebens droht. Man hat die adoleszente Delinquenz nicht selten als ein Äquivalent des Selbstmords analysiert; sie ist jedoch in tieferem Sinne ein Ordal, bei dem das numinose Urteil über die Lebensfähigkeit gesucht wird, wenn alles Leben sich zurückzuziehen scheint. Auch die Delinquenz ist eine Weise zu erfahren, wie weit man gehen kann – was erklärt, warum die große Mehrheit der Jugendlichen nach dem ersten Zusammenstoß mit den Gesetzeshütern nicht mehr straffällig wird.

## Fluchten

Jedes Jahr registriert die Polizei in Frankreich um die 30 000 Ausreißversuche von Jugendlichen. Dabei sind in dieser Zahl die Fälle nicht enthalten, in denen die Eltern keine Meldung erstatten. Eine Zahl von 100 000 dürfte realistischer sein, was 2 Prozent aller Jugendlichen zwischen 10 und 18 Jahren entspräche. Mit der Flucht wird eine innere Ziellosigkeit, eine Leere, ein Fehlen zuverlässiger Anhaltspunkte zur Verwurzelung der Existenz quasi in den Raum projiziert. Das Gefühl der Leere wird durch Abbildung im konkreten Raum zum Ausdruck gebracht; der Versuch erweist sich allerdings meist als untauglich zum Abbau der Spannungen. Aber die Adoleszenzforscher sind sich darin einig, der Flucht einen Selbstbestimmungswert beizumessen, da sie dem zurückgekehrten Jugendlichen gestattet, sich zu distanzieren, seine Geschicke selbst in die Hand zu nehmen und gleichzeitig eine andere Beziehung zu seinen Eltern zu entwerfen.[104]

In seinem heute als Klassiker zählenden Roman *The Catcher in the Rye (Der Fänger im Roggen)* hat Jerome David Salinger[105] mit der Geschichte des jungen Holden eine emblematische Figur der Flucht geschaffen. Holden treibt sich mehrere Tage lang verloren in den Straßen New Yorks herum. Sein Trebegang ist ein zeitlich gestrecktes Ordal, das zu einer Krankheit führt, die sein Leben in Gefahr bringt. Man verfolgt seine eindringliche, hartnäckige, ungeschickte und zum Scheitern verurteilte Suche nach einer Begegnung mit einem anderen Menschen, nach Anerkennung. Holden hat das Gefühl, durch die Maschen des sozialen Geflechts zu rutschen, von nichts aufgefangen zu werden. Der Titel des Romans verweist auf ein anderes Ordal, ein erträumtes diesmal, das aber von Holden als Antwort auf die Bitte seiner kleinen Schwester ersonnen wird, ihr zu erzählen, »was er später machen wird«, was für Holden in der Zeit seines persönlichen Abenteuers unmöglich ist, da ja gerade die Flucht das Zeichen seiner Unfähigkeit ist, in der Gesellschaft seiner Zeit seßhaft zu werden und somit zu existieren. Nach einer von vereinzelten bitteren Bemerkungen unterbrochenen Verlegenheitspause hilft die Erinnerung an ein Lied Holden aus der Klemme: »Wenn einer einen anderen *trifft*, der durch den Roggen läuft...« Von dieser Stelle an beginnt Holden zu phantasieren, doch gerade das erlaubt ihm, sein Leiden mit großer psychologischer Präzision zu benennen. »Aber jedenfalls stelle ich mir immer kleine Kinder vor, die in einem Roggenfeld ein Spiel machen. Tausende von kleinen Kindern, und keiner wäre in der Nähe – kein Erwachsener, meine ich – außer mir. Und ich würde am Rande einer verrückten Klippe stehen. Ich müßte alle festhalten, die über die Klippe hinauslaufen wollen – ich meine, wenn sie nicht achtgeben, wohin sie rennen, müßte ich vorspringen und sie *fangen*. Das wäre alles, was ich den ganzen Tag tun würde. Ich wäre einfach der Fänger im Roggen. Ich weiß schon, daß das verrückt ist, aber das ist das einzige, was ich wirklich gern wäre. Ich weiß natürlich, daß das verrückt ist.«[106] Durch seine ausweichende und zugleich bedeutungsvolle Antwort offenbart er sein Dilemma ähnlich, wie in der Traumarbeit ein dem Träumenden äußerst wichtiger, aber verdrängter Gedanke in einem Bild verdichtet wird. Mit dieser metaphorischen Antwort äußert Holden sein Schwindel-, ja Ohnmachtsgefühl, das ihm fehlende Gehaltenwerden (*holding*) und die empfundene Leere, die er abzuwehren versucht, indem er das Lied verwendet, um sich selbst als Retter der in den Abgrund springenden Kinder zu träumen. Um dem Schwindelgefühl zu entkommen, träumt er sich in die Rolle von einem, der die Gefahr kennt. Er erfindet eine ordalische Situation (ähnlich der, in der er sich befindet), in welcher er derjenige ist, der dem Tod zuvorkommt. Er ernennt sich zum Wächter der Vertigo, der er selbst ausgeliefert ist.

Das Fluchtthema begegnet uns auch in Carson McCullers' Roman *Das*

*Mädchen Frankie.* Dort konfrontiert die Heirat ihres Bruders eine Adoleszentin mit einem Gefühl grenzenloser Verlassenheit. »Es gab einen Zug, der um zwei Uhr die Stadt verließ, den wollte sie nehmen. Er fuhr nach Norden, wahrscheinlich nach Chicago oder New York. Fuhr er nach Chicago, so wollte sie weiterfahren nach Hollywood, um dort Theaterstücke zu schreiben oder ein Engagement beim Kino anzunehmen. Schlimmstenfalls war sie auch bereit, in Lustspielen aufzutreten. Fuhr der Zug nach New York, so wollte sie sich als Junge verkleiden und sich unter einem falschen Namen und falschem Alter zur Kriegsmarine melden.«[107] Aber Frankies Versuch scheitert. Als das Todesbegehren in ihr aufsteigt, wird sie sich in eine ordalische Situation begeben, indem sie minutenlang einen Revolver gegen die Schläfe drückt. Schließlich bringt sie ein Polizist zu ihrem Vater zurück. Sie hat verstanden, daß der Abschied von der Kindheit oder auch einfach das Leben nicht ohne Trauer abgeht, Trauer um etwas Ungreifbares, die Unendlichkeit des Verlangens, das sie nicht benennen kann, obwohl sie weiß, wie sehr es ihr fehlt. Diese beiden Romangeschichten schildern in fast vollkommener Weise, was Tausende von Jugendlichen empfinden.

Die Flucht ist ein verhülltes, in den Raum und auf den Verlauf des Zufalls projiziertes Ordal. Sie drückt beim Jugendlichen einen Riß im sozialen und symbolischen Geflecht aus; die Prüfung, die sie bedeutet, läßt in dem Jugendlichen oft neue innere Kraftquellen entstehen, aus denen er schöpfen kann, um sich als vollwertiges Mitglied in die Gesellschaft zu integrieren.

## Unfälle

Trotz ihrer hohen Zahl und ihrer Folgen (schwere Verletzungen, Tod) sind Unfälle von Jugendlichen bisher von den Sozialwissenschaften wenig untersucht worden – obwohl die Dringlichkeit dieses Problems und seine Eigenschaft als Gradmesser eines bestimmten Zustands nicht nur der Jugend, sondern auch der modernen Gesellschaft und ihrer Kultur unbestreitbar ist. Anders als im Fall des Selbstmords oder der Flucht wurde für die Forschung der Unfall nie zu einem Untersuchungsgegenstand, und die Gesellschaft reagiert auf ihn eher mit vagen Schuldgefühlen. Verkehrsunfälle stellen in westlichen Gesellschaften in den Altersklassen von 10 bis 14 und 15 bis 24 Jahren die Haupttodesursache dar, und zwar mit steigender Tendenz.[108] Auffallend ist in diesen Altersklassen die überproportionale Sterblichkeit männlicher Jugendlicher. Entgegen der gesamtgesellschaftlichen Tendenz ist die statistische Sterbewahrscheinlichkeit für Männer zwischen 15 und 35 Jahren heute höher als in den sechziger und siebziger Jahren. Unfall ist die häufigste

Todesursache für Frauen bis 34 Jahre und für Männer bis 44 Jahre. Bei den Adoleszenten entfallen auf ihn drei Viertel aller männlichen und drei Fünftel aller weiblichen Todesfälle – Anteile, zu denen Selbstmordfälle hinzuzuzählen sind. Auch wenn der Jugendliche mit dem Leben davonkommt, sind die gesundheitlichen Folgen oft drastisch. Während Krankheit als Todesursache unter Jugendlichen ständig zurückgeht, nimmt die Zahl der Unfalltoten zu. 1982 kommen in Frankreich auf 100 000 Jugendliche im Alter von 5 bis 14 Jahren 15,5 männliche und 9 weibliche Verkehrstodesfälle, in den USA 20 und 9,8; im Alter zwischen 15 und 24 Jahren 86,5 männliche und 24,3 weibliche in Frankreich, 96,7 bzw. 26,1 in den USA; im Alter zwischen 25 und 34 Jahren 57,1 männliche und 14,9 weibliche in Frankreich, 74,7 bzw. 17,5 in den USA (Quelle: WHO/Weltgesundheitsorganisation). Eindeutig liegt das Maximum der Häufigkeit in der Altersklasse zwischen 15 und 24 Jahren; dies gilt im übrigen für alle Industrieländer. Es handelt sich dabei vorwiegend um Verkehrsunfälle, zum Beispiel mit dem Motorrad, aber auch um Unfälle auf Sportplätzen. In einer Vielzahl von Fällen ist der Wille zum Risiko daran beteiligt, haben wir es also mit einem für den Jugendlichen fatalen Risikoverhalten zu tun.

Vor allem der Motorradunfall führt bei Jugendlichen häufig zu schweren Verletzungen und Tod. Das Motorrad eignet sich bestens für risikofreudiges Verhalten – ob es um Geschwindigkeitsbeschleunigung oder Akrobatenstückchen geht –, dabei spielt auch das Schwindelgefühl eine wesentliche Rolle, das der Motorradfahrer durch sein Lenkungsgeschick unter Kontrolle zu halten versucht. Aber dieser Kontrollversuch erfolgt innerhalb eines sehr eng gezogenen Bereichs, nämlich dort, wo die entscheidende Kontrollfähigkeit beim eigenen körperlichen Verhalten liegt, so daß selbst noch das Bändigen der Gefahr einen Rausch hervorruft. »Über 160 Stundenkilometer verursacht der Wind einen Höllenlärm und schüttelt den Körper durcheinander, die Luft verfestigt sich, wird fühlbar, rollt über den Körper hinweg wie eine Wasserhose oder eine Schneelawine. Um dem Luftdruck zu widerstehen, muß man Kopf und Schultern nach vorne werfen. Es wird dann möglich, diese Luft für den Körper zu nutzen, so wie bei einem Segel, und sich im Luftzug durch leichte Neigungen mit Helm und Schultern hin und her zu wiegen. Das Erstaunlichste dabei ist, daß die Luft in diesem Schallgewitter stofflich wird, obwohl sie unsichtbar bleibt.«[109]

Diese bilderreiche Beschreibung drückt unmißverständlich das Tangieren einer Grenze aus, das Hochgefühl, sich selbst zu »halten«, die Existenz zu bewältigen – all das, was dem Jugendlichen meist fehlt, sobald er sein Motorrad in der Garage abgestellt hat. Außerdem eignet sich die Beschleunigung vorzüglich als plastischer Ausdruck der existentiellen Stimmung, der Welt verwegen und doch gefaßt die Stirn zu bieten. Dieses Gleichgewicht auf des Messers Schneide ist aber immer in Gefahr verlorenzugehen.

Das Risikoverhalten ist nicht die einzige sinnliche und sinngebende Erfahrung, die sich mit dem Motorrad verbindet. Da ist auch das Gefühl, zu einer Gruppe zu gehören, die dem Jugendlichen durch einen Kanon genau festgelegter Zeichen, Symbole und Rituale sowie eine lückenlose Solidarität die Integration als vollwertiges Mitglied anbietet. Die Versammlungen anläßlich Sportveranstaltungen (Bol d'or, die Vierundzwanzig Stunden des Motorrads usw.) oder die wöchentliche Motorradfahrertreffs an bestimmten Orten zeigen deutlich die Macht dieser Gruppe und ebenso ihre ambivalente Position innerhalb des sozialen Felds. Wenn sich die Motorradfahrer vor einer Sportveranstaltung versammeln, füllen sich die Städte einige Stunden lang mit einer anderen Art gesellschaftlichem Treiben. In den Straßen findet ein Turnier spektakulärer Fahrübungen statt, das von Jahr zu Jahr erneuert wird und sich zum Ritual verfestigt.

Ein Beispiel: 1987 versammeln sich, genau wie im Vorjahr, in Le Mans während der Vierundzwanzig Stunden des Motorrads mehrere Tausend Fahrer um den Bahnhof. »Einige lassen ihre Maschine auf dem Bahnhofsplatz zurück und kehren per Anhalter zurück. Super.« Rasen um den Platz, Gleichgewichtsübung, das Motorrad rutscht weg: »Das Gefühl, in eine große Familie aufgenommen zu werden... Die Motorradfahrer wissen genau, was es bedeutet. Eine Superstimmung, ein bißchen ungewöhnlich, viel Heldentum.« Ein Zusammenstoß zweier Motorräder: »Man stellt Blödsinn an, und es geht schief. Hinterrad weggerutscht, und ich habe es nicht mehr geschafft, es in die Achse zurückzuschwingen. Solche Dinge passieren halt... Solchen Blödsinn gibt es. Es klappt einmal, zweimal, und dann geht's daneben. Wenn man's sich nachher überlegt, fragt man sich...« (*Ouest-France*)

## Wilde Rituale der Eigenheit

Die Gesellschaft, in der die Autonomie des Jugendlichen ihren Boden findet, ersetzt in der Zeit des Heranwachsens das *holding* der Familie. Wenn aber der Berechtigung seines Daseins jede von außen kommende Garantie, die Bestätigung des eigenen, besonderen Werts seiner Existenz versagt bleibt, wenn sich die Gesellschaft mit seiner Integration schwertut oder zögert und er in der vorhandenen Kultur keine Werte zu entdecken vermag, die ihm eine Bestätigung dafür liefern, daß er auf dem richtigen Weg ist, dann wird er versuchen, dieses Gefühl, das in ihm Schwindel (Vertigo) und Entkörperungswunsch auslöst, zu bannen, indem er selbst eben diese heraufbeschwört. Er sucht nach einer homöopathischen Antwort auf seine Empfindungen. Er bekämpft den Tod, indem er dem Tod die Inititative entreißt. Er stemmt sich durch die Prüfung, der er sich unterzieht, punktuell gegen sein strukturelles Schwindelgefühl, gegen das Gefühl, nicht abgestützt zu werden, keine oder fast keine Bindung zu haben. Der Sprung ins Leere wird zur vorzüglichsten Abwehr der Angst vor der Leere.

Die Adoleszenzriten, die das Risiko als Rohstoff benutzen, werden von der Gesamtgesellschaft verpönt. Es sind wilde Riten, die die eigene Existenz symbolisch wiedereinrenken, das Unfaßbare einer verworrenen und angsterfüllten Lebenszeit zu meistern versuchen. Der nur in der Eigenheit Widerhall findende und grundsätzlich einsame Ritus beschwört das innere Chaos dessen, dem es nicht gelingt, ein Grundgefühl von Sicherheit zu entwickeln. Die Ankunft in der eigenen Existenz erfordert die Berührung mit dem Tod. Es ist manchmal nötig, das Risiko einzugehen, vernichtet zu werden, um den Weg für eine erfüllte Existenz freizumachen, die Hülle der Vorgeschichte eines fehlgebildeten Identitätsgefühls zu zerreißen, um eine neue Chance zu erhalten. Falls er sie nicht schon gefunden hat, entdeckt der Jugendliche Sinn und Wert seiner Existenz durch die Lösung einer persönlichen Krise. Nicht mehr, indem er sich von Anfang an in dem Sinnsystem der Gesellschaft wiedererkennt, sondern indem er unter Einsatz seines Lebens den Hauptsignifikanten des Lebens, den Tod befragt. Wenn die anderen Symbolisierungsformen versagen, erbringt der Nichteintritt des Todes den letzten Beweis, daß eine Garantie über das Leben waltet. Das Orakel ist gesprochen.

## 5. Die Prospektierung des Risikos: Die neuen Abenteurer[110]

»*Die Flußmündung war von einer schwarzen Wolkenwand verhängt, und die ruhige Wasserstraße, die bis an die äußersten Grenzen der Erde führt, strömte düster unter einem bewölkten Himmel dahin – schien hineinzuführen ins Herz einer unermeßlichen Finsternis.*«[111]

Joseph Conrad

### Versuch einer Identifizierung

1979 stellten Pascal Bruckner und Alain Finkielkraut das Verschwinden des Abenteuers fest.[112] Damals machte sich allgemein das Gefühl breit, in einer Gesellschaft zu leben, in der das Abenteuer ein Ding der Unmöglichkeit geworden war. Alles schien restlos entdeckt, erkundet, auch der letzte weiße Fleck tausendfach betreten und vermessen. Heute sind wir weit von dieser Stimmung entfernt, gegen die zu reagieren jene Autoren aufforderten. Innerhalb weniger Jahre hat sich eine neuartige Figur als elysisches Gefilde der westlichen Mythologie aufgetan. Neue Praktiken fassen dort Wurzel, Gewächse der jüngsten Moderne: Werbung, Sport, Sensationsleistungen, Fitneßwettbewerb, intensive Freizeitgestaltung, ja Dauertrainingskurse. Wir bezeichnen diejenigen, die sich daran beteiligen, als »neue Abenteurer«, weil sie selbst diesen Titel für sich beanspruchen, vor allem jedoch deshalb, weil diese Form des Abenteuers ein radikales Abweichen von der herkömmlichen Vorstellung eines Abenteuers bedeutet.

Vladimir Jankélévitch unterscheidet zwischen dem abenteuerlichen Menschen, der eine gewisse Lebensweise, ein bestimmtes Temperament verkörpert, und dem Abenteurer, der sich als Berufsabenteurer versteht. Letzterer »betreibt einen Abenteuerladen und geht das Risiko so an, wie der Lebensmittelhändler seinen Senf verkauft«.[113] Der neue Abenteurer setzt sich aus beiden Typen zusammen. Er entscheidet sich für einen Lebensstil, der ihn von Kontinent zu Kontinent treibt. Aber er gebärdet sich auch als »Abenteuerkrämer« in einem Ausmaß, wie es Jankélévitch 1963, als er diese Feststellung traf, schwerlich ahnen konnte. Er hält mit seiner Überzeugung, daß es wichtig ist, sich verkaufen zu können, längst nicht mehr hinter dem Berg, sondern gibt sich offen als Geschäftsmann zu erkennen. Der neue Abenteurer ist ein Unternehmer; gewiß geht er ein Risiko ein, jedoch ist sein Einsatz keineswegs bedingungslos und gratis. Dieses Paradox erzwingt eine Neudefinition des Risikos. Das kalkulierte Risiko des traditionellen Abenteurers wird beim neuen Abenteurer zum Risikokalkül. Unabhängig von der Aufrichtigkeit derer, die es leben, und von den Gefahren, die sie selbst aufsuchen, um besser ihrer Herr zu werden, ist das derart verstandene Abenteuer nunmehr ein blühender Industriezweig, ein Werbekolosseum für die es finanzierenden Unternehmen, die damit eine symbolische Legitimität ergattern, ein Manna für die Medien, ein neues Motiv für den Starkult und eine munter sprudelnde Beschäftigungsquelle. Das neue Abenteuer steht, wie an dieser Stelle nochmals erwähnt werden soll, im Mittelpunkt von Fernseh- und Rundfunkreportagen und nimmt einen bevorzugten Platz in den Nachrichten ein. Zahlreiche Zeitschriften decken eine breite Palette zu ihm zählender Aktivitäten ab. Eine Fernsehsendung nennt sich »Ushuaia, Magazin des Extrems« und rezensiert jede Woche eine kunterbunte Vielfalt von Großtaten, die von den »Spezialisten des Extrems« vollbracht worden sind. Manchmal bricht es sogar selbst – als nervenkitzelnde Direktsendung – ein solches Ereignis vom Zaun. Nicolas Hulot, der Moderator dieser Sendung, liebt es, sich gelegentlich selbst in Szene zu setzen. Wöchentlich sehen etwa fünf Millionen Zuschauer dabei zu. Selbstverständlich haben die Sender der Konkurrenz mit eigenen Magazinen nachgezogen. So bezieht sich eine in Form eines Spiels gestaltete Sendung auf die 1980 um die Person von Philippe de Dieuleveult gestaltete Sendung »Schatzjagd«. Einem Heroen-, Heiligen- und Ahnenkult gleich wird die Wiederholung früherer Sendungen zelebriert. Die Ahnengalerie verleiht dem Vollzug der doch so ganz anderen modernen Riten einen hohen Legitimitätsgrad.

Die Zeitschrift *Les Nouveaux Aventuriers*, ausschließlich auf diese neue Form des Abenteuers spezialisiert, definiert sich in ihrer Startausgabe folgendermaßen: »*Les Nouveaux Aventuriers* handelt vom Abenteuer, wo immer es sich manifestiert; dort, wo es traditionell erwartet wird, sei es Paris-Dakar, die Camel Trophy, eine Besteigung des Everest oder des Makalu, eine Polarexpedition oder ein Raid im Amazonas im Ultraleichtmotorsegler.«[114] Ohne jeden Anflug von Bedenken wird die Scheidelinie zwischen dem Gestern und dem Heute gezogen und forsch deklariert, was nunmehr als Abenteuer zu gelten habe: nicht länger mehr das Unerwartete, der verschlungene und wechselvolle Pfad der Ereignisse, auf dem plötzlich der Tod aufkreuzt, so daß der einzelne einen

erbitterten Kampf liefern muß, sondern eine geplante Veranstaltung, samt Tag und Uhrzeit anberaumt: »wo immer es sich manifestiert«. Keine Episode darf in der Abenteuerserie fehlen. Die angeführten Beispiele sind unzweideutig: von Paris-Dakar bis zum Amazonasraid im ULM-Segelflugzeug. Sie stehen im Gegensatz zu den Taten von Menschen wie Malraux, T. E. Lawrence oder Ernst von Salomon, die Roger Stéphane einst für seine Abenteuerporträts auserkor.[115] Der neue Abenteurer steht dem Militanten näher, von dem Sartre in seinem Vorwort zu Stéphanes Buch spricht; er hat mit diesem die Betriebsamkeit, den Organisationssinn und die gezielte Suche nach dem Publikum gemein. Dort, »wo man es traditionell erwartet«: Bezug genommen wird hier auf eine »alte« Tradition, die, soziologisch gesehen, erst im Lauf der achtziger Jahre das Licht der Welt erblickte. Wie in allen Gründungsmythen ist der Ursprung ewig, zeitlos, vor- und übergeschichtlich, Offenbarung und aller Welt offenbar. »Ein fest im Geist der Zeit verankertes Phänomen, das folglich uns alle angeht: Vollbringer großer Heldentaten, künftige Akteure, Sponsoren und Mäzene, oder einfach Zuschauer.« Der Ausstrahlung des Modells kann sich niemand entziehen. Die Verbindlichkeit dieser mehr oder weniger glorreichen Haltung gilt für alle, wobei die Hierarchie subtil aufgebaut ist: Akteure, die Heldentaten vollbringen; solche, die von Heldentaten träumen als Echos ihres Ichs; Sponsoren und Mäzene für die Finanzierung; Zuschauer, welche die Investitionen der vorhergehenden wieder einbringen und sich für den Wert der Großtat verbürgen.
Man begibt sich nicht mehr auf Abenteuer, geht nicht mehr ungewisser Wege; nein, das Abenteuer wird von langer Hand geplant, und so wenig wie nur möglich wird dem Zufall überlassen: »Das Abenteuer beginnt mit einer langen Suche nach Mäzenen, Sponsoren und Partnern«, erklärt der Pressesprecher eines Großunternehmens. »Es ist notwendig, daß die Abenteurer lernen, ihr Projekt zu rationalisieren, damit die Sponsorenquellen nicht versiegen«, erklärt ein Bankier. »Das Abenteuer ist heute eine entscheidende Marktnische«, meint ein anderer Unternehmenssprecher, »also lautet die Frage: Was haben die Abenteurer zu verkaufen? Denn Unternehmen sind schließlich keine philanthropischen Einrichtungen; es wäre töricht, Geld zu investieren ohne klare Garantien, ohne echten Ertrag.«
Soweit einige Sponsorenstimmen. »Partner des Abenteuers« nennt die Zeitschrift die Sponsoren, denen eine eigene Rubrik eingeräumt wird. Das Abenteuer rationalisieren, lautet die Devise. Das ist gewiß eine zunächst überraschende Redewendung, aber sie drückt knapp und präzise die Vorgehensweise der neuen Abenteurer aus, handelt es sich doch um die Schaffung eines Risikomarkts, der ein Wachstumsmarkt ist. Ganz richtig also, die Rüge des Bankiers, adressiert an den Abenteurer, der

sein Projekt dilettantisch vorbereitet und dadurch nicht bloß in den Abgrund, sondern zu allem Überdruß auch noch in den Konkurs zu stürzen droht. Die moderne Kategorie des Abenteuers ist auch eine industrielle und vor allem eine kommerzielle.

Im folgenden einige Leistungen, die unter den Begriff »neues Abenteuer« fallen:[116] Autofahrt im Frontalantrieb quer durch die Vereinigten Staaten Amerikas, ausgeführt von vier jungen Franzosen; Paris-Gao-Dakar im Nonstop-Staffellauf einer zwölfköpfigen Mannschaft mit Ablösung nach jeweils 20 Kilometern; Geländewagenraid des Abenteuerklubs im Morvan (im Nordosten des Zentralmassivs); 250 Kilometer im Morvan mit nordischen Fortbewegungsmitteln (Langlaufski, Schneereifen, Telemarkski, Pulka, usw.) für hundert Vierermannschaften; Raid in Neuseeland: Start mit Fallschirmabsprung, danach durch Gewässer im Einbaum, Kanu, Schlauchboot, auf dem Floß; Raid Lavelanet-Marrakesch im Geländewagen; Marathon im Kanu-Kajak in den Wasserschluchten der Ardèche; »Passeport pulsion«: von Senegal bis Nizza unter Verwendung neun verschiedener Fortbewegungsmittel; Rallye der Pharaonen; Trappermarsch (eine »Survivalprüfung« im kanadischen Norden: dreißig Teilnehmer haben 600 Kilometer zurückzulegen; Wildwasserrafting im Norden Kanadas, durchgeführt von dreizehn Jugendlichen unter Führung ihres Turnlehrers; Bungee; Lkw-Marathon von Cherbourg nach Freetown (Sierra Leone); die Strecke Paris-Beijing zu Fuß, zurückgelegt von einem Krankenpfleger; vier Monate lang 4 000 Kilometer Skimarsch quer durch die Alpen; Seekajak im Nordpolgebiet, von vier Informatikern vollführt; Cannes-Calvi mit dem Kajak in sechsunddreißig Stunden, zurückgelegt von einem Pädagogen; Absprung mit motorisiertem Fallschirm über der Sahara; Pferderallye in der Inneren Mongolei (»Auf den Spuren von Dschingis-Khan«); »Segelzug« (zwei aneinandergebundene Kajaks, auf Schienen gestellt und zwecks Windantrieb mit Segeln versehen) in Mauretanien, danach in der bolivianischen Hochebene (Altiplano), vorher in Australien; 1 000 Kilometer im Norden des Polarkreises im Seekajak, durchgeführt von einen Arzt; Gabun-Radrundfahrt eines Ingenieurs und eines Lehrers (4 200 Kilometer in drei Monaten); Extremski, Absprung mit Gleitsegelschirm, Snowboard, Monoski an den Hängen des Everest; Durchfahrten der Beringstraße im Hobie cat; »Extremfallschirmspringen«: Absprung ohne Sauerstoff aus 11 000 Meter Höhe; Absprung ohne Fallschirm, der während des Falls von einem Gefährten nachgereicht wird; *base jumping* (Fallschirmsprung aus geringer Höhe, etwa 100 Meter über dem Boden) durch zwei Studenten; Raid »Mahraba Total« im allradangetriebenen Wagen und auf dem Geländemotorrad; Paris-Oslo-Nordkap mit dem Motorrad; pharaonische Umkreisung Afrikas mit einem Boot nach altägyptischer Bauart, auf den Spuren des Pharaos Necho II., der um 600 vor unserer Zeitrechnung den afrikanischen Kontinent umschifft haben soll; Ushuaia-Nordkap im Hobie cat; Honfleur-Nordpol, »auf den Spuren Erichs des Roten«, des Wikingers, der über ein halbes Jahrhundert vor Kolumbus die amerikanische Küste erreicht haben soll; Camel Trophy; Atlasrallye; Transat; Whitbread (27 000 Meilen im Monocoque); Paris-Sydney auf dem Fahrrad; Überquerung des Atlantiks im Ruderboot; New York-Brest auf dem Segelbrett; Kreuzzug zu Pferd, »auf den Spuren Gottfrieds von Bouillon«; 2000 Kilometer auf dem Amazonas, dann Nachahmung »des Großen Trecks der Buren«; Flußaufwärtsfahrt auf dem Orinoko, »auf den Spuren von Humboldt«, dann 2500 Kilometer durch die Tundra Labradors auf den Spuren der Missionare des neunzehnten Jahrhunderts.

Schließen wir dieses Raritätenkabinett mit einem letzten Beispiel ab, nämlich mit der Liste der für den Victor des Abenteuers 1988[117] »nominierten Höchstleistungen«: Überquerung des Atlantiks auf Schwimmskiern; Besteigung von vier Achttausendern in weniger als 24 Stunden; Durchfahrt der Beringstraße im Strandkatamaran; Absprung mit dem Gleitschirm vom Mount Everest; Marsch über den Nordpol; Annäherung an den geomagnetischen Nordpol auf dem Segelbrett. Dies waren die Leistungen der Männer, nun die der Frauen: als Hubschrauberpilotin in Afghanistan; Schlittenfahrt durch Alaska; drei Monate in einem Abgrund überleben. Das Abenteuer hat sich heute institutionalisiert, es paßt sich den Konventionen an und unterscheidet nach Geschlecht.

Die moderne Reaktion auf Abenteuer und Heldentum schließt offenbar eine Reihe widersprüchlicher oder gänzlich gegensätzlicher Vorgehensweisen ein. Entweder bricht man mit umfangreicher technischer Ausrüstung zu wenig industrialisierten, ländlichen, traditionalen Gesellschaften auf, um eine Leistung zu vollbringen, die innerhalb des Wertesystems dieser Gesellschaften bedeutungslos ist (Raids, Rallyes, Expeditionen, usw.), oder man taucht in einer Art ökologischer Pilgerfahrt in die Landschaft ein und setzt sich der Urgewalt der Elemente aus: ob Gebirge, Meere, Flüsse, Wüsten oder Wildnis, nur sehr kärglich ausgerüstet: mit Kompaß, Boot und vor allem den eigenen Beinen, auf die Widerstandskraft des eigenen Körpers und die Findigkeit des eigenen Kopfes vertrauend. Auf der einen Seite moderne Logistik, auf der anderen Seite steinzeitliches Überleben mit Hand, Fuß und Köpfchen. Trotzdem sind beide Haltungen miteinander verwandt: über die Lust am Risiko, die öffentliche Darbietung der Prüfung, den Willen, das Spiel mit dem Tod zu bestehen.[118]

# Die Rache des Mannes ohne Eigenschaften

Das neue Abenteuer ist demokratisch; jeder kann dazu auserwählt werden: ob Angestellter, Führungskraft, Sportler oder Therapeut; seine Bekenner setzen sich aus allen Gesellschaftsschichten zusammen, vorzugsweise jedoch aus der Mittelschicht. Der Abenteurer ist nicht länger eine Ausnahmeerscheinung, ein wandernder Ritter, umgeben mit der Aura, Unmögliches und Unvorstellbares zu wagen, in seiner einsamen Größe fern und schattenhaft wie ein Traumbild, sondern ein Mann ohne Eigenschaften, der im Glanz, den die Moderne dem Risiko verleiht, Rache für seine bisherige Unauffälligkeit übt. Er ist kein Mann jenseits der Schattenlinie mehr, der eine Zeitlang im strukturellen und geographischen Anderssein untertauchte, um sich, wie die Helden in den Romanen von André Malraux und Joseph Conrad, inniger existieren zu fühlen. War der Abenteurer einst ein Meister der Träume, ein Akteur fernab des Tagesgeschehens, so drängt er sich heute ins gleißende Licht der Scheinwerfer und ist vielmehr ein Werbeagent des Risikos, nachdem er zuvor ein Vermesser desselben gewesen ist, ein Schausteller auf der großen Bühne der Höchstleistung. Das Abenteuer lockt nicht mehr in entfernten Welten, es winkt gleich um die Ecke, mundgerecht gemacht für den westlichen Bürger, der die Zeit und vor allem die Geduld hat, die Türen der Sponsoren einzurennen. »Meine Abenteuer, meine Entdeckungen, meine Ängste, meine Freuden, meine Vergnügungen sind nicht auf einen Rambo zugeschnitten, sondern auf den normalen Menschen, der etwas unternehmen will«, sagt Nicolas Hulot,[119] ein Meister des Fachs. Das neue Abenteuer tendiert dazu, ein schematisches Aufwertungsverfahren zu werden, bei dem Hinz und Kunz endlich die Gelegenheit erhalten zu brillieren. Die Feuerwehrleute aus Orange vereinigen in sich mehrere Merkmale des neuen Abenteurers. Im Dezember 1991 fassen sie den Entschluß zur Besteigung des Kilimandscharo. Die Mannschaft besteht aus sechzehn zum Teil professionellen, zum Teil freiwilligen Feuerwehrleuten sowie sechs Jugendlichen mit sozialen Integrationsproblemen. Die Mannschaft soll nach einer fünfzehntägigen Akklimatisierungszeit geschlossen den 5895 Meter hohen kenianischen Berg erklettern. Im Gepäck befinden sich Arzneimittel und Erzeugnisse, die an die Ortsbevölkerung verteilt werden sollen. Ein Abstieg mit dem Gleitschirm und ein anderer mit Skiern auf Geröllboden stehen auf dem Programm.

Die Unternehmen koppeln sich an das Abenteuer an, indem sie als Sponsoren auftreten, ihre Führungskräfte durch Survivaltraining fortbilden oder ihre Belegschaft direkt an Abenteuern beteiligen, was das Unternehmensimage aufwertet (1988 erreichen sieben Angestellte des Computerunternehmens Bull den Annapurna, fünf weitere Mannschaften werden es ihnen gleichtun; Mitarbeiter des Telekommunikationskonzerns Alcatel beabsichtigen, in einer Riesenstaffel über den Kanal zu schwimmen; das Personal der Universität Straßburg erklettert den Mont Blanc usw.). Erwachsenenbildungskurse bieten Führungskräften und Händlern Abenteueranleitungen an: Survivaltraining, Rafting, Grottenerkundungen, Kletterpartien, Feuerlaufen, Bungee-jumping, Kennenlernen der Wüste im Herzen der Sahara und vieles mehr. »Das Abenteuer ist Selbsterkenntnis«, lautet der Slogan von *Hors Limites*, eines der ältesten Verbände der Branche, dessen Kundschaft sich vor allem aus Führungskräften zusammensetzt. Das Abenteuer als Mittel der Ausbildung und der sozialen Integration ist ein Zeichen unserer Zeit. Selbst die Ferienbranche wendet sich immer mehr dem Abenteuer zu und bietet Trekkings an auf Borneo, in Nepal, Ladakh und in den Anden, in der Sahara usw.; außerdem: Überlebenstraining auf dem Amazonas, Raids im Geländewagen in Tunesien, Algerien, Marokko, quer durch die Sahara oder auch in Island. »Bei diesen Raids oder anderen, immer neuen Herausforderungen«, liest man in der Broschüre *Raid Découverte, l'Afrique*, »kann jeder, der will, seine eigene Grenze überschreiten, in einen regelrechten Wettkampf mit sich selbst eintreten, das Abenteuer des Entdeckens erleben.« Das schlüsselfertige Abenteuer während einiger Sommerwochen zum erschwinglichen Preis, alle Sicherheiten inbegriffen.[120]

## Die Bühne der Welt

Wenn sie auch weder Abenteurer wie die Romanhelden à la Malraux und Conrad, noch Militante im Sinne Sartres sind, noch in der Mehrzahl der Fälle Geschäftsleute, entlehnen die neuen Abenteurer doch jedem dieser Typen bestimmte Merkmale, ohne sich einem wirklich zuordnen zu lassen. Indes zeichnen sie sich durch ein ausgeprägtes Gespür für Vermarktung und Werbung aus. Das Abenteuer ist heute ein »Kommunikationsprojekt«. Malraux' Feststellung, daß es ohne Zuhörer keinen Helden gibt, gilt für eine andere Zeit. Denn unter Zuhörern verstand er die dem Abenteurer Nahestehenden, Träger einer lebendigen Erinnerung an dessen Herausforderung des Todes, Weggefährten, die am Ereignis und an der sich daraus bildenden Legende teilnahmen. Für den neuen Abenteurer ist eine andere Zuhörerschaft konstitutiv; fehlt diese, geht auch seine Unternehmung ins Leere.
Ein in Einsamkeit oder Stille fernab der Medien erlebtes Abenteuer ist nicht mehr als solches annehmbar oder genauer: abnehmbar, ist nur eine folgenlose Episode und nicht mehr Tagtraum einer sicherheitsbesessenen Gesellschaft, die gleichzeitig die bequeme Abbuchung von Gefahr

und Schrecken liebt. Diskretion und Bescheidenheit sind keine Abenteurertugenden mehr; ob in Form eines Buchs, eines Films, einer Fernseh- oder Rundfunkreportage, einer Fotoreportage oder eines Artikels in einer Zeitschrift, stets ist für das neue Abenteuer die sofortige Bekanntgabe an das Publikum wesentlich. Eine Kamera registriert, wie sich eine Expedition im Dschungel vorwärtskämpft; ein Bergsteiger kommentiert die eigene Bergbesteigung auf Tonband; penibel wie ein Buchhalter führt der Begeher von Polargebieten sein Tagebuch über den Abwicklungsstand seines Abenteuers, für das er vorher schon die Rechte an einen Verlag verkauft hat; aus dem Hubschrauber wird die Erkletterung einer Wand »mit bloßen Händen« gefilmt; eine Handvoll Männer, unter ihnen der Produzent der Sendung, stürzen sich in die Tiefe, ein elastischer Gurt hält sie, eine Kamera ihr Bild fest. Nichts vom Ereignis geht verloren. Alle schreiben sie ein Buch über ihre Großtat, das mühelos einen Verlag und Tausende von Lesern findet. Das Einmalige des Ereignisses läßt sich multipel verwenden. Die Unterstützung der Medien ist für die Legendenbildung eine unerläßliche Voraussetzung. Die neuen Abenteurer machen sich selbst zum Bänkelsänger ihrer Heldentaten. Sie wollen über den Kreis ihrer Begleiter hinaus, um ihrem »Kommunikationsprojekt« gerecht zu werden und sich einer anonymen Menge zu präsentieren, der sie innerlich fremd und bloß äußeres Zeichen sind. Ist das Abenteuer zu Ende, bleibt der schwierigste Teil der Aufgabe zu tun: die symbolisch und materiell gewinnbringende Anlage des Unternehmers. Der Abenteurer von gestern floh die westliche Welt, zog sich auf der Suche nach einer einsamen, einfühlenden Beziehung zum Fremden in einen gottvergessenen Winkel der Welt zurück; der Abenteurer unserer Tage dagegen ruft die Journalisten und die Kameraleute wie ein Marktschreier herbei, gibt eine Pressekonferenz, tritt alles andere als bescheiden auf.

Das zeitgenössische Abenteuer bedarf einer Bühne, auf der es sich abspielen kann. Dabei ist es nicht kleinlich in der Wahl der Stätten seiner Darbietungen: dürrste Wüsten, die schneidendste Kälte, Packeis und Berge, üppigste Wildnis, wildeste Meere... Wie bei jedem professionellen Spektakel werden die einzelnen Sequenzen lange und gründlich vorbereitet und bleibt nichts dem Zufall überlassen: Logistik, Aufnahmegeräte, die körperliche Verfassung des Akteurs, seine Ernährung, die PR-Arbeit nach vollbrachter Tat, die optimale Verwertung der Aufzeichnung. Abenteuer ist eine Form des Spektakels, der darstellenden Kunst. Nicht mal der Oscar fehlt, er wird unter dem Pseudonym Victor verliehen. Hinter den Kulissen werden fast alle Szenen gespielt, der Moment der Großtat ist nur eine Episode innerhalb einer harten und langen Vor- und Nachbereitungszeit. Das neue Abenteuer liebt das Abenteuerliche nicht besonders. Der Zufall ist weniger etwas Prickelndes, Würzendes als vielmehr der Einbruch des Unvorhergesehenen in eine Unternehmung, die eben darauf zielt, das Unvorhergesehene in die Gewalt zu bekommen. Und trotzdem bleiben Tod, Unfall und rätselhaftes Verschwinden seine geheimen Triebfedern. Der neue Abenteurer ist auf der Suche nach dem Risiko, will aber jede Überraschung vermeiden. Er selbst baut das Risiko auf, damit er es sicherer meistern kann. Er vertraut sich selbst mehr, als er der Natur vertraut, ohne Zweifel zu Recht. Der Rohstoff seiner Arbeit ist die eigene Existenz, die auf der Weltbühne öffentlich und methodisch in Szene gesetzt, der Todesgefahr entgegengestellt wird. Es handelt sich um eine haargenau geplante Dramaturgie, einen völlig neuartigen Zweig (vergleichbar höchstens mit dem Zirkus) der darstellenden Kunst, um ein Genre, das die Beziehung zum Tod mit gutem Gewinn gegen symbolische und materielle Güter tauscht.

## Das Risiko als altes Mittel zum neuen Zweck

Der alte Bergführer aus Chamonix, von dem in Kapitel 3 die Rede war, vertritt eine Form des Abenteuers, bei dem zwar ein Berufsrisiko vorhanden ist; dieses Risiko aber emulgiert im gelebten Alltag, wird nie um seiner selbst willen gesucht, sondern ergibt sich aus der Notwendigkeit, das Gebirge wohnlicher zu machen. Die Sorge, nicht der Reiz ist hier der Vater des Risikos. Aufgrund der Maßnahmen, die es erfordert, ist es das Risiko, was den Gang der Dinge verlangsamt, die Suche kompliziert, den Vollzug der gemeinschaftsdienlichen Arbeit hemmt. Es ist ein Hindernis, das bei der Tagesarbeit oder während der Freizeit überwunden werden muß; es wird als das betrachtet, was Leben nehmen, nicht als das, was Leben geben kann. Es löst Todesängste aus. Es zieht nicht an, sondern flößt Furcht ein. Der Beziehung des Bergführers zum Risiko ist jegliche ordalische Komponente fremd. Das Risiko ist nicht Selbstzweck, sondern ein »Anti-Wert«. Der Bergführer ist ständig bemüht, es auszuschalten. Trotz seines eventuellen Reizes ersetzt dieses aber nie den eigentlichen Zweck einer Handlung, wird nie die Arbeit aus den Augen verloren. Vorsicht ist eine Kardinaltugend des traditionellen Bergführers.
Für den neuen Abenteurer dagegen ist das Risiko etwas, was dringend herbeizuführen ist. Es ist die unverzichtbare Triebfeder seines Handelns. Er muß die Schwierigkeiten anhäufen, eine originelle Aktion ersinnen, denn je näher die Gefahr dabei rückt, je größer das Todesrisiko, je geschundener der Körper, um so mehr Chancen hat sein Abenteuer, als »Kommunikationsprojekt« von Sponsoren finanziert und dann von den Medien verwertet zu werden.
Der traditionelle Bergführer meidet das Risiko, der neue Abenteurer baut

Risikomomente bewußt ein und sammelt gleichzeitig Werkzeuge zu ihrer Ausschaltung.

Zu Recht trifft Jankélévitch die Unterscheidung zwischen dem »unternehmenden Leben« und dem »Unternehmerleben«. Der neue Abenteurer ist vor allem ein Schirmherr von Risikochancen. Er schürft nach Risikomöglichkeiten, und setzt, einmal fündig geworden, alles auf deren optimale Ausbeutung. Ohne Risiken, ohne Grenzerkundungen wäre sein Unternehmen wertlos, ohne symbolischen Ertrag. Sein Projekt nährt sich permanent aus der Möglichkeit, vom Tod ereilt zu werden, es spiegelt die Todesgefahr wider. Darin äußert sich eine Unvernunft, die Methode hat und nichts dem Zufall überläßt: Abgesehen vom Ordalischen, das im Kern der Aktion steckt und entsprechend als mögliche »Kernreaktion« eingedämmt wird. Das neue Abenteuer beginnt mit einer symbolischen Suche nach dem Risiko und dem Hindernis; sind dann die Rahmenbedingungen hergestellt, schreitet es fort mit der Suche nach den logistischen Mitteln, um die sorgfältig eingekreisten Risiken und Hindernisse zu überwinden. Es zieht aus der Sterbewahrscheinlichkeit einen Mehrwert an Leben, der dem Projekt seine Verwertbarkeit gibt. Die Wahl ist nicht schlecht getroffen, denn es ist klar, daß der paradoxe Geschmack an der Schwierigkeit mehr und variantenreichere Vorgehensweisen ermöglicht als das von Vorsicht geleitete Handeln. Innerhalb des Vorhersehbaren gilt es einen Raum für Schwindelgefühl und Spannung anzuordnen, einen Raum, aus dem zeitweilig Unsicherheit austreten kann, ein Raum, in dem sich alle Sperren lösen, seine Absicherung unangemessen erscheint und der Ausgang von der mentalen und physischen Kraft des Akteurs abhängt.

Der neue Abenteurer klopft ein Terrain auf Gegebenheiten hin ab, die günstige Voraussetzungen für die Durchführung seiner geplanten Großtat bieten. Seine Ähnlichkeit mit Don Quichotte ist unverkennbar, denn wie jener hascht er nach Abenteuern, die, so sie auf sich warten lassen, aus zweck- und sinnentfremdeten Requisiten des Alltags zurechtgebastelt werden. Aber weil dem neuen Abenteurer die Phantasie abgeht, den ihn unmittelbar umgebenden Alltag als unerschöpfliche Fundgrube für Großtaten zu erkennen, ist er dem Ritter der traurigen Gestalt gleichzeitig sehr unähnlich. Er sucht intensiv nach günstigem Boden und bemüht sich um dramatischen Aufbau. Das neue Abenteuer ist eine methodische Konstruktion auf dem Fundament der körperlichen Grenze und der Faszination des Risikos. Es ist längst nicht mehr auf die Entdeckung weißer Flecken auf der Landkarte und unbekannter Völker aus, beabsichtigt keine Flucht aus der Zivilisation, bewegt sich auch nicht auf das zu, was als Leitmotiv die Romane Joseph Conrads durchzieht, jene schicksalhafte Schattenlinie, an die auch Georg Simmel dachte, als er schrieb: »Im Abenteuer verfahren wir direkt entgegengesetzt: gerade auf die schwebende Chance, auf das Schicksal und das Unsichere hin setzen wir alles ein, brechen die Brücken hinter uns ab, treten in den Nebel, als müßte der Weg uns unter allen Umständen tragen.«[121] Was uns heute begegnet, sind Unternehmer für gefährliche Aktionen, und keine Begeher unsicherer Pfade oder Unersättliche, die ihren Lebensdurst an Taten laben. Der neue Abenteurer ist in erster Linie Experte der Telekommunikation. Wenn auch das traditionelle Abenteuer dem Reiz des Risikos gegenüber nicht gleichgültig blieb, so überhob es dieses doch nicht, verblieb in ihm nicht als einem Selbstzweck: In der Hitze der abenteuerlichen Tat blieb das Risiko vielmehr eine Quelle der Besorgnis. Dagegen funktioniert das neue Abenteuer nur durch den Reiz des Risikos; es ist ohne diesen Reiz nicht denkbar. Darin liegt sein eigentlicher Wert für Sponsoren, Medien und Publikum.

### Die Beliebigkeit der Orte

Das traditionelle Abenteuer war Synonym eines sozialen, politischen und menschlichen Engagements; es zeugte vom Willen, die Weltordnung durch eine kollektive Aktion zu verändern: Revolutionen, Handel, Kolonialisierung, Entdeckungen, Eroberungen – zu all dem leistete der Abenteurer einen nicht geringen Beitrag. Es galt, sich unter Einsatz des Lebens in eine andere Gesellschaft einzunisten und ihr den eigenen Stempel aufzudrücken. Ernst von Salomon, T. E. Lawrence (Lawrence von Arabien) oder Malraux' Helden sind ohne Zweifel »die letzten, die versuchten, im Abenteuer die Authentizität zu finden, die letzten, die Geschichte kleinschreiben wollten und die versuchten, die Geschichte in den Dienst des eigenen Schicksals zu zwingen; vielleicht waren sie sogar die letzten Männer der Tat: nach ihnen kamen die Militanten.«[122]
Vor unseren Augen bewährt sich eine andere Version des Heldentums, verkörpert im neuen Abenteurer. Dieser behauptet ohne Zögern seine Individualität, sein Ich, und zwar nicht aus dem Willen heraus, die Welt zu verändern, sondern als reine Selbstbehauptung gegen die Zeit und die Elemente mittels einer affirmativen Lust am Risiko. Mit dem Phänomen des neuen Abenteurers vollzieht sich der Übergang von einer Welterkundung, bei der die persönlichen Grenzen des Menschen den Fortgang der Aktion verzögerten, zu einer Selbsterkundung, bei der die Welt lediglich Medium ist. Welt wird generalisiertes Medium, Allerlei und Einerlei, in dem alles, was nicht eigenes Ich ist, verschwimmt und Orte und andere Individuen gleichgültig werden,[123] die nur als Dekor, Handlanger, gastfreundlicher Hintergrund oder, wenn unerwartete Schwierigkeiten auftreten, als willige Gehilfen dienen. Welt als Bühne der Selbstdarstellung. »Inzwischen habe ich den Sambesi geschafft, Kap Algier mit Endstation

Agadès, Plymouth-Roscoff auf dem Surfbrett, ein gutes Dutzend mehr oder weniger unvergänglicher Sendungen...« sagt Nicolas Hulot und kündigt seine Einschiffung für Resolute Bay an.

Dem neuen Abenteurer ist die ganze Erde potentieller Erfüllungsort von Extremleistungen; der Ort selbst, an dem die Leistung vollzogen wird, ist nur mehr Rahmen. Der *genius loci* bildet lediglich einen vagen imaginären Zusatz, wenn er denn überhaupt nicht gänzlich ignoriert wird. Der Ort ist kein gelobtes Land, sondern nur ein ausgezeichnetes Terrain für das Spiel mit dem Risiko, für die Herausforderung des Todes, für eine Suche nach körperlicher Anspannung. Der neue Abenteurer eilt leicht von Kontinent zu Kontinent. Die menschlichen Wesen, die in seinem Expeditionstheater leben, interessieren ihn nicht, geschweige denn ihre Kultur und soziale Organisationsform. Sie werden danach bewertet, wie sehr sie eine gute Projektabwicklung begünstigen oder erschweren und ob von ihnen eventuell Beihilfe zu erwarten ist.

Während der Zeit, in der die Leistung vollbracht wird, ist nur die okzidentale Sicht der Dinge wichtig; nichts gilt dagegen die Weltanschauung der Einheimischen, diesen unnützen und unwirklich erscheinenden Statisten, die bestenfalls dazu da sind, der Darbietung den Nimbus der Echtheit aufzusetzen. Wie oft hat man nicht diese inzwischen zum Klischee abgenutzten Fotos von der Rallye Paris-Dakar gesehen, auf denen ein in sich versunkener marokkanischer Bauer, seinen Esel an der Leine haltend, nachdenklich auf die Wagen mit ihren ultramodernen Ausrüstungen und ihren wie Cyborgs anmutenden Besatzungen schaut; oder jenes glitzernde Motorrad, das von einer Handvoll in Lumpen gehüllter, vor Ehrfurcht versteinerter Kinder angegafft wird. In der Beschreibung, mit der die Reiseagentur *Nouveau Monde* für ihr neuestes Angebot, eine Geländewagentour durch den Altiplano, wirbt, heißt es entsprechend unverblümt: »Existieren sie wirklich, dieses Häuflein Menschen, die ihren Salzstein mit der Axt zerteilen, die von der Hitze versengt, deren Glieder vom Salz zerfressen sind? Nach Potosi und den Silberminen werden Sie die Lieblichkeit der Täler von Tarabuco, Sucre, Cochabamba aufsuchen, wo die vor Leuten wimmelnden Märkte das Ende Ihres Raids bunter nicht krönen könnten.«

Die Sherpas des Himalaja begleiten die zahlreichen Expeditionen regelmäßig bis zum Gipfel, aber von ihnen ist nie die Rede. Denn sie haben das Projekt nicht initiiert, haben nicht das Glück, der okzidentalen Welt anzugehören und sich an die Medien wenden zu können, um sich in Szene zu setzen. Andererseits unterlassen es die Begünstigten niemals, die Bescheidenheit und Zurückhaltung ihrer stillen Begleiter zu unterstreichen und als Eigenschaften zu preisen; merkwürdig dieses Lob aus dem Mund derer, die sich lauthals mit der nämlichen Leistung hervortun. Ähnlich ist *Die Reise um die Welt in achtzig Tagen* das (sehr moderne)

Abenteuer des Phileas Fogg und nicht das seines Dieners Passepartout. Der neue Abenteurer wird nur von den vorhandenen Schwierigkeiten geleitet, wie wenn diese seit jeher auf sein Kommen gewartet hätten, angezogen von dem körperlichen Einsatz und dem Risiko, das dem Unternehmen eingepflanzt wird. An den Völkern selbst liegt ihm nichts. Der Gipfel, den er besteigt oder den er mit dem Gleitschirm hinuntersegelt, könnte sich genauso in China, Peru oder Italien wie in Nepal befinden; es kommt dem Akteur lediglich auf die Größe der Herausforderung und das heroische Potential an, das zur Bewältigung mobilisierbar ist. Gleiches gilt für die Wüsten, Abgründe, Flüsse, Meere, Eisschollen.[124] Eine elementare und intensive Beziehung zum Wasser, zum Himmel, zum Wind, zum Überleben verwandelt die Natur in eine Kulisse, in einen Widerstandsherd, in eine Bühne der Selbstfindung. Der Ort wird zur reinen Offenbarungsquelle, er verschwindet hinter dem innerweltlichen Ereignis, der Flut der Sensationen, der Erwartung, dem Taumel, dem Kampf gegen die Angst. Er ist eine Einladung zur Herausforderung, ein Versprechen persönlicher Metamorphose und überwundenen Todes. Das moderne Abenteuer ist eher eine Leidenschaft der geographischen Beschaffenheit des Terrains als des Ortes. Erstere ist die Materialität des Ortes, eine geographische Besonderheit, die ihren Wert nur aus den physischen Eigenschaften bezieht, an die bei der Tatausführung appelliert wird. Sie ist als solches leer, beliebig ersetzbar; ihre symbolische oder imaginäre Dimension ist nichtig oder allenfalls nebensächlich; die Leute, die dort wohnen, sind ohne Bedeutung.

Ein Beispiel: Die Camel Trophy wählt jedes Jahr eine schwierige Stelle in einem anderen Land bzw. Gebiet: Amazonas, Sumatra, Neuguinea, Zaire, Brasilien, Borneo, Australien, Madagaskar, Indonesien und wiederum Brasilien wurden seit 1980, dem Entstehungsjahr des Wettbewerbs, in dieser Reihenfolge ausgewählt. Das »Terrain« ist ein kostbares Stück der Ausstattung, die zum Leistungsvollzug und für den Prozeß der Selbsterkennung unabdinglich ist. Im Nahkampf mit der Natur, auf die Gefahr hin zu sterben, die eigenen Kräfte messen, so lautet der Einsatz. Es geht nicht darum, in die Welt auszuschwärmen oder das Anderssein von Lebensweisen oder fernen Landschaften zu empfinden, sondern nur darum, die Welt zu sich zu bestellen, um den eigenen Mut, die eigene Ausdauer oder körperliche Widerstandsfähigkeit zu testen. Und anschließend die eigene Leistung zu verwerten. Das neue Abenteuer ist eher eine beschränkte Ökologie denn eine Art Ethnologie oder Anthropologie.

Verglichen mit dem traditionellen Gebrauch des Ortes nimmt sich die Aneignung des Territoriums durch den neuen Abenteurer einzigartig aus. Sie bricht radikal mit dem lokalen Brauchtum und der Etikette jener Berufe, in deren Wirkungsfeld es eindringt (siehe Kap. 3). Sie erfindet bisher unbekannte Verwendungen von Raum, Zeit und Sozialverhalten. Der Grenzenlosigkeit des Abenteuerbegehrens in seiner modernen Version entspricht die Unbegrenztheit der als Schauplatz für seine Unternehmungen in Frage kommenden Terrains. Außerdem erhöht die auf die Landschaft verwendete Einbildungskraft die materielle und symbolische Rentabilität. Diese ist eine Risiko- und folglich auch eine Sensationslagerstätte. Sie muß hemmungslos ausgebeutet werden. Ein bereits mehrmals erklommener Gipfel bietet, ist er hoch und gefährlich genug, immer neue Strecken- und Prüfungsvarianten. Oder aber es können die vom Menschen gesetzten Spielregeln abgewandelt werden: ein einzelner unternimmt die Besteigung, eine Mannschaft oder eine Seilschaft von Behinderten oder Kranken. Die Herausforderung kann dabei der Zeit gelten: Zeit, in der eine bestimmte Strecke oder hintereinander verschiedene Strecken absolviert werden, wobei dann die Teilnehmer per Hubschrauber an die jeweils folgende befördert werden; die Herausforderung kann sich auch auf das Alter der Akteure beziehen oder auf das Geschlecht: der jüngste Bergsteiger oder der älteste, die erste Frau auf diesem oder jenem Gipfel; auf die Jahreszeit oder auf die eingesetzten Hilfsmittel: Besteigung eines Gipfels ohne Sauerstoffflasche, mit bloßen Händen usw. Es bedarf nur eines Einfalls, auf den bis dato keiner gekommen ist, und schon hat man seine »Premiere«.

Die Einbildungskraft des Abenteurers läßt tausend Herausforderungen erblühen, nie versiegen die Benutzungsmöglichkeiten eines guten Schauplatzes, immer neue Quellen werden erschlossen. Geographische Sondergebiete sind wie unwiderstehliche Magneten. Sie bilden ein unerschöpfliches Risikoreservoir, aus denen immer wieder Erstmaligkeiten gepumpt werden können. Diese Verheißungen locken ständig neue Adepten an, die auf der Suche nach einer originellen Anwendungsmöglichkeit sind, und sei es zum soundsovielten Mal. Ehedem nahezu menschenleere Gegenden werden zu Abenteurerballungsgebieten (Nordpol, Himalaja, Sahara). Ein köstliches Beispiel für die Premierenjagd und die wie Nachtfalter zum Licht in dafür nutzbare Gebiete hineinflatternden Abenteurer erzählt Patrick Vallençant. Während eines Wettrennens zum höchsten Gipfel der Cordillera Blanca in Peru treffen er und sein Gefährte auf eine junge Amerikanerin, die auf ihre fünf Tage vorher zur Eroberung des Gipfels aufgebrochenen Freunde wartet. Sie erfahren, daß sich diese Bergsteiger aus Kalifornien irgendwo in der Nähe aufhalten müssen. Leicht verärgert versuchen die beiden, ihre unerwartete »Konkurrenz« einzuholen. Unterwegs begegnen sie ihrem Freund, F. Labaye, der ihnen mitteilt, daß zwei mit schwerer Filmausrüstung bepackte Kanadier schon etwas höher angelangt, aber der Erschöpfung nahe seien. Tatsächlich begegnen sie einem der beiden Kanadier auf dem Rückweg ins Tal. Der zweite Kanadier, auch er mit den Kräften am Ende, wird bald darauf von den beiden Franzosen eingeholt. Die drei bereiten sich auf ein Biwak vor, als plötzlich Jean-Marc Boivin und M. Poencet aufkreuzen! »Unser Wiedersehen war nicht gerade sehr freundlich«, notiert seinerseits Jean-Marc Boivin. Patrick Vallençants Kommentar: »Da hat man denn einen Gipfel, auf dem bisher noch kein Skier einen Fuß gesetzt hat, und an ein und demselben Tag jagt jeder hinter jedem her. Peter wollte die Premiere vor den Kaliforniern schaffen. Wir glaubten, hinter unseren Landsleuten her zu sein, die aber in Wirklichkeit versuchten, uns einzuholen. Es fehlten eigentlich nur noch die Stadionstufen und die Lautsprecher.«[125] Die Beliebigkeit des Ortes spricht auch deutlich aus den Worten, mit denen Jean-Marc Boivin seinen Aufenthalt in Peru erklärt. Die Szene spielt in einem peruanischen Dorf. Boivin und sein Gefährte, beide krank, gehen in den Straßen spazieren. »Bei einem Abstecher in eine Kneipe stoßen wir auf Patrick Vallençant. Er scheint über unsere Anwesenheit nicht entzückt. Er wähnte uns in Bolivien... Da ich wußte, daß Patrick beabsichtigte, nach Peru zu reisen, um den Artesonraju, den er im Vorjahr besiegt hatte, per Ski zu besteigen, hatte ich mich für Bolivien entschieden, um jedem ungesunden Wettbewerb aus dem Weg zu gehen. Da aber mein bolivianischer Freund keine Auskunft über etwaige interessante Ziele in seiner Heimat zu geben wußte, wichen wir auf Peru aus.«[126] Die Hochburgen des Risikos, mögen sie sich im entlegensten Winkel der Welt befinden, werden rasch zu Premieresupermärkten des Abenteuers. Auf die Welle der Initiatoren folgt die Welle der gewöhnlicheren Benutzer, der Amateure, der auf kräftige Sensationen erpichte Urlauber, der Freizeitsportler, der für einige Monate vom Arbeitgeber beurlaubte Angestellte, die alle für kurze Zeit eine Intensivierung ihres Lebens suchen.

### Eine andere Beziehung zur Zeit

So wie das neue Abenteuer ein bisher nie dagewesene Beziehung zum Raum herstellt, so entwickelt es auch eine andere Beziehung zur Zeit. Als Veranstaltung, die das neue Abenteuer ist, wird es in Programme und Terminkalender eingebunden. Der Terminplan ist oberstes Gebot, damit die Medien zur Stelle sein können, die Sponsoren die investierten Fonds nicht bereuen, eventuell ein Publikum sich einfindet oder bei Bedarf der Rettungsdienst schnell eingreifen kann. Der moderne Abenteurer ist ein vielbeschäftigter Mensch mit prallgefülltem Terminkalender. Anders als das alte wirbelt das neue Abenteuer die Existenz nicht durcheinander, projiziert es sie nicht jenseits alles Vertrauten in eine unberechenbare Zeit. Heute wird alles programmiert, terminiert, kurzum: durchkalkuliert. So wie das neue Abenteuer Ort auf »Terrain« reduziert, so verwandelt es Zeit in Sequenz. Improvisation ist tabu. Die Unternehmung wird von langer Hand vorbereitet, sorgfältig abgewogen und durchgeplant. Sie setzt zahlreiche Gesuche an Sponsoren voraus, diverse Genehmigungen, berufliche Freistellungen, hartes körperliches Training, Vertrautheit mit dem Material, mit dem Ausführungsort, Vorabkontakte vor Ort usw. Ob es sich nun um eine Expedition im Norden Kanadas handelt oder darum, den Fluß Saskatchewan hinunterzufahren, einen Ausdauerraid durch die Wüste zu absolvieren oder an einem einzigen Tag mehrere Berggipfel zu besteigen – unvorbereitet stürzt man sich nicht ins neue Abenteuer.

Die neuen Abenteurer wollen in einer privilegierten Zeit fernab der Gewohnheiten und des Alltagskomforts leben. Sie sind bereit, dafür einen hohen Preis zu zahlen: das Risiko eines Unfalls mit möglicher Todesfolge. Es wächst hier in den verlassenen Tempeln der großen Systeme und in den Rissen der zerfallenden Werte ein neuer heiliger Hain heran. Antithetisch zur Bedeutungsentleerung des Ortes des Heldentums entwickelt sich eine fieberhafte Suche nach »seinsgesättigter« Zeit, die den einzelnen in eine zeitweilige Stimmung persönlicher Transzendenz hebt. Ziel ist es, intensiv zu leben, alle körperlichen und geistigen Möglichkeiten anzuspannen, die Angst zu überwinden, sich mit Herz und Seele einer Entscheidung hinzugeben, im Überschwang zu schwelgen und trotzdem man selbst zu bleiben. Und schließlich: unter dem Eindruck des Taumels zu stehen, als derselbe und ein anderer in einem Körper, ohne daß die Möglichkeit verlorenginge, zu sich selbst zurückzukehren, und ohne auf den anderen verzichten zu müssen. Die Entscheidung für das Risiko und das Abenteuer ist die Entscheidung für ein »anderes« in dem Sinn, daß die schützende Hülle des Profanen zerrissen wird und das Subjekt eine Seinsqualität im Einklang mit seiner Leidenschaft erreicht. Der ersehnte Moment, in dem sich ein berauschender Bezirk des Selbst offenbart, gemahnt an die Faszination des »ganz anderen«.[127] In individuellem Ungestüm, mittels Willensanstrengung entreißt der neue Abenteurer dem Heiligen, das er durch seine Handlung begründet, etwas, das ihm weder religiöse Institutionen noch die soziale Symbolik zu spenden vermochten. In einer wilden Praxis wird er auf die Gefahr hin, sein Leben einzubüßen, zum beharrlichen und betriebsamen Handwerker des ihm selbst innewohnenden Heiligen.

## Die Herausforderung des Todes

Ihren Ursprung hat die neue Mythologie des Abenteuers in den achtziger Jahren. Seitdem entwickelt sie sich immer rasanter. Sie bezieht ihre soziale Kraft aus der Verweigerung des Todes und der Sekuritätsobsession, die unsere Gesellschaften in Bann halten und nicht wenige Akteure veranlassen, die Herausforderung anzunehmen. Die kollektive Verdrängung reizt sie dazu, das Äußerste zu wagen. Diese mehrheitlich im Scheinwerferlicht der Medien veranstalteten Unternehmungen der neuen Abenteurer lassen eine auf Sicherheit versessene Gesellschaft erschaudern und gleichzeitig in Faszination verharren; diese Gesellschaft ahnt, daß ein Leben, in dem alles vorherbestimmt und abgesichert ist, ständig mehr an Bedeutung einbüßt.

Die Abenteurer von heute sind Unruhestifter, die die Gefahr auf einen Punkt hin konzentrieren und sich dann auf ihre Bewältigung fixieren. Wie Zauberer beschwören sie die vage im sozialen Raum umhergehende Angst. Da der Tod der absolute Feind, das Unaussprechliche ist, fordern sie ihn willentlich heraus. Sie treten die Flucht nach vorn an, gut ausgerüstet, durchtrainiert, gründlich vorbereitet und im sicheren Gefühl, aus dieser Auseinandersetzung einen symbolischen Mehrwert zu gewinnen, der den Wert ihrer Existenz steigern wird. Das Spiel mit dem Tod verkünden die sich selbst somit als »Rauschstifter« bekennenden Abenteurer lautstark wie Massenprediger oder Marktschreier. Denn das Risiko ist materiell wie symbolisch ein sehr gewinnbringender Stoff in Gesellschaften, die, seitdem in ihnen der Sicherheitswahn um sich gegriffen hat, von Katastrophen- und Angstgesichtern heimgesucht werden. Der Wert des Risikos ist dem der Sicherheit beigemessenen Wert proportional. Dort, wo Sicherheit nicht zum übersteigerten Heilmittel aller Sorgen wird, besteht kein Grund, das Risiko zum Selbstzweck zu übersteigern. Dort, wo der Tod rituell in das Leben der Generationen eingebettet ist, übt er keineswegs jene Attraktion aus, die er in unseren Gesellschaften aus seiner Verweigerung gewinnt.

Die Jagd nach dem Risiko bedeutet für den neuen Abenteurer auch die Aussicht auf die Chance, persönliche Erneuerung zu finden. Die Zeit der Gefahr ist eine heilige Zeit. Sie bringt das Erlebnis der Überschwenglichkeit, der inneren Trunkenheit, da endlich eine Unternehmung gewagt wird, bei der das Leben manchmal an einem seidenen Faden hängt. Das Ordal ist dabei entweder wesentlicher Aspekt oder schwingt zumindest mit. Weil alles verloren werden kann, kann auch alles gewonnen werden. Philippe de Dieuleveult, der zusammen mit den sechs anderen Teilnehmern der Expedition »Africa-Raft« 1985 in Zaire verschollen ist, hegte Pläne, den Ganges hinunterzuschwimmen, den Jangtsekiang mit seiner in Zaire verwendeten Bootsausrüstung hinunterzufahren und einen Raid im Luftballon durchzuführen.

Das Fehlen eines kollektiv verbindlichen Sinn- und Wertesystems führt zu dem Paradox, dem Leben nur dadurch einen Wert geben zu können, daß der Tod es berühren, aber nicht zu rauben vermag, zumal dann, wenn die Todesberührung herausgefordert worden ist. »Es war notwendig, daß das Leben wert wurde, gelebt zu werden«, bemerkt Nicolas Hulot. Unter dramatischen familiären Umständen, vor allem angesichts des Selbstmordes seines älteren Bruders, gibt er mit diesen Worten das wieder, von dem die neuen Abenteurer Zeugnis geben, den Beweis antreten wollen. Wieder bestätigt zu finden, wie sehr das Leben einen Sinn hat, indem man seine eigenen Referenzen dafür erschafft und vor allem indem man dem Tod die Möglichkeit zu leben abtrotzt. Einfach die überragende Kraft der Lebenslust mit Superlativen auszusprechen (»großartig, herrlich, strapaziös, aber super«), nachdem diese in einer Großtat erneuert worden ist. Dieses Beharren verweist eher auf einen Willen zum Lebenssinn denn auf dessen Selbstverständlichkeit. Im äußersten Fall liegt darin, daß man aus eigener Initiative zum Überlebenden des Alltags wird, man ständig gegen den Tod siegt, der einzige Weg, in einer endlosen Klimax den Beweis des eigenen Lebenswertes zu liefern. Philippe de Dieuleveult und Nicolas Hulot zählen seitenlang mit Genugtuung die Situationen auf, in denen sie dem Tod äußerst knapp entkamen.[127] Wobei nicht selten die unüberlegt eingegangenen Risiken besonders hervorgehoben werden. Wie wenn es die Macht des symbolischen Paktes mit dem Tod zu zeigen gälte, und man sich selbst zu Gemüte führen müßte, unter welch günstigem Stern man doch stehe, aus welch besonderem Stoff man doch gemacht sei, der auch die schwierigsten Unternehmungen zu bewältigen gestatte.

Im folgenden zwei Kostproben von Nicolas Hulot. Beide zeichnen sich durch den ernsten Ton aus, in dem sie erzählt werden. Das erste Beispiel betrifft eine gemeinsam mit einigen Gefährten über die ganze Länge des Sambesi durchgeführte Bootsfahrt: »Es war meine Entscheidung. Mit bloßen Händen, waffenlos, in einem der wildesten Gebiete, die es gibt... Dreimal entkommen wir einer tragischen Situation und denken uns, daß es beim vierten Mal wohl klappen wird! Zwischen einem Krokodil und einem Flußpferd, einer Stromschnelle und einem Ansturm verärgerter Elefanten, ob der Ruhestörung kommt man sich nackt vor. Wir haben kein Radio, keine Möglichkeit, einen Hubschrauber zu benachrichtigen, unser Erstehilfekasten ist ein Witz... Weit und breit kein Baum, auf den wir im Notfall hätten klettern können, absolut ausgeliefert. Weitab von allem werden wir zweiundvierzig Tage und ebensoviele Nächte verbringen.«[128] Und er kann nicht umhin, zu erzählen, daß dort, wo er sich im Moment befindet, vor kurzem zwei Europäer von Raubtieren angegriffen worden sind: »Ein deutscher Tourist ist in seinem Zelt im Schlaf von einem Löwen gefressen worden. Man hat seine frisch von den Geiern abgenagten Gebeine wiedergefunden.«[129] Ein anderes, nicht weniger selbstgefälliges, aber durch die Emotionen, die es zu vermitteln versucht, ehrliches Beispiel, diesmal über einen Polarflug im ULM-Segler: »Resolute Bay ist die letzte Bastion der Zivilisation im Norden. Und dennoch haben sich an der südlicher gelegenen Frobisher Bay diesen Winter zwei Eskimos im *Whiteout* verirrt. Man hat ihre erfrorenen Leichen nur zwei Kilometer von ihrem Heimatdorf aufgefunden. Und das waren Eskimos ... geschützt durch zwanzigtausend Jahre Erfahrung. Dann kommen da Pariser mit lächerlichen Drachenfliegern, winzige Punkte in der Unendlichkeit, die es wagen, in die Weiten einzudringen und die Materie herauszufordern, Exzentriker, Marginalisierte, vom Pol Unerwünschte.«[130] Dies ist eine sehr »großmäulige« Sprache, die sich auf die Hervorhebung der unglaublichen Gefahren beschränkt und dadurch natürlich geschickt die eigene »unglaubliche Großtat« hervorhebt, aus der man Nicolas Hulot zufolge ersehen kann, daß zwanzigtausend Jahre Erfahrung nicht sonderlich ins Gewicht fallen gegenüber zwei Parisern, »die es drauf haben«. Man achte auch auf die stark wertende Wortwahl: »letzte Bastion der Zivilisation«, »Und dennoch haben sich am südlicher gelegenen«, »geschützt durch zwanzigtausend Jahre Erfahrung«, »mit lächerlichen Drachenfliegern«, »die Materie herauszufordern«, »Exzentriker, Marginalisierte«. Aber natürlich haben »sie« es geschafft. Der Tod der Eskimos ist wie das beste Gütesiegel ihres Mutes. Und dann kommt der höchste Beweis ihrer Waghalsigkeit am Ende der Reise, als Nicolas Hulot erfährt, daß er vergessen hatte, eine für die Stabilität der Tragflächen des Seglers wesentliche Schraube anzuziehen: »Wahnsinn! Ich hätte hundertmal explodieren können.«[131] Es spricht daraus weniger »Abenteuer« denn ein In-Beziehung-Treten mit dem Tod und die innere Notwendigkeit, immer wiederholen zu müssen, wie blaß der Tod vor der persönlichen Macht des neuen Abenteurers bleibt.

Die einzige Niederlage besteht darin, das Projekt nicht zu Ende zu bringen und halbverrichteter Dinge zurückkehren zu müssen, das Boot gekentert, das Auto im Sand steckengeblieben zurücklassen oder die Besteigung wegen Schneestürmen abbrechen zu müssen. Der manchmal geradezu komische Aspekt des Projekts tritt dann in seiner ganzen Grausamkeit hervor, so wie der Versprecher des Schauspielers uns unangenehm daran erinnert, daß seine Worte, scheinbar so natürlich und direkt aus der Seele gesprochen daherschwebend, in Wirklichkeit in harter Arbeit angeeignet werden mußten. Der Tod aber, wenn er zuschlägt, bewirkt nicht nur das Scheitern des Abenteurers, sondern beschließt auch dessen Leben. Im Spiel mit dem Feuer hat das Feuer gesiegt, aber der Abenteurer tritt in die Legende – allerdings in die moderne, somit nur kurzlebige – ein. Einige der Abenteurer müssen, nachdem sie vorher ein ansehnliches symbolisches Kapital angehäuft haben, in ihrer Herausforderung spektakulär scheitern, damit das Licht der Tragödie auf andere fällt und diesen eine größere Legitimität angedeihen läßt. Die pietätvoll besuchte Ahnengalerie des noch jungen neuen Abenteuers ist bereits reich bebildert: Thierry Sabine, Didier Pironi,

Patrick Vallençant, Jean-Marc Boivin, Loïc Caradec, Philippe de Dieuleveult, Alain de Rosnay, Alain Colas, um nur einige zu nennen. So lautet die aktuelle Liste der bekanntesten Opfer der Tragödie. Aber viele andere, namenlose nähren den gleichen Mythos. Der mögliche Tod ist das Alibi des Abenteuers, der Mut, ihn auf die Probe zu stellen, seine Haupttugend.
Jankélévich hat diesen Zug, der im neuen Abenteuer so dominant geworden ist, bereits im traditionellen Abenteuer erkannt: »Ein Abenteuer, gleich welches, selbst ein kleines Abenteuer zum Scherz, ist nur insofern abenteuerlich, als es eine Dosis möglichen Todes enthält, oft eine winzig kleine Dosis, eine homöopathische Dosis, wenn man so will, und im allgemeinen kaum wahrnehmbar... Um ein Abenteuer erleben zu können, muß man sterblich und tausendfach verwundbar sein.«[132] Aber das Abenteuer kommt heute nicht mehr auf einen zu, es will gesucht sein. Der neue Abenteurer entwirft es, baut verschwenderisch und jauchzend die Risiken auf, wird zum Sammler von Episoden herausgeforderten Todes. So lebt er die Beschwingtheit einer Existenz, die ihm im Lauf seiner Unternehmungen jederzeit entrissen werden kann, aber er versieht sich auch mit den Mitteln, die ihm eine triumphierende Rückkehr ermöglichen. »Das Glück lächelt den Wagemutigen zu. Wir riskieren also nichts«, sagte Jean-Marc Boivin vor einer solchen Unternehmung, wenige Jahre bevor er beim *base jumping* ums Leben kam.
Das Zweckfreie der vollbrachten Großtaten, das »Für nichts« der neuen Abenteurer ist eine Täuschung. Die »Eroberung des Nutzlosen« ist mit dem höchsten aller Werte besetzt, dem nämlich, der dem eigenen Leben einen Sinn geben kann. Zum Beispiel ist das für eine Teilnahme an der Rallye Paris-Dakar investierte Geld wenig im Vergleich zu dem, was der Teilnehmer auf einer anderen Ebene gewinnt.

## Der Körper als Beweisstück

In Kapitel 3 haben wir bereits ausgeführt, daß der Körper zum Zeugnis der Intensität in der Auseinandersetzung mit der Welt und dem Vorstoß an die Ichgrenzen wird. In der metaphorischen Beziehung zum Tod kann dieses Zeugnis in den eigenen Körper bleibend eingezeichnet werden. Schweiß, Erschöpfung, Hunger, Durst, Einsamkeit, Knochenbrüche – ihre Spuren werden mit der Zeit verblassen, Narben aber bleiben. Niki Lauda, Weltmeister der Formel-1-Wagenklasse, trägt sie im Gesicht. Der Mythos ist ihm sozusagen ins Gesicht geschrieben.
Exemplarisch verkörpert Niki Lauda eine moderne Heldengestalt. Er kämpft nach seinen eigenen Worten nicht gegen die anderen, sondern ausschließlich gegen sich selbst.[133] Er, der er sich ohne Wenn und Aber

dem Abenteuer als Daseinsform, dem unentwegten Gefecht mit dem Tod in einer Folge von Großtaten, in einem Dauerordal förmlich, verschrieben hat, ist aus ebendiesem Grund zu einer Symbolgestalt des modernen Individuums, zum Inbegriff des Siegertyps geworden.
Malraux' Helden waren getrieben vom Willen, eine Erinnerungsspur auf der Weltkarte zu ziehen. Der moderne Abenteurer bevorzugt das Mal am eigenen Körper oder in der eigenen Erinnerung. Die aller Welt sichtbaren Traumata im Gesicht Niki Laudas sind die symbolischen Äquivalente der Hautinzisuren als Zeichen eines Übergangsrituals in traditionalen Gesellschaften, denn auch diese Körpermale sind Beweise für die abgestorbene alte Identität und das Hineingeborenwerden in einen neuen, prestigeträchtigeren Status. »Ich habe genug Geld, um mir ein neues Gesicht aufpflanzen zu lassen«, sagt der nach seinem schweren Unfall entstellte Lauda, »aber ich werde so bleiben, bis ich sterbe.« Indem er plastochirurgische Eingriffe, die ihm zumindest ein weniger entstelltes Gesicht wiedergeben könnten, von sich weist, zeigt Lauda sein intuitives Gespür für den Mythos. Er erahnt den symbolischen Wert, den die Menge seinem vernarbten Gesicht beimißt, und was er an persönlicher Macht verlieren würde, wenn er dieses Gesicht durch chirurgische Kunst für ein gewöhnlicheres eintauschte.
In der symbolischen Ordnung sind diese Narben unbezahlbar. Die unter den größten Gefahren erbeuteten Jagdtrophäen bewahrt man nicht im Keller, sondern, allen Gästen sichtbar, im Wohnzimmer oder Salon auf. Die dem Tod abgetrotzten Trophäen trägt Niki Lauda auf der Haut; sie zeugen von seiner Zugehörigkeit zum Mythos. Die Geschichte seiner Narben sind inzwischen Legende. Auf dem Nürburgring entgeht er äußerst knapp dem Tod. Einige Journalisten hatten bereits seinen Tod gemeldet. Er wird bewußtlos und mit schweren Verbrennungen aus seinem Rennwagen gezogen, schwebt eine Zeitlang zwischen Leben und Tod. Später wird er erklären, er habe »mit dem Kopf gekämpft, um den Tod zurückzudrängen«, unter anderem dadurch, daß er sich gegen den schier unwiderstehlichen Wunsch nach Schlaf gestemmt habe. Einige Wochen danach verläßt er entgegen ärztlichem Rat die Klinik und startet beim Großen Preis von Monza, wohl wissend um das Risiko, daß sich die Hautimplantate ablösen könnten. Er beendet das Rennen völlig erschöpft und mit blutüberströmtem Gesicht. Und tritt in die moderne Legende ein. Nachdem der Tod ein erstes Mal besiegt wurde, hatte er ihm unter Aufbietung seiner allerletzten Kräfte ein weiteres Mal getrotzt, ohne Rücksicht auf die Schmerzen und das Risiko der lebenslangen Verunstaltung. Wie wenn seine Existenz seine ganz private Affäre mit dem Tod wäre.
Lauda weist die bestandene Prüfung vor, den in unnachgiebig geführtem Kampf errungenen Sieg über den Tod, nachdem dieser ihn bereits mit

weit aufgesperrtem Rachen angeschaut hatte. Er zeugt damit gleichzeitig von dem ständig auf Revanche lauernden Tod. Lauda setzt sich damit der unruhigen Wachsamkeit der Menge aus, die auf die Kehrtwendungen eines ständig erneuerten Schicksalskampfes lauert, des Kampfes eines Menschen, der den Tod herausgefordert und die erste Runde gewonnen hat.

## Paris-Dakar und sterben

Trotz Protesten aus Teilen der Öffentlichkeit ist die Rallye Paris-Dakar mit all ihren Ambivalenzen zu einem fruchtbaren Signifikantenfeld des modernen Abenteuermythos geworden. Jedes Jahr drängen sich Hunderte von Kandidaten an den Start. *Paris-Match* (1987) nennt die Rallye »das Dakar-Epos: neun Jahre Ruhm, Heldentaten und Dramen«. In dieser Überschrift offenbart sich bereits die Quelle des Mythos: die verschlungene Verbindung zwischen Tod und Leistung, ein Bemühen um Tragödie.[134] In Gebieten, deren Bewohner täglich vor den Augen der Welt einen Kampf gegen Hunger, Durst und Elend führen, konstruieren die Medien die Sagen jener Abenteurer auf Zeit, die unter Aufbietung des ganzen Arsenals moderner Logistik mit Höchstgeschwindigkeiten die Gegend durchqueren.[135] Aber das endemische Todesrisiko ist dem modernen Abenteuer fremd: Es wünscht sich dieses Risiko punktuell und sauber eingekreist. Das endemische Todesrisiko ist dem modernen Abenteurer als Tragödie zu banal, ein Auslöser des Interesses karitativer Verbände, sie appelliert an eine andere kollektive Psychostruktur. Die Faszination kann nur durch den jähen Einbruch des Todes (Unfall, Katastrophe, verschollene Teilnehmer) erzeugt werden, und zwar nicht durch den Tod eines Angehörigen eines fernen Volks, sondern eines okzidentalen Individuums, mit dem man sich identifizieren kann. Die verschwiegene Triebfeder der abenteuerlichen Unternehmungen der Moderne liegt darin, daß man am Rand des Todes entlangfährt – das ist auch das öffentliche Geheimnis von Paris-Dakar.

Paris-Dakar bringt die Gefahren zur Geltung, ohne die es keine Mythologie gäbe: »Ein verändertes Dekor in der Wüste bedeutet eine neue Herausforderung. Nach den Sanddünen, in denen die Wagen steckenbleiben und die Pisten im blendenden Licht verschwimmen, tun sich in den Ergs, der Geröllwüste, furchtbare Fallen auf. Jetzt kann der geringste Sturz dem Einzelkämpfer fatal werden, in diesem undurchschaubaren Labyrinth, indem das Vorderrad des Motorrades seinen Weg zwischen scharfen Steinkanten finden muß, die bei der geringsten ungeschickten Berührung die Reifen zum Platzen bringen. In dieser feindlichen Umgebung, wo die Gefahr, sich zu verirren, immer gegenwärtig ist, stößt die

Fahrt an die Grenzen des Möglichen.« (*Paris-Match*) Durch die Beschreibung der Rallye als einer Prüfung, bei der sich alle Naturkräfte zur Drangsal oder zum tödlichen Schicksal des Teilnehmers verschwören, als eines epischen Zweikampfes zwischen dem übermächtigen Kosmos und dem tapferen Motorradfahrerlein wird Paris-Dakar als Ordal beschrieben, wie merkwürdig dies auch für eine Rallye anmuten mag. Aber der Mythos ist ja ein Diskurs; und deren Sprecher, Erzähler oder vielmehr Bänkelsänger sind die Journalisten, die sich aus den Irrungen und Wirrungen des Geschehens die faszinationsträchtigsten Geschichten herauspicken. Die Rallye Paris-Dakar ist eine kolossale Risikosimulation. Bedauerlich ist nur, daß unterlassen wird, die Einheimischen einzubeziehen und sie zu fragen, ob der Tribut, den sie jedes Jahr an Menschenleben und Verletzten zu entrichten haben, ein Risiko sei, das in Kauf zu nehmen sich lohne.

Intuitiv versteht es Hubert Auriol, einer der Konkurrenten, die legendäre Dimension seiner Erlebnisse hervorzuheben. Er erzählt keineswegs selbstgefällig von seinen Siegen, wohl wissend, daß diese seine Zuhörer oder Leser nicht interessieren, sondern er rückt den Körper ins Licht, die Leiden, den Unfall, die Niederlagen, die Rohheit der Welt, das lange, grauenvolle Spiel mit dem Tod. Auriol erzählt von einem der Unfälle, die er erlitten hat: Er ist mit seinem Motorrad gegen einen Baumstumpf gefahren. Sein Helferteam eilt herbei und setzt sein Motorrad wieder instand: »Wenige Meter weiter bricht meine Welt zusammen... Ein Horror, ich leide Höllenqualen, unmöglich, mein Motorrad zu lenken, die Gangschaltung funktioniert nicht mehr. Ich muß durch, koste es, was es wolle, es ist scheußlich. Ich muß ans Ziel kommen... Da ich auch nicht mehr bremsen kann, rase ich durch Hecken und Zäune. Ich weine vor Wut und Schmerz. Als ich dann in eine Kurve biege, sehe ich Zuschauer und weiß, daß das Ziel nicht mehr fern ist... Ich muß ans Ziel gelangen. Helft mir, helft mir!« Apokalypse im Mikrokosmos eines Individuums, so hätte die Überschrift dieses Berichts lauten können. »Freunde helfen mir vom Motorrad absteigen und tragen mich. Ich schluchze. Als sie mir die Stiefel ausziehen, wird mir alles klar. Ich habe einen Ast berührt, das Gleichgewicht verloren und bin auf einen Baumstumpf geprallt. Ein Stück Holz hat sich durch meinen rechten Stiefel ins Bein gebohrt. Ich habe eine offene Fraktur erlitten.« Und etwas weiter: »Eine Dakar dauert lange, es friert einem die Haut ab, oder man krepiert vor Hitze. Jeder Kilometer zählt, man will überall Gewicht einsparen; auch beim Wasser; klar, daß man vor Durst stirbt.« (*Paris-Match*) Die Medien bevorzugen lange Kameraeinstellungen auf die verwildert dreinblickenden, staubüberdeckten, verletzten und am Rand der Piste weinend zusammengebrochenen Teilnehmer, auf ihre beschädigten oder im Sand steckengebliebenen Maschinen. Der Mythos erfüllt sich nach Maßgabe der erlitte-

nen Schmerzen, das heißt dem Grad an Todesnähe. Wichtig bei Paris-Dakar ist weniger die Freude über den Sieg oder das Erreichen des Ziels als vielmehr der Sieg über die Angst, die Erschöpfung, das Mißgeschick. Freiwillig angenommenes und richtig aufbereitetes Leiden gewährt »Heiligenweihe« und Eintritt in den Mythos.
Thierry Sabine, Gründungsheros der Rallye, trägt das Seine zur Mythologie bei. In dem ihm von *Paris-Match* gewidmeten Nachruf heißt es: »Sobald ein Rallyefahrer auf den Hund zu kommen drohte, hastete er herbei, und sein Erscheinen war wie die Erscheinung eines Retters. Denn eben dieser Mann, der den anderen Teilnehmern Angst und Schrecken einflößte, eilte ihnen zu Hilfe in dieser Rallye, die auf immer die Seine bleiben wird.« 1982 verunglückt ein holländischer Motorradfahrer während einer Etappe in Mali schwer. Sofort ist Thierry Sabine zur Stelle. »Drei Stunden lang«, erzählt er später, »versuchten der Arzt und ich, da meine Blutgruppe mich zum Universalspender macht, sein Leben zu retten. Aber das Leben strömte aus ihm fort wie ein ungreifbares Rinnsal. Man hat sogar seinen Brustkorb geöffnet, um das Herz mit bloßen Händen zu massieren. Aber das Leben ist letztlich entflohen.« Wenige Tage später erhält Thierry Sabine ein Telegramm von der Witwe des Motorradfahrers: »Danke dafür, daß Sie alles versucht haben. Er starb glücklich. Machen Sie weiter für die anderen.« So ist während einer Rallye der Körper die Wurzelstelle des Mythos, der Beweis dafür, eine Ausnahme zu sein. Auch zeigt sich am Beispiel dieser Rallye, wie sehr der Tod die Ereignisse auf episches Format bringt.
Noch einmal zu Hubert Auriol und seinem Unfall, wie ihn *Paris-Match* seinen Lesern schildert. Jedes Wort darin besitzt seine mythische Schwere. Das Ende rückt näher. »Es ist die vorletzte Etappe vor dem Endansturm zum Sieg. Hubert Auriol, zweimaliger Sieger von 1981 und 1983, hat vor seinem großen Gegner Cyril Neveu, der Paris-Dakar bereits viermal gewinnen konnte, jene entscheidenden Minuten Vorsprung gewonnen, die seine Revanche bereits zu verkünden scheinen. Plötzlich gerät die schwere Cagiva von 'Hubert dem Afrikaner' am Ausgang einer etwas zu scharf genommenen Kurve von der Piste ab und prallt auf einen Baumstumpf. Vor den Kameras, die das große Duell der beiden Motorradfahrer verfolgen, wird sich Auriol, der sich beide Knöchel gebrochen hat, wieder aufrichten und unter unmenschlichen Schmerzen die letzten fünfundzwanzig Kilometer der Etappe als Ehrenrunde fahren. Am Ziel in Saint-Louis bricht er neben seiner Maschine zusammen. Neveu wird der erste sein, der sich über ihn beugt und seine Tränen nicht zurückhalten kann.«
Was uns hier erzählt wird, ist der Kampf zweier Helden unter den Blicken der Götter, ein Epos über Leiden und Schicksal von Giganten. Paris-Dakar nährt die Mythologie ihrer Toten, Unfälle und Dramen: das

Manna der Medien. Der rituelle Tod ist der Tribut, der dem Mythos gezollt werden muß, damit die Rallye eine der erlesensten Stätten des »neuen Abenteuers« bleibt.[136] »Viele Tote, viele Verletzte. Die Rallye macht sich gut dieses Jahr. Das ist gut fürs Spektakel«, sagt ein afrikanischer Zuschauer (*Libération*, 24. Januar 1988).

## 6. Initiation: ein altes Deutungsmuster für neue Bedeutungen

*»Von dem Augenblick an, wo ich dessen gewiß wurde, daß ich den Prüfungen einer sakralen Initiation unterzogen war, zog eine unwiderstehliche Kraft in meinen Geist ein. Ich sah mich als Helden unter den Blicken der Götter lebend.«*[137]

Gérard de Nerval

### Der Ruf nach Sinn

Man könnte die Moderne als das Dauervorläufige definieren. Die Unbestimmtheit unserer Gesellschaften und die Entwurzelung der kollektiven Symbolik werfen jeden Akteur auf eine höchst individualisierte Sinnsuche zurück. Es wird der Initiative des einzelnen überlassen, seiner Existenz Wert und Sinn zu geben. Die innere Notwendigkeit einer klaren Lebensorientierung veranlaßt den Akteur zu individuellen Aktionen, um die aus den Fugen geratene symbolische Welt »wieder einzurenken«.[138]
Da einer ständig dem Wandel unterliegenden Gesellschaft eine symbolische Sinngrenze fehlt, wird diese vom Individuum selbst in die Tat umgesetzt. Der symbolische Kontakt mit dem Tod stellt einen der am meisten beschrittenen Wege dar, sich selbst zu orten, sich unter den anderen als Eigenes zu erkennen und die Lust am Leben wiederzufinden, das sich teilweise zurückgezogen hat. In der Verborgenheit individueller (Zu)fluchten spielt sich die wilde Sinnsuche ab.
Wir haben gesehen, wie im Sog unserer Gesellschaften zahlreiche Figuren des Risikos oder des Ordals entstehen, die sich zum Teil jedoch dem Willen entziehen und das Individuum in eine kritische Situation eintauchen, in der es dauerhaft der Gefahr, wenn nicht unmittelbar dem Tod ausgesetzt ist. Eine solche Situation kann auch durch Krankheit oder seelische Erschütterungen hervorgerufen werden, die den Lauf des Lebens beeinflussen oder destabilisieren. Die erlebte Not ändert das Identitätsgefühl des von einer langwierigen Krankheit, vom nahenden Tod

oder von der Verzweiflung überwältigten Menschen. Es entsteht in solchen Lebenslagen oft eine Wahlverwandtschaft zwischen Personen, die gesellschaftlich, kulturell und persönlich fast alles trennt. Das in diesem Fall anscheinend willkürlich und unausweichlich eintretende Todesrisiko wird von vielen als letzte Gelegenheit erfahren, die Lebenslust zu proben, als Entscheidung zwischen erstarktem Lebenswillen und Resignation, als Möglichkeit, das in Leere oder Banalität zu verwelken drohende Leben wiederaufblühen zu lassen. Die schwere Krankheit oder der nahende Tod zeitigen bestimmte Formen des Verhaltens gegenüber der Welt, von denen einige an das Ordal in seiner modernen Bedeutung erinnern. Die Erfahrung wird als eine Prüfung gelebt, die sich eignet, ein Gefühl der Erneuerung aufkeimen zu lassen, das, zumal im Fall schwerer Krankheiten, häufig auf einen unablässig geführten einsamen Kampf gegen Depression oder Tod folgt, einen Kampf, der durch eine Mobilisierung der Lebenslust und den Rückgriff auf besondere Techniken, auf ein dem Kranken eigentümliches Imaginäres und vor allem auf einen auch in den düstersten Augenblicken nie verzagenden »Heilungswillen« geführt wird.

So gewinnt gleichzeitig mit der Suche nach dem Risiko der ordalische Rekurs an soziologischer Bedeutung. Es entsteht ein neues initiatisches Imaginäres, das in seinen Manifestationen vielfältig, individuell und demokratisch ist. Alte und neue Initiation verweisen auf die gleiche anthropologische Matrix: Symbolik erschaffen unter dem Blick des Todes. Die gesellschaftliche Sinnkrise zwingt das Subjekt dazu, sich aus sich selbst heraus zu bestimmen. Die unerwartete Prüfung einer plötzlichen Konfrontation mit dem Tod, einer schweren Krankheit, einer Behinderung, einer Trennung, tiefer Trauer erweist sich paradoxerweise als Chance, endlich der Existenz das langersehnte Inzitament einzuflößen, indem der Akteur in diesen Situationen seinen Kampfwillen entdeckt. Und sei es, daß sich der Sinn im letzten Atemzug entlädt. In der Erfahrung des Niederschmetterndsten reift die Möglichkeit des Erhabensten. Im gesellschaftlichen Geflecht breitet sich ein virulentes initiatisches Imaginäres aus.

Eine Vielzahl von Ereignissen, die beim Akteur zu einem gesteigerten Gefühl der Erfülltheit, nicht aber notwendigerweise auch zu einer größeren »Weisheit« führen, als initiatische Erfahrung oder Krise zu bezeichnen, heißt den Geltungsbereich eines Begriffes ausdehnen, der ehedem nur zur Bezeichnung von Ausnahmezuständen außerordentlicher Gestalten benutzt wurde.[139] Es ist eine nicht zu leugnende Tatsache, daß sich das Initiationsthema großer Beliebtheit erfreut. Zahlreich sind die Zeugnisse von Leuten, die behaupten, jene »grundlegende Veränderung des ontologischen und gesellschaftlichen Zustandes«, von dem Mircea Eliade spricht,[140] selbst erfahren zu haben. Eine solche »ontologische Mutation« ist es, die in diesen Zeugnissen angesprochen wird. Die Zeugen berichten von einem mächtigen Sinnschub, einem dauerhaften Lebensantrieb. Über den dafür zu zahlenden Preis schweigt man sich aus, da er gegenüber dem, was auf dem Spiel steht, als unerheblich betrachtet wird. Die Krankheit, die Trauer, der Unfall, die Geiselerfahrung, die AIDS-Erkrankung, all dies kann zur Herausforderung werden, zur Gelegenheit, die benutzt wird, um dem Leben dieses Mehr an Sinn, dieses Inzitament beizugeben. Eine Soziologie, die davon ausgeht, daß sowohl das individuelle wie das kollektive Handeln von unbewußten Antrieben mitgesteuert wird, kann nicht umhin, die von Risiko und Ordal ausgehende Anziehungskraft und jene neuartige Weise, sich zu Leid und Leiden zu stellen, in Verbindung miteinander zu bringen, wenn letzteres von den Betroffenen nicht in passiver Schicksalsergebenheit, sondern als eine leidenschaftlich aufgenommene Herausforderung gelebt wird, die es ihnen ermöglicht, in der Auseinandersetzung mit dem Tod ihr ursprüngliches Verhängnis in eine großartige innere Erneuerung zu verwandeln.

## Abstieg in die Hölle

Erwachen und Initiation sind dabei, zu bedeutenden Themen des okzidentalen Imaginären zu werden. Dort, wo der Individualismus gesellschaftlich dominant ist, bedarf es keiner prophetischen Begabung, um, insofern nur eine persönliche Einschätzung im Spiel ist, eine Ausdehnung des Initiationsmotivs weit über seine herkömmliche Bedeutung hinaus vorauszusehen. Die Initiation wird demokratisiert; sie betrifft nicht länger mehr nur den Ausnahmemenschen. Im Zeitalter des Individualismus und der Demokratie kann jede Prüfung den Stellenwert einer Initiation annehmen: vom unter drei Stunden gelaufenen Marathon bis zum Bungee, vom Selbstmordversuch bis zum Autoraid durch das Amazonasgebiet, von der Besteigung des Mont Blanc bis zum Survivaltraining. Nur das Individuum urteilt über die Qualität der erlebten Erfahrung und die Konsequenz, die sie für sein Leben haben wird. Nur von seinem eigenen Ermessen hängt ihre Erweckungsfunktion für sein weiteres Leben ab. So kann aus dem für den einen Großartigen das Lächerliche für den anderen werden. Man kann entweder das Risiko unter Abwägung seiner Chancen auswählen, indem man zum Beispiel eine Expedition bis ins Detail vorbereitet und die Strapazen sorgfältig dosiert, oder sich Hals über Kopf in die Gefahr stürzen, indem man der Faszination nachgibt und über sich hinauswächst. Im Fall der schweren Krankheit oder der existentiellen Prüfung wählt der Akteur die Gefahr nicht selbst, sondern diese bricht jäh und schmerzvoll über ihn herein, wirft sein Leben aus der bisherigen Bahn. Er kann jedoch der Gefahr ins Auge sehen und sich

durch das Leid nicht unterkriegen lassen. Er kann die ordalische Dimension des erlebten und ihm zunächst als unausweichlich anmutenden Dramas erfassen. Wählt er den Kampf, so lehnt er die Unterwerfung unter das Schicksal ab, nimmt für sich selbst einen Teil der Verfügungsgewalt über den Ausgang der Krise in Anspruch und schafft dadurch eine günstige Ausgangsposition, eine verloren gewähnte Lebensintensität zurückzugewinnen. Der Schmerz verwandelt sich in Bewährung, das passive Leiden in leidenschaftliche Herausforderung. Zuerst als lähmendes Ohnmachtgefühl erlebt, werden das Herannahen des Todes und die Überwältigung durch den Schmerz zum Motiv eines persönlichen Kampfes, bei dem die individuelle Initiative aufbegehrt, sich selbst zu erkennen lernt und paradoxerweise ermöglicht, dem Leben ungeahnt schöne Seiten abzugewinnen. Nimmt die Prüfung einen günstigen Verlauf, verleiht dies dem Subjekt ein Gefühl der Verwandlung, der Reifung, gar der Dankbarkeit. Er wird dann später von ihr mit unvermindertem Gefühl als von einer intensiven Erfahrung sprechen können, die sein Leben in ein Vorher und ein Nachher geteilt hat.
Zunächst mit lähmendem Entsetzen zur Kenntnis genommen, wird die Prüfung als eine Erneuerungschance begriffen, die nicht ausgelassen werden darf. »Mein Leben«, schreibt Valérie Dax, »hätte länger, geruhsamer sein können. Es war gewaltsam und fröhlich. Es hat auch Augenblicke der Niedergeschlagenheit, der Verzweiflung und der Bitterkeit gegeben. Aber der Krebs hat es verwandelt. Der Krebs ist meine Chance: Dank ihm habe ich den Wert des Lebens entdeckt.«[141] Elisabeth Kübler-Ross schreibt: »Ich glaube wirklich, daß AIDS unserer Zeit Heilung bringt. Ich glaube, daß unsere Lehrer gegenwärtig daran geschult werden, und die Lehrer der Liebe und des Heilens, die aus der AIDS-Epidemie hervorgehen, werden zu den größten Lehrmeistern gehören, die wir je hatten.«[142] Nach fünfzehn Jahren Drogenabhängigkeit und Alkoholismus und neun Jahren Prostitution kommt eine Frau durch diese Krankheit und die Begegnung mit Elisabeth Kübler-Ross während einer Schulung »langsam in Berührung mit der bedingungslosen Liebe und Freude und Kreativität, um die es im Leben eigentlich geht.«[143] Elisabeth Kübler-Ross, die beschloß, sich den AIDS-Kranken zu widmen, behandelt diese mit Massagen und begleitet sie bis zum Tod. Zwischen 1984 und 1985 erlebt sie den Tod von vierundsiebzig Freunden. Es sei bemerkenswert, schreibt Kübler-Ross weiter, daß ein Großteil der Leute, mit denen sie gearbeitet habe, sich eines Tages in aller Aufrichtigkeit positiv über ihre Krankheit äußerten. »Weißt du ... ich möchte nicht ohne AIDS leben. Ich möchte nicht mehr leben wie früher, weil das ein Leben ohne Liebe und Fürsorge war.«[144] Es wäre möglich, diesen Zeugnissen zahlreiche ähnliche von Schwerkranken, Schwerverunglückten oder auch von freigekommenen Geiseln hinzuzufügen.

In *Mars* spricht Fritz Zorn klar und deutlich aus, was auf dem Spiel steht: »Die Bedrohung durch den Tod ließ mich auf den Gedanken kommen, daß ich vielleicht, falls ich dem Tod am Ende doch noch entrinnen sollte, nun endlich eine Chance für eine wirkliche Auferstehung hätte, nämlich die Auferstehung zu einem neuen Leben, das vielleicht nicht mehr so qualvoll wäre wie das vergangene.«[145] Die Krankheit wird mit einer Erweckungsfunktion besetzt. Sie ist der unerwartete Ort, an dem sich das Unglück zur Chance wandelt. Vor der Prüfung war das Leben nichts wert, jetzt bedeutet es alles. Die Augen sind endlich aufgegangen. Die Krankheit oder das Unglück rufen im Lebenslauf die Veränderungen hervor, die der Kranke vorher heimlich, eher unbewußt herbeisehnte. Die Lust am Leben ist wieder geweckt worden. Die schicksalhafte Krankheit gleicht einer Häutung, die eine unvorhergesehene Widerruflichkeit in die vorhergehende Beständigkeit des Ich einführt. Dadurch bekommt jeder Augenblick einen unschätzbaren Wert. »Alles, was mich nicht zerstört, stärkt mich«: Mit dieser Formel verdichtet Nietzsche die neue Haltung des geprüften okzidentalen Menschen.[146] Das verordnete Fieber wird damit zu einem bevorzugten Heilmittel. Die Verbindung von Schmerz und Initiationsprüfung ist eine anthropologische Konstante. Es ist dies das mythologische Thema des Abstiegs in die Hölle. Das Objekt des Sterbens nimmt auf einmal die Gestalt der Neugeburt an. Der Nähe des Todes entspringt ein anderes Auf-die-Welt-Kommen.
Die durch den wissenschaftlich-technischen Fortschritt immer mehr in den Hintergrund gedrängte Symbolik verbreitet sich konfus über neue Wege dank einer unerwarteten Wirkung des individuellen und kollektiven Imaginären. Sie tritt jedoch nicht sofort hervor, sondern die von ihr entfaltete Kraft muß, um nicht von ihr mitgerissen zu werden, zunächst gezähmt sein. Man muß das Bündnis herstellen und, wo das Chaos ist, die Unordnung austreiben, um sie zum bevorzugten Weg machen zu können. Man muß auf der Höhe des Überlebens sein. Die hier geschilderte Einstellung gegenüber Krankheit und Unglück ist ein radikaleres Beispiel für das, was Erving Goffman allgemeiner beschreibt: »Setzt man die Notwendigkeit der Verfolgung eines Handlungsablaufs, dessen Erfolg ungewiß ist, und das passive Warten auf sein Ergebnis voraus, dann kann man eine Alternative entdecken, wie kostspielig diese auch immer sei. Man kann sich dann selbst so definieren, als habe man freiwillig zwischen dieser gar nicht wünschenswerten Sicherheit und der anstehenden Unsicherheit gewählt. Es wird eine Hobsonsche Wahl getroffen; das aber genügt, um die Situation in der Weise zu interpretieren, daß Selbstbestimmung für sie zentral ist. Anstatt auf das Schicksal zu warten, trifft man es an der Tür.«[147]
Zum ersten Mal spricht ein gesellschaftlicher Diskurs die derart breit geltende Maxime aus: »Du kannst damit fertig werden, es liegt nur bei

dir.« Die sich an den 'Mann ohne Eigenschaften' richtende Propagierung des Initiationsthemas stellt eine der signifikantesten Gegebenheiten des modernen Imaginären dar. Das Heil ist nicht mehr den Auserkorenen vorbehalten: Es kann nach demokratischen Spielregeln ziemlich vorbehaltlos von jedem erworben werden, der sich um es bewirbt. Alles gilt. Die gleiche Situation kann, je nachdem von welchem Standpunkt man sie betrachtet, Größe oder Lächerlichkeit bedeuten, denn sie ist in erster Linie Sache des Individuums, das seine Autorität nur aus sich selbst schöpft.

### Ende des Lebens, Hunger nach dem Leben

»Wie wir den Zug nehmen, um nach Tarascon oder nach Rouen zu fahren, so nehmen wir den Tod, um auf einen Stern zu gelangen. An diesem Gedankengang ist eines sicher wahr: solange wir *am Leben* sind, können wir uns *nicht* auf einen Stern begeben, ebensowenig wie wir den Zug nehmen können, wenn wir tot sind. Jedenfalls scheint es mir nicht unmöglich, daß Cholera, Nierensteine, Schwindsucht, Krebs himmlische Beförderungsmittel sind, so wie Dampfschiff, Omnibus und Eisenbahn irdische.«[148] Heute verbreitet sich dieser Gedanke ohne Bezug zur Religion, die sich in der Krise befindet,[149] und entgegen der Rationalität, insbesondere der medizinischen, welche das Aussetzen der organischen Funktionen als Zeitpunkt des Todeseintritts beim Menschen definiert.
Das Initiationsthema trifft sich mit einem solchen Durst nach Leben, daß in unseren rationalen Gesellschaften, in denen der Tod zu etwas Sinnlosem, einer Dysfunktion geworden ist, sich das Ende des Lebens selbst für zahlreiche Individuen zu einem Übergang wandelt, zu einem bevorzugten Moment, eine innere Erfüllung zu erreichen, welche die Existenz bis dahin nicht gewähren konnte. Mitte der sechziger Jahre trat eine hedonistische Mythologie des Todes ohne religiösen Bezug in Erscheinung. Im Zuge der Pionierarbeiten von Raymond Moody über »das Leben nach dem Tod«[150] wurde das Thema des Todes als einer neuen Geburt zum Gegenstand zahlreicher weiterer Untersuchungen. Personen, die als klinisch tot galten, erzählen, daß sie eine Schwerelosigkeit empfanden, ihren Körper, das Krankenhausbett oder den Unfallort, den Arzt, die Sterbeurkunde oder ihre niedergeschlagenen Verwandten vor ihrem Leichnam sahen. Dann wurden sie in eine Art Tunnel gezogen. Viele von ihnen bemerkten hier ein »Lichtwesen« mit einer unwiderstehlichen »Liebesausstrahlung«. An der Schwelle des Übertritts kündigte ihnen dann ein verstorbenes geliebtes Wesen oder eine »spirituelle Gestalt« an, daß ihre Zeit noch nicht gekommen sei.[151] Die Forscher haben dieses zeitweilige Eintauchen in einen merkwürdig umkehrbaren Tod

mit dem Terminus *near death experience* belegt. Nicht alle durchlaufen sämtliche Stadien, die von zahlreichen Forschern im Anschluß an Raymond Moody aufgrund der Befragungen von Betroffenen, *experiencers*, ermittelt worden sind;[152] einige wachen vorher auf, aber die anderen schildern, wie sich danach ihre Beziehung zur Welt verändert hat. »Aber eines war mir klar: ich hatte das Gefühl, über Nacht älter geworden zu sein nach dieser Sache, denn dadurch ging mir eine ganz neue Welt auf, die ich vorher nicht einmal für möglich gehalten hatte. Ich mußte immer denken: 'Es gibt so viele Dinge, die ich wissen will!'... Und dann dachte ich nach über solche Fragen wie: 'Wo endet der Mensch und wo sein Geist?' Es hat mir richtig die Augen geöffnet für eine ganz neue Welt.«[153]
Ganz anders geartete Arbeiten über solche Erfahrungen stellen eine Öffnung zur Welt als charakteristisches Gefühl dieser Überlebenden nach ihrer Rückkehr ins Leben dar: Vitalität, Neugier, Suche nach Spiritualität, erneuerte Lebenslust, Generosität oder gar, Ring zufolge, übernatürliche Fähigkeiten wie Magnetismus und Hellsehen. Der durchschrittene Tod, von dem der Mensch unabhängig von seinem Willen zurückkehrt, eröffnet in diesem Fall, wie immer die Art des Komas gewesen sein mag, die Pforte zu einer inneren Erneuerung.
Die Untersuchungen über die *near death experiences* erfreuen sich großer Beliebtheit. Nachschlagewerke werden weltweit übersetzt und nähren eine Mythologie, die den Tod als Übergangsritus beschreibt. Weit davon entfernt, ein unsägliches Ereignis zu sein – das es in den westlichen Gesellschaften allerdings in Hauptsache bleibt – wird er hier für viele Menschen mit einem Sinn und Wert besetzt. Er wird in diesem Fall durch eine Hin-und-Zurück-Bewegung symbolisiert, die ihn nicht nur erträglich, sondern nahezu wünschenswert erscheinen läßt. Bei einer in den Vereinigten Staaten einer an einer großen Population durchgeführten Umfrage des Gallup-Instituts gaben acht Millionen Amerikaner an, bereits mindestens einmal eine der Stadien des *near death* erreicht zu haben. Von diesen hätten fünfunddreißig Prozent diese Erfahrung vollständig durchlaufen. Selbst die letzten Augenblicke des Lebens können demnach in die Sinnsuche des okzidentalen Menschen einbezogen werden.

## Überleben

Die Erfahrung des Überlebens einer Prüfung, die das Risiko des Sterbens in sich barg, hinterläßt beim Überlebenden Spuren; sie führt in das Leben eine Diskontinuität, eine zeitliche Zäsur ein, die das Leben in ein Davor und ein Danach teilt. Etwas ist ins Wanken geraten. Die Berührung mit dem eigenen Tod wird als Schicksalsfigur erlebt und hat bedeutende

Persönlichkeitsveränderungen zur Folge. Zumindest aber wird die Sicht der Dinge durch die erlebten schwierigen Momente von Grund auf verändert. Je nach den Umständen der Prüfung und dem Charakter der Person variiert der Sinn, der der Metamorphose gegeben wird, ganz erheblich. Es zeichnen sich vier Hauptfiguren des Überlebenden ab: Das Überleben einer ordalisch getönten Prüfung hat den Wert einer Garantie. Das Individuum vergewissert sich in diesem Fall der Bedeutung und des Wertes seiner Existenz. Der Rückgriff auf das Ordal ist selten das Ergebnis einer genauen Überlegung. Dem Individuum ist nicht bewußt, daß es sich einer anthropologischen Struktur anheimgibt, die ihm, nachdem alles verloren oder restlos verdorrt schien, einen zweiten Lebensatem einhaucht. Das Risiko wird zwar immer fast blind eingegangen, aber durch einen noch unbekannten, aus dem Bestehen der Prüfung hervorgehenden paradoxen Wert gerechtfertigt. Das Ordal birgt in sich die Chance einer neuen Geburt, eines Neuanfangs. Dies ist sein logischer Ausgang. Wählte das Individuum wirklich den Tod, dann würde es eine solche Form des Selbstmords bevorzugen, die ihm keine Überlebenschance ließe. Aber die Struktur ist dergestalt, daß sich ohne Berührung mit dem Tod an seiner Existenz nichts ändern würde. Das Identitätsgefühl und das Lebensprojekt des Individuums gehen aus der Prüfung gestärkt hervor. Das bestandene Ordal erschafft »gelebte« Zeit, erschließt Zukunft. Die Berührung des Todes hat hier Welterschließungswert und überschneidet sich anthropologisch mit den Übergangsriten, bei denen ein symbolischer Tod erlitten wird, um danach mit Statusgewinn in eine andere Wirklichkeitsordnung hineingeboren zu werden. Das Überleben des Ordals hat nachhaltige Wirkungen; diese führen zur Bildung eines Brennpunkts, in dem sich der neuerworbene und einer Neugestaltung der Existenz förderliche Sinn bündelt.

Das Ordal ist eine individuelle Prüfung, bei der das Subjekt einsam einer Macht gegenübersteht, die es in den meisten Fällen unbewußt herausgefordert hat.

Eine andere Form des Überlebens bedingt der Fall, daß mehrere Personen gleichzeitig gezwungen sind, eine Gefahr zu überwinden. Hier ist der Akteur nicht mehr allein; er teilt sein Schicksal mit anderen, ist passiv verwickelt. An der Auslösung und Entwicklung des Dramas ist seine Entscheidung nirgends erkennbar beteiligt: Auto-, Zug- oder Flugzeugunfälle, Erdbeben, Explosionen, Schiffbruch, Krankheiten. Das Überleben nimmt sehr unterschiedliche und widersprüchliche Formen an. Übersteht das Individuum gemeinsam mit seinen Schicksalsgenossen die Prüfung unversehrt, so hat diese den Stellenwert einer Initiation; das glückliche Ende wird von Euphorie begleitet, setzt Energien frei, die nicht ohne Auswirkungen auf das Leben danach bleiben. Es tritt ein Gefühl des Auserwähltseins ein. Wir sind hier der ordalischen Struktur sehr nahe. Weil nahe daran, verloren zu werden, erhält das Leben einen unschätzbaren Wert. Übersteht jedoch das Individuum die Prüfung nicht ohne Schaden, trägt es bleibende Gebrechen davon, kommen alle möglichen Nuancen ins Spiel. Ist die Verletzung schwer, kann die Prüfung auch zum Trauma werden. Sie wird dann kaum eine Öffnung zur Welt herbeiführen oder Zeit gründen, sondern vielmehr in ihrer Fixierung verharren.

Eine weitere, mit der vorhergehenden verwandte Form des Überlebens ist das Bestehen einer Prüfung, in der andere umgekommen sind. Elias Canetti hat dem Überlebenden in *Masse und Macht* ein Kapitel gewidmet. Er schreibt: »Der Augenblick des Überlebens ist der Augenblick der Macht. Der Schrecken über den Anblick des Todes löst sich in Befriedigung auf, denn man ist nicht selbst der Tote.«[154] Dieser Gedanke ist auch auf die beiden anderen Phänomene anwendbar. Aber Canetti bezieht seine Analyse im konkreten auf den Menschen in einer Kriegssituation, er fährt fort: »Das Kraftgefühl, gegen diese lebend zu stehen, ist im Grunde stärker als jede Trauer, es ist ein Gefühl der *Auserwähltheit* unter vielen, deren Schicksal ein manifest gleiches ist. Auf irgendeine Weise fühlt man sich, bloß weil man noch da ist, als der Bessere. Man hat sich bewährt, denn man lebt... Die Genugtuung des Überlebens, die eine Art von Lust ist, kann zu einer gefährlichen und unersättlichen Leidenschaft werden. Sie wächst an ihren Gelegenheiten. Je größer der Haufen der Toten ist, unter denen man lebend steht, je öfter man solche Haufen erlebt, um so stärker und unabweislicher wird das Bedürfnis nach ihnen. Die Karrieren von Helden und Söldnern sprechen dafür, daß eine Art von Süchtigkeit entsteht, der nicht mehr abzuhelfen ist.«[155] Canetti beschreibt hier ein besonderes Phänomen, das seine Merkmale einer Grenzfigur des Ordals entlehnt, nämlich der des Krieges als Wahl und Leidenschaft. Er entwirft ein Bild des Helden, der von einem »Unverwundbarkeitsglauben« durchdrungen ist, den er in einer nie endenden Prüfungsfolge zu bestätigen und zu bestärken sucht. Diese Einstellung mündet in eine elementare Form sozialen Verhaltens, in die Ausnahmemoral, bei der Überleben zum Selbstzweck wird, was immer der Preis dafür sein mag, und die in Lust umschlagen kann. Die Prüfung wird bewußt gewählt, das Sich-in-Gefahr-Begeben wird zum Gegenstand einer rauschhaften Suche, durch die sich der Held unentwegt davon überzeugt, daß das Glück ihn nie verläßt, was ihm jenes überschwengliche Gefühl der Auserwähltheit vermittelt. Jedoch muß diese Berauschung stets von neuem erreicht werden, als wenn das Mandat des Todes zur Legitimierung nach jeder Prüfung verfiele und der Erneuerung bedürfte.

Im Gegensatz dazu kann man im Alltagskontext feststellen, daß eine Person, die bar jeder eigenen Absicht in einen Unfall, eine Katastrophe oder sonst ein traumatisierendes Ereignis verwickelt wird, es als schmerzhaft empfindet, überlebt zu haben, während andere starben. Das Schuldgefühl (»Warum lebe ich noch, gerade ich und nicht die anderen?«) oder die Depressionen, die nach der Prüfung einsetzen, unterstreichen, wie unvergleichbar diese Situation mit jener ist, in der die Auseinandersetzung mit dem Tod unter gleichzeitiger Vorbeugung der Risiken ist, denn hier ist das Subjekt Spielball der Umstände in einem Drama, an dessen Ende das Triumphgefühl, davongekommen sein, vor dem tragischen Schicksal der anderen zerrinnt. Während bei den drei anderen Figuren das Davongekommensein einen Überschwang auslöst, der sich als günstig für ein neues Lebensgefühl erweist und aus dem tatsächlich auch Kraft geschöpft werden kann, hat der Überlebende eines kollektiven Dramas in der Regel mit dem Gefühl eines beschädigten Lebens zu kämpfen. Er wird versuchen, diesem Trauma durch philanthropische oder humanitäre Aktivitäten abzuhelfen. Er wird sich immer wieder das Drama ins Gedächtnis oder in den Traum zurückholen, ohne zu verstehen, wieso ausgerechnet er dem Tod entronnen ist. In diesem Fall folgt aus der objektiv glücklich verlaufenen Berührung mit dem Tod kein subjektives Glücksgefühl, sondern es legt sich ein nachhaltiger Schatten auf das Leben des Überlebenden. Keineswegs empfindet er sich als Auserwählter, sondern vielmehr macht ihm ein ziemlich vages, aber um so mehr zusetzendes Schuldgefühl das Noch-Dasein zur schweren Bürde: »Das Überleben scheint auch ein verschwommenes, aber ganz spezielles Verantwortungsgefühl hervorzurufen. Es beruht darauf, daß das, was eigentlich das Geburtsrecht des Menschen sein sollte – sein Leben in relativem Frieden und Sicherheit zu verbringen... –, als unverdienter, unerklärlicher Glücksfall erlebt wird.«[156] Unter diesen Bedingungen wird die Heilung des individuellen Traumas die Unterstützung der anderen, vor allem der ihm Nahestehenden, erfordern. Das Verhalten derer, auf die es in den Augen der Überlebenden ankommt, ist entscheidend für das Los, das ihn nach dem Drama erwartet. Das Beziehungsgeflecht, in das er eingewoben ist, erweist sich als entscheidender denn der gesellschaftliche oder kulturelle Einfluß. Der Überlebende geht aus der Prüfung mit dem Gefühl einer untilgbaren Schuld hervor. Seine Nächsten werden dazu gebracht, die Rolle eines Dritten, eines Mittlers zu übernehmen, damit er das verlorene Vertrauen in die Welt zurückerlangen kann. Sind die Lebenskräfte des Überlebenden während der Prüfung nicht grundsätzlich beeinträchtigt worden, wird das Schuldgefühl nach und nach abklingen, und es dürfte ihm sogar möglich werden, das Drama partiell zu symbolisieren. Die durch das Trauma erschütterten Fundamente werden langsam wieder gefestigt. Die Erfahrung wird integriert, so daß sie ihren Verfolgungscharakter verliert. Doch diese Arbeit übersteigt manchmal die Kräfte. Diese vierte Überlebensfigur ist dem individuellen Übergangsritus völlig entgegengesetzt: Sie begünstigt kein Erwachen, sondern das Trauma bricht die Lebenskraft und kann nur in einem langen Heilungsprozeß überwunden werden.

## 7. Die Prüfung und das Heilige: Sinnsuche in der Moderne

»*Das trockne Brot, das menschliche Vernunft wohlmeinend ihm reicht, verschmähet er nur darum, weil er insgeheim am Göttertische schwelgt.*«[157]

Friedrich Hölderlin

### Die Suche nach dem Sinn

In dem Thema der Initiation, das heute in unsere individualistisch strukturierten Gesellschaften zurückkehrt und eine noch nie dagewesene Verbreitung erlebt, drückt sich eine beharrliche einzelgängerische Sinnsuche aus. Aus dem Schlimmsten soll das Beste hervorgehen, damit der ganzen Existenz in einem letzten Ruck Sinn gewonnen wird, und stürbe der Akteur dabei, und wäre alles unwideruflich verloren. In einem Kraftakt will man sich aus dem Sog der Leere, aus dem Sumpf der Banalität herausziehen, um das Licht einer neuen Welt zu erblicken. Krankheit, Tod, Unfall, Trauer, Risiko, sie alle sind Quellen, aus denen Werte geschöpft werden können. Indem sie die Vergänglichkeit der Dinge, »die unerträgliche Leichtigkeit des Seins« (Milan Kundera) in Erinnerung rufen, verleihen sie der Existenz auch einen unschätzbaren Wert. Denn Wert hat das, was verlierbar ist. Die Strafe des »ewigen Juden« besteht darin, daß er nicht sterben kann, sein Leben ewig währt. Das Sicherheitsbewußtsein unserer modernen Gesellschaften zeigt hier ihre Kehrseite, der heimliche Wunsch nach Schrecken zieht seine Spur durch den Wohlfahrtsstaat, denn der Schrecken weckt zugleich die eingeschlafene Bedeutung des Lebens. In der Berührung mit dem Tod, einerlei ob unfreiwillig oder freiwillig, schöpft der Mensch neue Kraft aus der Urquelle aller Werte, wird ihm jene sprichwörtliche Wahrheit wieder bewußt, daß das Leben nämlich unbezahlbar ist. Vor dem großen Gebieter Tod wächst die Kampflust des geprüften Menschen und ersprießt von neuem die Lebenslust.

Die Verbreitung des Initiationsthemas signalisiert eine Öffnung zur Welt, einen erweiterten teleologischen Spielraum gegenüber den sozialen Symbolen. Indes wird weder auf eine religiöse Offenbarung noch auf eine Doktrin Bezug genommen, sondern es geht vielmehr darum, einen Rahmen für die strikt persönliche Suche zu finden und schließlich mittels einer Prüfung eine unbekannte Sinnquelle zu entdecken, die dem Leben neue Säfte zu spenden vermag. Analog zu der von Mircea Eliade analysierten kollektiven Suche nach einem Zentrum der Welt,[158] nach einem *axis mundi*, nach einer Sinn- und Wertstätte, von der aus der soziale Raum seine Energie beziehen kann, gilt es, ein individuelles Zentrum zu bestimmen. Im Zuge einer individuellen Bastelarbeit aber unterwirft dieses Zentrum eher das Soziale und das Kulturelle, als daß es sich diesen unterwürfe. Sinngeber ist das Individuum. Das Individuum ist es, das sich aus den symbolischen Elementen seiner Gemeinschaft seinen Eigensinn bastelt. Die innere Erfüllung, die manchmal auf dem Höhepunkt der Prüfung empfunden wird, gehört nur dem Individuum, das sie erstrebt hat. Unter den gleichen Umständen wird ein anderes Individuum vielleicht Beute seiner Schmerzen und, vor Entsetzen gelähmt, unfähig sein, aus seiner Erfahrung auch nur die geringste richtungweisende Bedeutung zu gewinnen. Die Verwandlung von Unglück in Glück oder von Risiko in Begeisterung bildet eine Probe innerhalb der Prüfung. Das »Heilige« bleibt ohne den Schatten des nahenden Todes unerreichbar.

## Die Entstehung des Heiligen in der Prüfung

Von einem Erlebnis verwandelt sich die Prüfung in Epiphanie, je nach Akteur und persönlicher Geschichte auf spektakuläre oder diskrete Art und Weise. Man kann davon ausgehen, daß die Leidenschaft zum Extrem oder Risiko, die Umwandlung des Leidens oder des nahenden Todes in eine Herausforderung, der man sich zu stellen bereit ist, in ein Wiederaufleben des Heiligen in zum Teil völlig neuartiger Form zeigt – das heißt jenseits der großen religiösen Systeme. Während der Prüfung oder später in der Erinnerung an sie empfindet der Akteur eine Art persönlicher Transzendenz. Dadurch, daß er sich einer schweren Anstrengung oder einem spürbaren Risiko unterzogen hat, das seinen Höhepunkt im Ordal erreicht, erwirbt seine Subjektivität eine wilde und innige Sakralität. Es ist die Faszination des »Ganz anderen« (Rudolf Otto) oder der »seinsgesättigten Momente« (Mircea Eliade), freilich bar jeder religiösen oder esoterischen Referenz und absolut persönlich hinsichtlich Wahl und Resonanz. Georges Balandier hat diese nomadische Bewegung genau erfaßt: »Was in der Moderne neu ist, ist die große

Mobilität des Sakralen, die wechselnde Vielfalt der Objekte, die es besetzt, seine mit der Vermehrung subjektiver Erfahrungen verbundenen Metamorphosen; einmal freigesetzt, würde es dann teilweise wiederfinden, was an seinem Anfang stand: seine Qualität als eine Energie, die aus der Fülle eines noch nicht eingedämmten kollektiven Lebens hervorgegangen und in den Dienst der Suche nach seinem Sinn gestellt ist.«[159]
Das von den heutigen Gesellschaften hervorgebrachte Heilige ist eine wilde Energie, die sich dem Zugriff der an Einfluß verlierenden Kirchen entzieht. Es ist eine Art Wildgewächs, das noch der Domestizierung harrt, dem Akteur jedoch ein diffuses Gefühl der Sättigung und der Begeisterung geben und in ihm ein intensives Moment bewirken kann, das ein Bedürfnis nach Transzendenz und Vollkommenheit weckt. Da das Heilige als Wert und Projektion von einem Individuum ausgeht, ist es durch die jeweils persönlichen Besonderheiten bestimmt. Abgekoppelt von den großen Systemen, ist es entsprechend dem zeitgenössischen Individualismus parzelliert; die Gefühle, die es hervorruft, und seine Zuordnungen sind ebenso vielfältig, wie es die individuellen Initiativen sind. Es erscheint oft in der gesuchten Todesnähe. Immer mehr geht das bewußt gewählte lebensgefährliche Risiko den radikalsten und kürzesten Weg, die individuelle Verwandlung herbeizuführen, ein persönliches Heiliges herzustellen.
Vor allem im Ordal tritt das Heilige klar zutage. Abgesehen vom Hochgefühl desjenigen, der das Ordal unversehrt übersteht, beruht die Prüfung zumeist unbewußt auf einer Schicksalsinitiation: Der Akteur unterwirft sich einer ihm übergeordneten Kraft, um über sein künftiges Leben zu entscheiden. Wenn er der Gefahr, die er selbst heraufbeschworen hat, entrinnt, erfährt er in der durchlebten Prüfung eine Verwandlung, ein erweitertes Existenzbewußtsein; seine Beziehung zur Welt wird von einem neuen Ziel getragen. Die Berührung mit dem Tod ist eine Sinn erzeugende Instanz.
Die Prüfung, wie immer sie sich konkretisiert, kann dann die Zäsur markieren, ab der das beginnt, was der Akteur als das »wahre Leben« ansieht. Das Gelingen einer dem Körper alles abverlangenden Großtat, das durch Krankheit oder einen Unfall hervorgerufene Leiden, die Berührung mit dem Tod während einer gefährlichen Handlung laden sich mit einer symbolischen Macht auf, die weit über die Tat als solche hinausgeht und bis in die Beziehung des Akteurs zur Welt hineinwirkt. In einer widersprüchlichen Bewegung stellt sich durch die Prüfung die Lebenslust wieder ein bzw. wird wieder hergestellt. Das Heilige lagert in der Prüfung wie der Diamant in dem ihn umhüllenden Gestein. Da es einer individuellen Initiative entspringt, ist es das Charakteristikum einer Handlung, bei der Leben und Tod nur durch einen Hauch voneinander getrennt sind. Das Gedächtnis, in dem die risikoverklärte Zeit der

Prüfung aufbewahrt wird, bleibt ein individuelles; wie die heilige Zeit vollzieht die Prüfung einen grundlegenden Bruch mit der Zeit davor, während derer der jetzige Lebensimpuls seinen Dornröschenschlaf schlief. Selbst wenn sich im Laufe des Lebens die individuellen Veränderungen abnutzen, bleibt die Zeit der Prüfung eine Leuchtstätte der Erinnerung, eines der Schlüsselmomente der Existenz und der Bildung eines Identitätsgefühls.

In der Risikohandlung, im Ordal bzw. in der als Schicksalsfügung angenommenen und zur Herausforderung gewendeten Not drückt sich etwas wie eine persönliche Liturgie aus. Das durch seine innersten persönlichen Referenzen beflügelte Individuum wird aus der gemeinen Existenz herausgehoben. Dieser nicht tastbare, staubfeine Mehrwert, der allein von der Stärke der Selbstbetrachtung getragen wird, bildet die Quelle des persönlichen Heiligen, das jedem anderen lediglich als lächerlicher Putz erscheint, unter dem sich die Angst, der Schmerz oder gar der Mangel an Selbstwertgefühl verbergen mögen.

Das Heilige ist eine sozial oder individuell erzeugte Energie, die ein Objekt, eine Zeitspanne, einen Raum, eine Situation oder eine Handlung mit Leben anreichern kann. Wie Durkheim betont, ändert die Begegnung zwischen dem Heiligen und dem Profanen beides; die Grenzen zwischen diesen Sphären verschieben sich. Aber die heftigere und gefährlichere Anziehungskraft stellt für das Individuum das Heilige dar. Mehr oder weniger bewußt mittels einer Prüfung angepeilt (denn die Prüfung verdankt sich einer Intention, die erst später ihre mögliche Fruchtbarkeit offenbart), verleiht das Heilige eine verdoppelte innere Kraft, doch bringt es die Existenz in Gefahr und kann nur zu diesem Preis seine symbolische Wirkung entfalten. Das Überschreiten der Grenzen des Profanen, wo das Leben in beruhigend gewohnten Bahnen verläuft, bedeutet einen Übergriff, bei dem zwar die Schleusen des Heiligen geöffnet werden, dessen Fluten aber eine tödliche Gefahr in sich bergen. Die Funktion der Riten besteht ja gerade darin, den symbolischen Tausch zwischen dem Heiligen und dem Profanen zu regulieren. In verschiedenen Formen zeugt die Herausforderung des Todes heute von der Möglichkeit des Rückgriffs auf ein sehr persönliches und diffuses Heiliges ohne jede Einbindung in ein gesellschaftlich normiertes Ritual, das eher als indifferent wahrgenommen wird. Obwohl nun dieser neuartige Ritus auf strikt individuelle Geltung beschränkt bleibt, erwirbt er eine soziale Dimension dadurch, daß sich in ihm eine mächtige anthropologische Instanz und ein zu immer größerer Geltung gelangendes soziales Modell der individuellen Sinnsuche verbinden.

Kein Bruch, keine persönliche Verwandlung könnten sich in unseren Gesellschaften radikaler ausnehmen als jene, die, sei es als Ergebnis einer Willensanstrengung oder als Folge eines schicksalhaft gewendeten

Lebenseinschnittes, dadurch bewirkt worden sind, daß man dem Tod sehr nahe war und nur knapp entkam. Schließlich sei nochmals betont: Alles hängt davon ab, wie das Individuum das Ereignis betrachtet. Weil diese Suche an eine anthropologische Instanz hoher symbolischer Kraft in einer Zeit gesellschaftlicher und kultureller Krisen anknüpft, wird sie, obwohl in einer Vielzahl unterschiedlicher individueller Aktionen verzweigt, zu einer kollektiven Unternehmung, die vor keiner sozialen Klasse oder Altersklasse haltmacht – und wird damit zu einem signifikanten soziologischen Phänomen, das seine Blütezeit noch vor sich hat.

*Danksagung*

*Mein Dank geht an Hnina Tuil, die die Entstehung dieses Werks mit ihrem Interesse und ihren Anregungen begleitet hat; an Charles Dupuy und François Chobeaux dafür, daß sie dieser Forschung ein Auditorium ermöglicht haben. Ich möchte auch denjenigen meinen Gruß und Dank entrichten und meine Freundschaft ausdrücken, die, Risiken eingehend, aus ihrer Utopie den Stoff einer kompromißlosen Kreativität zu machen verstanden haben: José Manuel Cano Lopez im Bereich des Schauspiels für die gemeinsam erlebten Augenblicke der Begeisterung; Philippe Bagros im Bereich der Medizin; Bernard Michon, der mir gestattete, einen ersten Entwurf dieses Werkes vorzulegen; Philippe Breton, Alain Ehrenberg, Pascal Dibie und Mary-José Lambert. Schließlich geht mein Dank an Anne-Marie Métailié, die mir bei der Endabfassung zur Seite gestanden hat und das Risiko der Veröffentlichung auf sich genommen hat.*
*Der Geist dieses Buches ist ihrer Freundschaft und ihrem Vertrauen nicht fremd.*

# Anmerkungen

1 Wir erleben heute eine Dämmerung der kollektiven Symbole, die in einer Zeit, da auf die großen Fragen der Menschheit nur mehr eine technische Antwort gegeben wird, immer lückenhafter werden. In der daraus erwachsenden Unzufriedenheit äußert sich die ungleiche Kreativität, mit der die Akteure das Erlebte und allgemein ihr Leben symbolisieren.
2 Elias Canetti, *Masse und Macht*, Hildesheim 1992, S. 259.
3 Georges Balandier, *Le Détour. Pouvoir et modernité*, Paris 1985, S. 266.
4 Emile Durkheim, *Der Selbstmord*, Neuwied, Berlin 1973, S. 178–179
5 Siehe Anne Retel-Laurentin, *Sorcelleries et ordalies en Afrique Noire*, Anthropos 1973; *Oracles et ordalies chez les Nzakara*, Den Haag 1969; »La force de la parole«, in: Jean-Pierre Vernant (Hrsg.), *Divination et Rationalité*, Paris 1974.
6 Siehe Gustave Glotz, *L'Ordalie dans la Grèce primitive, Étude de droit et de mythologie*, Paris 1904 (hrsg. von Albert Fontenoig).
7 Siehe Peter Brown, *Die Gesellschaft und das Übernatürliche*, aus dem Englischen von Martin Pfeiffer, Berlin 1993 – Original: *Society and the Holy in Late Antiquity*, London 1982; P. Rousset, »La croyance et la justice immanente à l'époque féodale« in *Le Moyen Age*, Nr. 54, 1948 (dtsch. Übers. des Titels: Der Glaube und die immanente Justiz im feudalen Zeitalter).
8 Auf das Ordal in den modernen Gesellschaften haben unseres Wissens Jean Baechler im Zusammenhang mit dem Selbstmord (*Les Suicides*, Paris 1975) und A. Charles-Nicolas und M. Valleur im Zusammenhang mit Toxikomanie und Spiel hingewiesen (»Les conduites ordaliques«, in: Claude Olievenstein, *La vie du toxicomane*, Paris 1982). In dem vorliegenden Werk erweitern wir dieses Konzept, indem wir versuchen, ihm einen relevanten anthropologischen Status innerhalb unserer modernen Gesellschaften zu geben.
9 Anne Tursz (Hrsg.), *Adolescents, risques et accidents,* Paris 1987.
10 Anm. d. Übers.: Analog dazu im Lateinischen: Vertex = vertigo.
11 Roger Caillois, *Die Spiele und die Menschen*, Frankfurt am Main 1982, S.32. Original: *Les Jeux et les Hommes*, Paris 1967.
12 »Betrachtet man die Maschine vom Standpunkt des Spiels, scheint sie zum Vertiginösen geradezu berufen. Die Geschwindigkeit, die Rotationsbewegung der Beschleunigung, die gefährliche Macht, die Erschütterung, all dies stellt sich im Zuge der Mechanisierung in den Dienst des Ilinx... Zwischen der Maschine einerseits und dem Schwindelgefühl und der Angst andererseits besteht eine natürliche Verwandtschaft.« Jean Cazeneuve, »Jeux de vertige et de peur«, in: Roger Caillois, *Jeux et Sports*, Paris 1967, S. 710.
13 Patrick Vallençant, *Ski extrême*, Paris 1979, S. 9–10.
14 In der Anorexie steht ohne Zweifel die Selbstbeherrschung, die Konfrontation mit sich selbst im Mittelpunkt, aber sie schließt auch kontrollierte Momente des Schwindelgefühls ein. »Zu hungern wirkt ähnlich wie Rauschgift, und man hat das Gefühl, außerhalb seines Körpers zu stehen. Man steht tatsächlich neben sich, und damit befindet man sich in einem anderen Bewußtseinszustand und kann Schmerzen ertragen, ohne darauf reagieren zu müssen.« Hilde Bruch, *Der goldene Käfig – Das Rätsel der Magersucht*, Frankfurt am Main 1982, S. 37. Original: *The Golden Cage; The Enigma of Anorexia Nervosa*, Cambridge, MA, 1978.
15 Zum Körpers als *alter ego*, dem Imaginären und seinen Praktiken siehe David Le Breton, *Anthropologie du corps et Modernité*, Paris 1990, Kap. VIII.
16 Roger Caillois, a.a.O., S. 21.
17 Siehe dazu Alain Ehrenberg, der den Terminus »culture du gagne« (Gewinnkultur) geprägt hat. Zu der »agonalen Leidenschaft«, die Einzug in unsere Gesellschaften

gehalten hat und die durch ihre Vermittlung verbreitete »neue Figur der Gleichheit« verweisen wir ebenfalls auf Alain Ehrenberg, *Le Culte de la performance*, Paris 1991. So fruchtbar Ehrenbergs Analyse für die Problematik der Vergesellschaftung ist, zumal in bezug auf den Sportverein und die Firma, so verliert sie doch an Brauchbarkeit, wenn es gilt, das Risikoverhalten zu verstehen, bei dem mittels Appell an den Sinn des Lebens eine Legitimität gesucht wird.

18  Siehe zum Beispiel den Film *Le Grand Bleu* (*Im Rausch der Tiefe*): Nachdem der Gegner die Grenze bis zum Tod verlegt hat, nimmt der Überlebende eine Ordalprüfung auf sich, um seinerseits diese Grenze zu erreichen. Der Regisseur läßt Zweifel bestehen über den Ausgang eines Versuchs, der sich dem Taucher unweigerlich aufdrängt und ohne den er ohnehin nicht mehr weiterleben könnte. In diesen Zusammenhang läßt sich auch eine Verbindung zur Dopingproblematik herstellen, denn auch diese steht unter dem Gebot, zu gewinnen, die eigenen Grenzen zu verschieben, auch unter Inkaufnahme der über kurz oder lang eintretenden Folgewirkung, des Todes.

19  Ab einem bestimmten Grad der Erschöpfung vermischt sich mit dem Durchsetzungswillen ein Schwindelgefühl. Im Keim der auf Anstrengung und Konfrontation mit sich selbst beruhenden Aktivitäten findet man den *Ilinx*-Typus wieder.

20  Alain Kerjean, *Hors limites. Apprendre en agissant*, Paris 1970, S.17.

21  Paul Yonnet, »Joggers et marathoniens«, in: *Jeux, Modes et Masses*, Paris 1985, S 93ff

22  Wir entfernen uns hier von Paul Yonnets Analysen, der im Gegenteil »eine relative Abwendung von Wettbewerben und Qualitäten, die an die reine Geschwindigkeit appellieren« diagnostiziert (S. 117). Der Wert »Ausdauer« und der Wert »Geschwindigkeit« (und das Schwindelgefühl als ihre übergeordnete Kategorie) stehen einander nicht entgegen, sondern beide werden vielmehr hypertrophiert und manifestieren sich immer öfter, nicht selten in einer Weise, die staunen läßt. Es sei auch darauf hingewiesen, daß die Ausdauer ohne Vermittlung der Geschwindigkeit mit der Vertigo einhergehen kann, zum Beispiel dann, wenn im Zustand äußerster Ermüdung ein Gefühl des »Schwebens« entsteht.

23  Die Identität wird nicht in der Intensität des Lebensgefühls gesucht, sondern in dessen Nachlassen, was die Pathologie als Bleichsucht eingeordnet hat, hier jedoch ohne jeden Verweis auf eine physiologische Ursache als Entkörperung bezeichnet wird.

24  Man denkt hierbei selbstverständlich an die Psychiatrie und die Unzahl der von ihr in den Krankenhäusern medikamentös zu Gespenstern verwandelten Patienten – ein eindringliches Bild einer sozialen Produktion der Entkörperung.

25  Sherry Turkle, *The second Self – Computers and the human spirit*, New York 1984, S. 84. Siehe in diesem Werk auch die fesselnde Studie über die *Hackers*, d.h. diejenigen, die einer »Computeromanie« frönen und nur noch für die Programmierung leben.

26  Marc Guillaume, »Téléspectres«, in: *Traverses*, n. 26, S.23.

27  Margaret Mead, *Der Konflikt der Generationen – Jugend ohne Vorbild*, München 1974, S. 91: »Wir sind Einwanderer in die Zeit, die ihre vertraute Welt hinter sich ließen..«

28  Tournier, Michel, *Freitag oder im Schoß des Pazifik*, Frankfurt am Main 1968.

29  Etliche Romane Jules Vernes sind um das Thema »Überleben« aufgebaut, das zu einer Form des Experimentierens mit anderen Formen gesellschaftlichen Lebens wird (*Die geheimnisvolle Insel, Die Kinder des Kapitäns Grant, Le Chancelor, Hector Servadac* usw.). Die Technik als Sicherheitsbringerin interessiere hier nicht; ihren Wert bezieht diese in den Romanen Jules Vernes aus dem Abenteuer. Technik als gesellschaftliches Phänomen bleibt bei Verne gänzlich außer acht; er begreift sie nur als Frucht der Erfindungsgabe des Individuums, als Vehikel eines leidenschaftlichen Individualismuses.

30  Zur Beziehung zwischen Individualismus und Aufung des Körpers, siehe David Le Breton, a.a.O.

31 Paul Yonnet, a.a.O., S. 122.
32 Zur Funktion des *holding* siehe D. W. Winnicott, Reifungsprozesse und fördernde Umwelt, aus dem Englischen von Gudrun Theusner-Stampa, Frankfurt am Main 1993, S. 317.
33 Auch wenn sie nicht nur das ist und sich langsam neueWerteherauskristallisieren (Ökologie usw.). Immer seltener begnügt sich die Fortschritts- bilanz mit dem Hinweis auf die beeindruckende Reihe von Errungenschaften, sondern berücksichtigt die parallel dazu mächtig anwachsende Sollseite. In punkto Technik haben sich die Stellungnahmen innerhalb weniger Jahre von uneingeschränktem Lob zu kritischer Betrachtung hin verschoben. Für diese Thematik, die nicht zum Gegen- stand dieses Werks gehört, verweisen wir auf die zahlreichen Arbeiten von Jacques Ellul.
34 Eine Untersuchung ergab, daß 1985 sieben Millionen Franzosen regelmäßig Antidepressiva einnahmen, um ihr Unbehagen chemisch abzutöten (*Le Monde*, 1. Februar 1985). Zum Gefühl der Leere siehe: Joyce Mac Dougall, *Plaidoyer pour une certaine anormalité*, Paris 1978; deutsche Übersetzung: *Plädoyer für eine gewisse Anormalität*, Frankfurt/Main 1985; Sami-Ali, *Le Banal*, Paris 1980; Christopher Lasch, *The Culture of Narcissism. American Life in an Age of Diminishing Expectations*, ...1979 – deutsche Übersetzung: Das Zeitalter des Narzißmus, München 1980. Zu den Tranquillizern und Psychotropika siehe Alain Ehrenberg (Hrsg.): *Individus sous influence: drogues, alcools, médicaments psychotropes*, Paris 1991.
35 Patrick Vallençant, a.a.O., S.31.
36 Alain Kerjean, a.a.O., S. 15. Der Verband »Hors Limites«, dessen Gründer Alain Kerjean ist, verfährt nach dem Grundsatz, eine kleine solidarische Gruppe mehrere Tage hindurch einer Situation auszusetzen, bei der eine Reihe schwerer Prüfungen zu bestehen sind (Prüfungen, die dazu angetan sind, Vertrauen in die Mannschaft aufzubauen: Gewaltmärsche, Berg- oder Wandbesteigungen, Abfahrt in der Vorbeuge, Tropfsteinhöhlenexpedition...).
37 Tom Wolfe, *Die Helden der Nation*, Hamburg 1983, S. 23. Original: *The Right Stuff*, New York 1979.
38 Ähnlich wie bei den Opferriten besteht die Möglichkeit, daß der einzelne (oder die Gruppe) einen Stellvertreter wählt. Die Prüfung kann zum Beispiel an einem Tier vorgenommen werden. Handelt es sich um einen Zweikampf, kann gegen Entlohnung ein erprobter Kämpfer antreten.
39 Sophokles, Antigone, Stuttgart 1981, S. 27.
40 Brown, Peter, *Die Gesellschaft und das Übernatürliche*, Berlin 1993, S. 73.
41 P. Rousset, »La croyance en la justice immanente à l'époque féodale«, in: *Le Moyen Age*, Nr. 54, 1948, S. 241.
42 Brown, Peter, a.a.O., S. 73.
43 Peter Brown, a.a.O., S. 79–80, weist darauf hin, daß einer der Gründe für den schrittweisen Verzicht auf das Ordal ab Beginn des 13. Jahrhunderts gerade der Übergang von »Konsens zu Autorität« ist. Der Versuch der zentralen königlichen Macht, den Feudalismus zu überwinden, will ihr eigenes Recht setzen. Logische Folge ist eine Trennung von Sakralem und Profanem in der Rechtssphäre. Beim Konzil von Lateranen 1215, das den Klerikern die Mitarbeit an Ordalien untersagte, äußert sich eine neue religiöse Sensibilität. Das Ordal wird mit Begründungen abgelehnt, die äußerst modern klingen.
44 Peter Brown, a.a.O., S. 73.
45 Unserer modernen Ratio setzen Beschreibungen eines Ordals sehr zu. Die dem modernen Menschen relative Unverständlichkeit dieses Weltbildes, von dem bereits Lucien Febvre für die Zeit von Rabelais zeigte, wie fremd es unserer Denk- und Wahrnehmungsweise ist, drückt sich darin aus, daß das Ordal häufig zum Vorteil desjenigen ausging, der sich ihm unterzog. Um die Unbegründetheit der ihnen zur Last gelegten Vergehen anzuprangern, forderten die Verdächtigten oftmals selbst, einem Ordal unterzogen zu werden.

46 Noch heute kann man die gleiche Flexibilität in den Ordalien bestimmter afrikanischer Gemeinwesen feststellen, zum Beispiel bei den Nzakara, bei denen das Ordal aus einer Giftprobe bestehen kann. Diese ist nicht immer frei von politisch bedingten Manipulationen, zu der sich diese Form des Ordals gut eignet. Seit jeher sind die Götter eher denjenigen wohlgesonnen, die ihnen bei ihren Ratschlüssen assistieren.

47 Zwischen Krise und Ordal besteht eine enge etymologische Verwandtschaft. Das griechische Wort *krisis* verweist unter anderem auf ein Urteil, eine Entscheidung, die an einer Wegkreuzung getroffen werden muß. Das Wort Ordal stammt vom mittellateinischen *ordalium* ab, das wiederum auf das angelsächsische *ordâl* = Urteil zurückgeht. Festzuhalten ist auch die Verwandtschaft mit *Risiko*, einem Wort, das im 16. Jahrhundert aus der Schiffahrtssprache in das Französische übernommen wurde; es stammt vom italienischen *risco* (aus dem mittellateinischen *risicare*), was »ein Kap umsegeln« bedeutet. Siehe Bloch und Warburg, *Dictionnaire étymologique de la langue française*, Paris 1964, und A. Dauzat, J. Dubois, H. Mitterrand, *Nouveau Dictionnaire étymologique*, Paris 1964.

48 André Malraux, *Der Königsweg*, in: *Die Eroberer – Der Königsweg*, Karlsruhe 1963, S. 219. Original: *La voie royale*, Paris 1930.

49 Friedrich Hölderlin, Werke. Briefe. Dokumente, München 1969, S. 183.

50 In seiner Beschreibung der Karriere einer Handvoll amerikanischer Jagdflieger in den fünfziger Jahren gibt Tom Wolfe ein illustratives Beispiel der ordalischen Komponente eines Berufs (in Friedenszeiten). Einige haben es zu ihrem Lebensstil entwickelt, eine Großtat nach der anderen zu vollbringen, weil nur die Nähe des Todes ihnen wirklich das Gefühl zu leben vermitteln kann.
»Ein Theorem lautet: Es gibt keine unvorhersehbaren Unfälle und keine schicksalhaften Materialfehler, es gibt nur Piloten, die etwas verkehrt gemacht haben, folglich nicht aus dem richtigen Holz geschnitzt sind. (Das heißt, kein blindes Schicksal kann mich töten). Als Bud Jennings abstürzte... meinten die anderen Piloten aus Pete Conrads Staffel: Wie konnte er nur so dämlich sein? Es stellte sich heraus, daß Jennings in der SNJ mit derart geöffneter Pilotenkanzel aufgestiegen war, wie es die Dienstvorschrift ausdrücklich verbot, so daß Kohlenmonoxyd mit den Abgasen eingesogen wurde, worauf er das Bewußtsein verlor und abstürzte. Alle waren sich einig, daß Bud Jennings ein guter Kumpel und ein guter Pilot gewesen war, doch sein Epitaph auf der Stufenpyramide lautete: Wie konnte er bloß so dämlich sein? (...) Wenn man dies Theorem und die logische Schlußfolgerung daraus einmal verstanden hatte, ließen einen den Statistiken der Navy, nach denen von vier Marinefliegern einer stirbt, ganz kalt. Die Zahlen waren reiner Durchschnitt, und reine Durchschnittsberechnungen trafen eben nur auf den Durchschnitt zu.« Tom Wolfe, a.a.O. S. 37–38.

50 Aber wenn das Individuum im Kampf gegen Tod oder Mißgeschick dazu kommt, das Drama, das er erleidet, als eine Herausforderung zu begreifen, die er aufnehmen muß, oder wenn er sich im Verlauf der physischen oder psychologischen Heilung aktiv verhält, kann im nachhinein ein »initiatisches« Moment hinzutreten, ein Aufbruch in die Welt. Der privaten Suche nach dem Sinn wird dann der hier untersuchte anthropologische Effekt zugute kommen. Die Berührung mit dem Tod wird Lebenslust und Lebenswillen wiedererwecken.

51 Vladimir Jankélévitch, *La Mort*, Paris 1977, S. 96.

52 »Wir alle sind Geiseln«, schreibt Jean Baudrillard, »heute dienen wir alle als Abschreckungsargument. Als objektive Geiseln bürgen wir für irgend etwas, aber wofür? Es handelt sich dabei um eine Art von vorgetäuschter Prädestination, bei der man nicht einmal mehr die Manipulatoren ausmachen kann; aber wir wissen, daß die Waagschale unseres Todes nicht mehr in unseren Händen liegt und daß wir uns heute in einem ständigen Spannungs- und Ausnahmezustand befinden, dessen Symbol das Atom ist. Als objektive Geiseln einer schreckenerregenden Gottheit wissen wir nicht einmal mehr, von welchem Ereignis oder von welchem Zufall die letzte Manipulation

abhängen wird.« Jean Baudrillard, *Fatale Strategien*, München 1985, S. 41–42. Original: Jean Baudrillard, *Les Stratégies fatales*, Paris 1983, S. 51.
53 Georges Balandier, *Le Détour*, Paris 1985, S.8.
54 Georges Bataille, *Der heilige Eros*, Frankfurt am Main 1982, S. 235.
55 Eine erste Fassung der hier dargelegten Thesen findet sich in anderer Form in David Le Breton, »Prises de risque et modernité«, in: Charles Dupuy, *Escalade*, Paris 1991.
56 Siehe dazu David Le Breton, *Anthropologie du corps et Modernité*, Paris 1990.
57 »I DID IT! Dieses Schlagwort einer neuen Form werbewirksamer Aktivität, autistischer Leistung, reiner und leerer Form und Selbstherausforderung ist an die Stelle der prometheischen Ekstase von Wettkampf, Anstrengung und Erfolg getreten... Der Marathonlauf New Yorks ist zu einer Art internationalem Symbol für diese fetischistische Leistung, dieses Delirium eines leeren Siegs und diese Begeisterung über eine folgenlose Selbstgefälligkeit geworden. Ich bin den Marathon von New York gelaufen: *I did it!* Ich habe den Annapurna bezwungen: *I did it!* Jean Baudrillard, *Amerika*, München 1987, S. 34. Original: *Amérique*, Paris 1986.
58 Zitiert nach Jean-Michel Faure, »L'éthique puritaine du marathonien«, in *Esprit*, Le nouvel âge du sport, April 1987, S. 39.
59 Françoise Loux, Guides de montagne. Mémoire et passions, Grenoble 1988, S.98.
60 Françoise Loux, a.a.O., S. 100.
61 Françoise Loux, a.a.O., S. 102. Oder auch: »Unsere Zeit ist vorbei; und ich weiß, wann die Änderung vor sich gegangen ist, es war 1961 oder 1962, als sie damit angefangen haben, Fotos für das *Paris-Match* zu machen und für all diese... Es war D., der von draußen kommend in den Bergführerverband eintrat und mit diesen Fotos begann. Dann haben die jungen angehenden Bergführer begonnen, mal hier, mal dort eine Premiere hinzulegen.«
62 Paul Thibaud, »Le péril et la gloire«, in *Esprit*, Le risque, Nr. 1, 1965, S. 7.
63 Das umwelt- oder arbeitsplatzbedingte Risiko wird bis auf wenige Ausnahmen (zum Beispiel Autorennfahrer) ebensowenig als Wert anerkannt wie früher. Zahlreiche Arbeitsunfälle zeigen in dieser Hinsicht den je nach Bedingungen unterschiedlichen Preis des Lebens und des Risikos. Die diesbezüglichen Forderungen der Gewerkschaften, zumal in der Industrie, sind bekannt.
64 Dem Bergbewohner »galt der einfachste und sicherste Weg zum Gipfel lange als der beste, vor allem dann, wenn der Bergführer Kunden zu betreuen hatte. Und das war der Zweck der Erkundung neuer Streckenvarianten. Deshalb sind die »Alten« so fassungslos, wenn das Ausprobieren neuer Wege offenbar nur aus purer Lust an der Schwierigkeit geschieht.« Françoise Leroux, a.a.O., S.99.
65 Georges Balandier, *Le Désordre*, Paris 1988, S. 221.
66 In unseren Gesellschaften scheint das Sicherheitsprojekt mit dem Aufkommen der Rationalität und des Individualismus einherzugehen. Es scheint, als würde es in dem Maße stärker betont, wie letztere ihren Griff auf das soziale Leben festigen. Der Rationalität liegt das Postulat der Kontrolle der Unordnung und des Zufalls zugrunde; sie züchtet ein BeherrschbarkeitsPhantasma, das sich von keinem falsifizierenden Ereignis erschüttern läßt. In einem fesselnden Buch weist Jean Delumeau nach, wie das Sicherheitsgefühl seit der Renaissance als laizistische Setzung durchzuscheinen beginnt. Die ersten Versicherungen findet man im Mittelalter. Eine Intuition von Lucien Febvre aufgreifend, zeigt Jean Delumeau die Zeitgleichheit von »der von Luther fieberhaft gesuchten religiösen Sicherheit oder von den Bettelmönchen nachhaltig gepredigten Armut und den finanziellen Garantien, die zur gleichen Zeit die Händler oder Reeder für Fracht und Schiff zu geben bereit waren« (S. 524). So unterschiedliche Autoren wie Luther, Machiavelli oder später Jean Bodin und Thomas Hobbes betonen das Sicherheitsbedürfnis der Bevölkerung, die zu garantieren Pflicht des Staats ist. Das Thema wird später von den Philosophen aufgegriffen. In der *Menschenrechtserklärung*, im Grunde eine Weiterführung der *Amerikanischen Unabhängigkeitserklärung*, heißt es, daß das Ziel jeder Vereinigung die Wahrung der

natürlichen und unverwirkbaren Rechte des Menschen sei. Diese Rechte sind das Recht auf freie Meinungsäußerung, Sicherheit und Widerstand gegen Unterdrückung. Der affirmativ vorgetragene Anspruch auf Sicherheit übernimmt in der kollektiven Vorstellung die zentrale Rolle, die früher in der christlichen Vorstellung die Kontingenz einnahm, der mehr Bedeutung beigemessen wurde als der »trügerischen Sicherheit«, die den Menschen dazu verleite, seine Pflichten gegenüber dem Schöpfer zu vernachlässigen. Für die Geschichte des Sicherheitsgefühls verweisen wir auf Jean Delumeau, *Rassurer et protéger. Le sentiment de sécurité dans l'Occident d'autrefois*, Paris 1989.

67 Anm. d. Übers.: Diese entsprechen den deutschen Katastrophenplänen.
68 Henri-Pierre Jeudy, *Parodies de l'autodestruction*, Paris 1985, S. 20.
69 F. Jeanson, in *Esprit*, Le risque, a.a.O., S. 83.
70 »Auffallend ist nun aber im Ganzen dieser Problematik des menschlichen Strebens nach der Gesichertheit, daß der positive Sinn gerade der Ungesichertheit so schwer erkennbar wird und vielen, wenn nicht gar den meisten Menschen erst nach einer langen und schmerzlichen Erfahrung aufgeht. Das Sekuritätsstreben der Menschen steht so sehr im Vordergrunde aller Lebenserfahrung, daß es geradezu einer besonderen Aufmerksamkeit bedarf, um die positive Bedeutung der Ungesichertheit als ein ernstes metaphysisches Problem des Lebens in den Blickpunkt der Alltagsmenschen zu bringen. Nicht viele sind imstande, so ohne weiteres den geheimen Unmut des Hausvaters gegenüber dem daheimgebliebenen älteren Sohn zu verstehen.« Peter Wust, Gesammelte Werke, Bd. IV, Ungewißheit und Wagnis – Der Mensch und die Philosophie, Münster 1965, S. 41–42. Verwandte Gedanken finden sich bei E. Dupréel, L. Lavelle und vielen anderen Philosophen.
71 Octavio Paz, *Verbindungen – Trennungen*, Frankfurt am Main 1984, S. 146. Original: *Conjunciones y disyunciones*, Mexico 1969.
72 Jean Baudrillard, Der symbolische Tausch und der Tod, München 1982, S. 259.
73 Ebenda, S. 261. Baudrillard dehnt seine Analyse auf die Geiselnahme aus.
74 Jean Baudrillard, a.a.O., S. 76.
75 Henri-Pierre Jeudy, a.a.O. Siehe die neuesten Analysen dieses Autors in *Le Désir de catastrophe*, Paris 1990. Eine Leidenschaft, die bereits Lewis Mumford bei den Massen konstatierte, die sich in der uneingestandenen Erwartung eines Unfalls auf die Autorennbahnen drängen. Siehe auch Patrick Baudry, *Une sociologie du tragique*, Paris 1986.
76 Rainer Maria Rilke *Die Aufzeichnungen des Malte Laurids Brigge*, Sämtliche Werke, Bd. 3, S. 112, Frankfurt am Main 1980.
77 »Der Adoleszent muß auf sein ödipales oder prä-ödipales Projekt, auf die Liebesbeziehung zu den Eltern und auf das verlorene Paradies einer erfüllten und geborgenen Kindheit verzichten. Er hat das Gefühl, kein Ich mehr zu besitzen, das elterliche Imago zerfällt, und er weiß nicht mehr, wohin des Weges.« André Haim, *Les Suicides d'adolescents*, Paris 1969, S. 242.
78 Carson McCullers: *Das Herz ist ein einsamer Jäger*, Zürich 1974, S. 48. Übersetzung von Karl Heinrich. Original: *The Heart Is a Lonely Hunter*, Houghton Mifflin, Boston 1940.
79 Aus dieser heute durch Arbeitslosigkeit vertieften Kluft bricht vor allem bei in Wohnsiedlungen lebenden Jugendlichen oft mit Macht eine geballte Revolte, Ekel oder Zorn hervor. Siehe François Dubet: *La Galère, jeunes en survie*, Paris 1987.
80 Die Adoleszenzkrise ist für westliche Gesellschaften zum erstenmal 1904 von Stanley Hall beschrieben worden, der jedoch spezifisch für die USA am Ende des vorigen Jahrhunderts geltende Feststellungen biologisierte. Andere Werke, insbesondere die von Margaret Mead und Ruth Benedict, haben die kulturelle Relativität dieses Begriffs nachgewiesen. Es sei daran erinnert, daß die Kategorie der Adoleszenz im westlichen Denken relativ spät eingeführt wurde. Philippe Ariès ortet ihre Einführung am Ende des 19. Jahrhunderts, insbesondere in Anlehnung an die Gestalt des

Wagnerschen Siegfried; zu einer gesellschaftlich relevanten Kategorie sei sie erst in der Mitte dieses Jahrhunderts geworden. Ariès, Philippe: *Geschichte der Kindheit*, München, Wien 1975.

81 Erik H. Erikson, *Jugend und Krise – Die Psychodynamik im sozialen Wandel*, Stuttgart 1970, S. 47. Original: *Identity – Youth and Crisis*, New York 1968.

82 Die Adoleszenzpathologie setzt oft die gesprengte oder zerrüttete Familie voraus. Oder auch Familien, in denen die Person des Vaters in den Hintergrund tritt. Was er nicht zu Hause findet, namentlich einen Lebenssinn, eine Lebensorientierung, sucht der Jugendliche in einem schwierigen Prozeß, der oft zum Scheitern verurteilt ist.

83 Margaret Mead, a.a.O., S. 96. Siehe auch S. 107: »Da Eltern jetzt ihre Kinder nicht mehr unterrichten können, auch keine klügeren Mentoren mehr finden, fühlen sie sich in der heutigen Welt unsicher und hilflos. Die Eltern glauben nach wie vor, daß es Antworten geben müsse, und fragen: 'Wie sollen wir unseren Kindern klarmachen, was falsch und was richtig ist?'«

84 Arnold Van Gennep, *Les Rites de passage. Études systématique des rites*, Paris 1981, S. 34.

85 Hertz, Robert: »Contribution à une étude sur le répresentation collective de la mort«, in: *Sociologie religieuse et Folklore*, Paris 1970, S.75.

86 André Haim, a.a.O., S. 204 ff.

87 Choquet, Marie, »Tentatives de suicide dans un milieu scolaire«, in: *Synapse*, Nr. 3, 1984.

88 Haim, André, a.a.O., S. 281. Für eine Vertiefung dieses Begriffes der Aktionsdurchführung (*acting out*) verweisen wir auf dieses Werk, S. 187 ff. und auf D. Marcelli und A. Braconnier, *Psychopathologie de l'adolescent*, Paris 1984, S. 77 ff. Es sei in diesem Zusammenhang auch an die Definition des *acting out* von Laplanche und Pontalis erinnert: »In der Psychoanalyse verwendeter Ausdruck zur Bezeichnung von Handlungen meist impulsiven Charakters, die im Vergleich mit dem gewöhnlichen Motivationssystem des Subjekts einen Bruch darstellen, im Laufe seiner Handlungen relativ isolierbar sind und oft eine auto- oder heteroaggressive Form annehmen.« *Das Vokabular der Psychoanalyse*, Frankfurt am Main 1973, Bd. I, S. 34.

89 A. Charles-Nicolas, »Toxicomanies et pathologie du narcissisme«, in: J. Bergeret und W. Reid, *Narcissisme et États limites*, Paris 1985, S. 133. Eine INSERM-Studie (Nationales Institut für Gesundheit und Medizinische Forschung) von M. Choquet, S. Ledoux, M. Menke über *Die Gesundheit des Adoleszenten* zeigt, daß 26 Prozent der Jungen und 16 Prozent der Mädchen eine verbotene Droge ausprobieren. Dieser Studie zufolge wird das Ausprobieren einer solchen Droge in der Altersklasse zwischen 16 und 18 Jahren zum gewöhnlichen Vorkommnis. Alkoholismus ist ebenfalls ein häufiges Merkmal jugendlichen Verhaltens. Die Autoren der Studie schreiben: »Als ein offensichtlich sehr ernstzunehmender Faktor erweist sich, daß dieses gezielte und wiederholte Herbeiführen eines Alkoholrausches bei Jugendlichen bereits sehr früh auftritt. Dieses gezielte regelmäßige Sich-Betrinken ist ein wichtiger Indikator für den späteren Konsum verbotener Drogen.«

90 Charles-Nicolas, A. und Valleur, M.: »Les conduites ordaliques«, in: Claude Olievenstein, *La Vie du toxicomane*, Paris 1982, S. 88.

91 Donald W. Winnicott, a.a.O., S.317 f.

92 R. Ingold: »L'état de dépendance«, in: Claude Olievenstein, a.a.O., S. 61.

93 Claude Olievenstein, *La Drogue ou la vie*, Paris 1983.

94 A. Charles Nicolas: »L'interdit, le faire, l'héroïne et l'adolescent«, in: *Neuropsychiatrie de l'enfance et de l'adolescence*, 1983, Nr. 31, S. 418.

95 Anm. d. Übers.: In Deutschland unter dem Namen Vesparax mite im Handel.

96 Siehe zum Beispiel Marie Choquet: »Le suicide des adolescents: approche psychosociale du phénomène suicide«, in *Bulletin du CICJ*, Nr. 24, 1991. Auch das Mindestalter der Selbstmörder wird niedriger. Die Statistiken wählen als untere

Grenze 12 Jahre, aber es sind Selbstmorde von Kindern im Alter von 7 oder 8 Jahren bekannt. Siehe dazu Philippe Mazet, »Conduites suicidaires chez l'enfant«, in: *Revue du practicien*, 1987, Nr. 37. Auch in Japan sind die Raten relativ hoch. So hat sich zum Beispiel die Rate bei den Jugendlichen unter 14 Jahren zwischen 1965 bis 1975 mehr als verdoppelt (von 46 auf 95). Japan registriert im übrigen eine hohe Selbstmordrate bei den Jugendlichen unter 20. Siehe Maurice Pinguet, *La Mort volontaire au Japon*, Gallimard, 1984, S. 45 ff.
97 Émile Durkheim, a.a.O., S. 27.
98 Marie Choquet, a.a.O., S. 62.
99 Henri Chabrol, *Les comportements suicidaires de l'adolescent*, Paris 1984, S. 10. Für andere Forscher, zum Beispiel André Haim, P. Moron, F. Davidson oder R. Mises, kann aus der Anzahl mißlungener Selbstmordversuche keineswegs ein Unterschied zwischen »Scheinselbstmorden« und »echten Selbstmorden« konstruiert werden. Der Unterschied zwischen nur versuchtem und gelungenem Selbstmord ist zumal bei Jugendlichen irrelevant. Es sterben viele Jugendliche, die ohne Zweifel zu überleben gehofft hatten. Das Ordal wird hier weniger als Intention, sondern vielmehr als Struktur von Bedeutung.
100 André Haim, a.a.O., S. 100. Émile Durkheim verwirft ebenfalls die unmittelbaren Umstände als Erklärung des Selbstmords. Siehe Émile Durkheim, *Der Selbstmord*, S.321 f.
101 »Le suicide chez l'enfant et l'adolescent. Approche épidémiologique«, in: S. Lebovici, R. Diatkine, M. Soulé, *Traité de psychiatrie de l'enfant et de l'adolescent*, Paris 1985, Bd. 3, S. 177 ff.
102 François Dubet, a.a.O. , S. 11. Dubet stellt fest, daß sich die Delinquenz von 1963 bis 1972, am Vorabend der Wirtschaftskrise also, durchschnittlich im Jahr um 11,2 Prozent und von 1973 bis 1980 um 4,8 Prozent erhöht hat. Die Delinquenz ist folglich kein »Reflex« der Wirtschaftskrise, wenn auch eine Verbindung zwischen beiden besteht. Wir sind der Ansicht, daß die heutige Delinquenz tieferliegende Strukturen berührt, deren »Anthropo-Logiken« wir hier aufzuspüren suchen. Es muß zu denken geben, daß die Statistiken für als delinquent geltende Adoleszenten eine größere Verkehrsunfall- und Verkehrsopferwahrscheinlichkeit aufweisen als für andere Adoleszenten. Siehe Bernard Zeiler, »L'adolescent délinquant«, in: Anne Tursz, a.a.O., S. 75 ff.
103 A. Garapon, »Place de l'initiation dans la délinquance juvénile«, in: *Neuropsychiatrie de l'enfance et de l'adolescence*, Nr. 8–9, 1983.
104 In der Flucht vermischen sich mehrere Motive (Problematik der Elternbeziehung innerhalb der Familie, getrennt lebende Eltern, Schulversagen usw.).
105 Jerome D. Salinger, *Der Fänger im Roggen*, Köln 1975. Original: *The Catcher in the Rye*, New York 1951.
106 A.a.O, S. 219. Man sollte vielleicht noch hinzufügen, daß sich Holden kurz vorher an den Selbstmord eines Klassenkameraden erinnert hat, der sich vor seinen Augen in der Schule aus dem Fenster gestürzt hatte.
107 Carson McCullers, *Das Mädchen Frankie*, Zürich 1974, S. 146. Original: *A Member of the Wedding*, Boston 1946.
108 Anne Tursz, »Données épidémiologiques sur les accidents à l'adolescence: mortalité, morbidité«, in: Anne Tursz, a.a.O., S. 21 ff. Siehe auch Michel Manciaux, »L'accident chez l'enfant et l'adolescent«, in: *Traité de psychiatrie de l'enfant et de l'adolescent*, Bd. 3, Paris 1985.
109 J.-P. Rabreau, »La moto et les adolescents: réflexions sur les expériences, les groupes et les rituels d'adolescents motards«, in: *Neuropsychiatrie de l'enfance et de l'adolescence*, Nr. 8–9, 1983. In diesem Artikel beschreibt der Verfasser, selbst ein Motorradfahrer, die Rituale um das Motorrad. Er schildert unter anderem die Rennen, die jeden Freitag auf einer Rennstrecke in der Umgebung von Paris veranstaltet werden; diese Rennstrecke ist nach einer jungen Frau, »circuit Carole«, getauft

worden, die dort ums Leben kam. So heißt einen Gegner überholen, im Motorradfahrerjargon, ihn »anzünden«.

110 Eine andere Fassung dieses Kapitels wurde unter dem Titel »Les nouveaux aventuriers au risque de l'anthropologie« (Die neuen Abenteurer und das anthropologische Risiko) veröffentlicht in *Les Temps modernes*, Nr. 58, Mai 1991.
111 Joseph Conrad, *Herz der Finsternis*, Zürich 1977, S. 183 ff.
112 Pascal Bruckner und Alain Finkielkraut, *Das Abenteuer gleich um die Ecke*, München 1981. Zum erstenmal thematisierte Christian Pociello das hier behandelte Problem in seinem Aufsatz »Un nouvel esprit d'aventure: de l'écologie douce à l'écologie dure«, Le nouvel âge du sport, in: *Esprit*, April 1987.
113 Vladimir Jankélévitch, *L'Aventure, l'Ennui, le Sérieux*, Paris 1963, S. 9.
114 Die folgenden Zitate ohne Quellenangabe sind den ersten Nummern dieser seit 1988 erscheinenden Zeitschrift entnommen.
115 Roger Stéphane, *Portrait de l'aventurier*, S.10 ff., Paris 1965 (Vorwort von Jean-Paul Sartre).
116 Sie sind dem Inhaltsverzeichnis der ersten Nummer der Zeitschrift *Les Nouveaux Aventuriers* sowie der Publikation der Zeitung »Le Monde«: *Le Monde: dossiers et documents*, Nr. 135, 1986 zum Thema: »Das Abenteuer heute« entnommen. Es hätten ebensogut andere, sich in Einzelheiten unterscheidende Beispiele gewählt werden können.
117 Einem Film- und Schauspielmodell nachgebaut. Nichts könnte besser illustrieren, wie wesensverwandt das neue Abenteuer dem Spektakel ist, wie sehr es zu einer festen Institution mit Festivals, Preisverleihungen, Kongressen, Salons, Märkten, Zeitschriften, Sammlungen, Fördergeldern usw. geworden ist.
118 Die Helden Jules Vernes kommen diesem Typus sehr nahe. Es finden sich unter ihnen »ökologische« Abenteurer (Cyrus Smith, die Kinder des Kapitäns Grant usw.) und »Ingenieur-Abenteurer« (wie Robur, Nemo). Eine andere Spielart des neuen Abenteurers sind die in der Dritten Welt wirkenden Journalisten und Ärzte, auch sie sind Hauptgestalten des modernen Heldentums und im übrigen ebenfalls nicht weit vom Verneschen Helden entfernt.
119 Nicolas Hulot, *Les Chemins de traverse*, Paris 1990, S. 252.
120 Alain Ehrenberg hat sehr viel über dieses heute so hoch eingestufte Heldentum geschrieben, das sich »an der Kreuzung von sportlichem Ethos und alten Unternehmerbild« befindet, das »einen bestimmten Menschentypus, den Athleten des Gewinns, den Hygieniker des gesellschaftlichen Erfolgs bezeichnet«. Beispielhafte Werteeines modernen Heldentums, das von den Medien hochgejubelt wird und von einer neuen Gestalt der Gleichheit in unseren Gesellschaften zeugen soll, in denen jeder sein Glück finden oder sich einen Namen machen kann, sofern er dies nur will und sich seinem Ehrgeiz angemessen verhält. »Es kommt ihm darauf an, zu beweisen, daß er sich selbst produzieren kann.« Auf diese von Alain Ehrenberg ausgezeichnet analysierte Themen gehen wir hier nicht näher ein, da unser Gegenstand vielmehr das Spiel mit dem Tod ist. Siehe Alain Ehrenberg, *Le Culte de la performance*, Paris 1991.
121 Georg Simmel, »Das Abenteuer«, in: *Philosophische Kultur – Über das Abenteuer, die Geschlechter und die Krise der Moderne*, Berlin 1983, S. 19. In dem neuen Abenteuer schlägt sich auch die Ideologie der Jugendlichkeit nieder. In einem anderen Zusammenhang erkannte Georg Simmel den radikalen Gegensatz zwischen Abenteuer und Alter. Die Todesprüfung, der Einsatz überschüssiger physischer Kraft ist um so spektakulärer, je jünger der Akteur ist. Der symbolische Wert des Risikos erhöht sich, wenn die Vitalität der Jugend im Spiel ist. »Ich bin siebenundzwanzig Jahre alt, ich bin körperlich topfit. Schicke mich dorthin, wo es Risiken gibt«, sagte wiederholt Philippe de Dieuleveult auf der Suche nach Reportagen. Weil der Spielraum zwischen Jugend und Tod unerträglich ist, ist der mythologische Ertrag des Abenteuers so groß.
122 Roger Stéphane, a.a.O., S. 50.

123 »Das Abenteuer ist zunächst Selbstentdeckung, und ich entdecke mich selbst im Laufe der Situationen, Schwächen und eines Wollens.« Nicolas Hulot, a.a.O., S. 146. »Man führt sein Ich spazieren«, sagte lächelnd Jean-Claude Étienne während einer Fernsehsendung.
124 Man muß hier Krieg, Katastrophe, Hunger oder Epidemie hinzurechnen, da sich die Nothelfer vom Dienst, Journalisten oder Mediziner, immer öfter mit dem Nimbus des Abenteuers schmücken. In einer der jüngsten Nummern von *Nouveaux Aventuriers* werden Ratschläge an die Adresse derer erteilt, die »das Nützliche mit dem Angenehmen verbinden« und ihrer Unternehmung ein humanitäres Ziel geben möchten. »Was seine Attraktion auf die Sponsoren nicht verfehlen wird«, setzt die Zeitschrift empfehlenserweise hinzu.
125 Patrick Vallençant, a.a.O., S. 175 ff.
126 Jean-Marc Boivin, *L'Abominable Homme des glaces*, Paris 1983, S. 116.
127 Siehe Rudolf Otto, *Das Heilige*, München 1963, S. 28 ff.
127 Philippe de Dieuleveult, *J'ai du ciel bleu dans mon passeport*, Paris 1984; Nicolas Hulot, a.a.O.
128 Nicolas Hulot, a.a.O., S. 158.
129 Nicolas Hulot, a.a.O., S. 158.
130 Nicolas Hulot, a.a.O., S. 206.
131 Nicolas Hulot, a.a.O., S. 244.
132 Jankélévitch, a.a.O. , S. 18–19.
133 Siehe den Artikel von Jean-Philippe Domecq, »Quel héroisme aujourd'hui: le cas Lauda«, in: *Le Débat*, Nr. 34, 1985. Wir entnehmen diesem Artikel die Aussagen Laudas und die Schilderung der Ereignisse.
134 In einem langen Nachruf auf Thierry Sabine würdigt *Les Nouveaux Aventuriers* (Nr. 5, 1988) »sowohl den Schöpfer der Dakar-Rallye als auch den Mann, der vorausgeahnt hat, zu welch mächtiger gesellschaftlicher Strömung das neue Abenteuer anschwellen würde«. In dem Artikel liest man weiter, daß Thierry Sabine selbst die Gründung eines Magazins über »das neue Abenteuer« plante. Der Mythos hat in ihm bereits einen Urahn gefunden.
135 Die Gleichgültigkeit gegenüber den Kulturen an den Schauplätzen der Rallye erreicht hier den Gipfel. In *Le Monde* (12.–13. Januar 1985) hebt Jacques Meunier diese riesige Collage besonders hervor, in der die Rallye auf wundersamste Weise die Durchfahrtsorte verknüpft, in Beziehung zueinander setzt. »Ein Zeitfahren in einer Umgebung, wo Zeit ein Fremdwort, Flucht aus der Welt in der modernsten aller Maschinen. Eine zweckfreie Tat, für die horrende Summen ausgegeben werden. Der Vorstandsvorsitzende, der Tankstellenbesitzer oder der Notar, alle zieht es in die verlassensten Gegenden Afrikas, um sich wie Kulis zu schinden.«
136 Gleichzeitig darf der Hinweis nicht fehlen, daß die Kandidaten gemäß den Zulassungsbedingungen bestens bei Gesellschaften versichert sind, die wahrlich wenig Abenteuerliches an sich haben: Haftpflichtversicherung der Organisatoren gegen sämtliche Schäden an Dritten; Versicherung zur Deckung der Kosten für gesundheitsbedingte Rückführung; Versicherung zur Deckung der Kosten für Aufspürung in Wüstengebieten; wahlweise Versicherungen gegen Zerstörung des Fahrzeuges; Individualunfallversicherung der Teilnehmer. Man spielt metaphorisch mit dem Tod, jedoch nicht ohne Vorsorge zu treffen. Das Risiko wird eingekapselt. Es soll nicht die Gesamtheit der Existenz infizieren.
137 Gérard de Nerval, *Aurélia*, Frankfurt am Main 1961, S. 130 ff.
138 Wir sprechen hier von »einrenken« (Anm. des Übers.: Von »rebouter«, »die Enden wieder zusammenfügen«, »Knochen oder Glieder wieder einrenken«, ist »rebouteux«, abgeleitet, dessen Bedeutung im Französischen von »Knochenheiler« auf Heilpraktiker ausgedehnt wurde), um zu unterstreichen, wie sehr wir uns hier im Register der symbolischen Wirksamkeit befinden, was dem Akteur selbst natürlich nicht bewußt ist.

139 David Le Breton, »*La crise initiatique*«, in: Nouvelle Revue de psychologie, 1986, Nr. 5.
140 Mircea Eliade, *Das Heilige und das Profane*, Frankfurt am Main 1984, S. 160.
141 Valérie Dax, *Le cancer, c'est ma chance*, Paris 1983, S. 3. Siehe auch folgende Stelle in diesem Buch: »Ich wünsche niemandem zu sterben, aber ich wünsche allen, den Geschmack am Leben wiederzufinden, sich die Freunde auswählen zu können, ohne sich um Rücksichten oder 'Vorsichten' kümmern zu müssen, sich frei zu fühlen, auch frei von Unruhe. Das ist es, was mir mein Kampf gegeben hat. Widerstand leistend, mich weigernd, mich selbst in den trübsten Augenblicken gehen zu lassen, versuchte ich, in mir ein neues Gleichgewicht herzustellen, meine Krankheit zu akzeptieren, entdeckte ich nach und nach, daß ich lebte und atmete.« (S. 186) Und: »Man muß innehalten, schauen, lieben, lächeln. Das hat mich der Krebs gelehrt. Der Krebs ist meine Chance. Ich bin im Herzen der Dinge, der Wesen um mich herum, des Lebens.« (S. 189)
142 Kübler-Ross, Elisabeth, *AIDS, Herausforderung zur Menschlichkeit*, Stuttgart 1988, S. 283.
143 Kübler-Ross, Elisabeth, a.a.O. S. 236.
144 Kübler-Ross, Elisabeth, a.a.O. S. 216.
145 Fritz Zorn, *Mars*, München 1977, S. 135. Auch schreibt Zorn: »Andererseits kann man aber auch annehmen, daß ich eben Glück gehabt habe: Dadurch, daß ich in Aussicht auf Krebs erzogen worden bin, habe ich jetzt auch eine Chance bekommen, auf das Übel zu reagieren, und bin wohl besser dran als Tausende andere, bei denen es nicht so überwältigend schlimm gewesen ist und die heute darum krebslos in traditioneller Frustration ebenso glücklos verblöden können.« (S. 44 ff.)
146 Mit der Antipsychiatrie von Ronald Laing, David Cooper, J. Berke, Esterson und anderen wird in den sechziger Jahren zum erstenmal das Initiationsthema in den Gesellschaftswissenschaften angeschnitten. Weit davon entfernt, eine unter allen Umständen zu vermeidende krankhafte Erfahrung zu sein, bedeutet die Reise durch den Wahnsinn eine Freisetzung unbewußter Inhalte, durch die das Individuum im Fieber eine innere Niederkunft erlebt, das es von der alten Schwerfälligkeit befreit. Ronald Laing schlägt vor, die Kranken, statt sie den Entwertungs- und Erniedrigungsritualen der Psychiatrie zu unterwerfen, durch einen Initiationsritus hindurch zu begleiten. Wir lassen hier diesen Aspekt, der den Rahmen dieses Werkes überschreitet, beiseite, und begnügen uns mit dem Hinweis, daß Nietzsche der erste gewesen ist, der diese paradoxe Sichtweise, die die Ambivalenz als menschlichen Daseins betont, vertreten und die Krankheit oder die persönliche Prüfung unter einem zu seiner Zeit neuen Blickwinkel zu sehen verstanden hat. Nietzsche hebt hervor, daß es keine Gesundheit an sich gibt und der Begriff von Gesundheit zu partikularisieren, nicht normativ zu fassen sei: »Zuletzt bliebe noch die große Frage offen, ob wir der Erkrankung *entbehren* könnten, selbst zur Entwicklung unsrer Tugend, und ob nicht namentlich unser Durst nach Erkenntnis und Selbsterkenntnis der kranken Seele so gut bedürfe als der gesunden: kurz ob nicht der alleinige Wille zur Gesundheit ein Vorurteil, eine Feigheit und vielleicht ein Stück feinster Barbarei und Rückständigkeit sei.« Nietzsche, Friedrich, Die fröhliche Wissenschaft, Frankfurt am Main 1982, S. 135.
147 Erving Goffman, *Interaktionsrituale – Über Verhalten in direkter Kommunikation*, Frankfurt am Main 1971, S. 188. Original: *Interaction Ritual*, 1967.
148 Vincent Van Gogh, *Als Mensch unter Menschen – Vincent van Gogh in seinen Briefen an den Bruder Theo*, Berlin 1959, S.167.
149 Michel Hulin, *Dans la face cachée du temps, l'imaginaire de l'au-délà*, Paris 1985. Der Autor stellt den Verlust des Glaubens an das Paradies bei einer großen Anzahl von Gläubigen fest.
150 Raymond Moody, *Leben nach dem Tod. Die Erforschung einer unerklärten Erfahrung*, Reinbek bei Hamburg 1977; Original: *Life after Life*, Corington, GA,

1975. Raymond Moody zeigte sich über den weltweiten Erfolg seines Buchs erstaunt. Dem Buch, das von einem regionalen Verlag herausgebracht wurde, war bestenfalls der Erfolg einer Beachtung zugetraut worden.
151 Vgl. Raymond Moody, a.a.O.
152 Zum Beispiel die ins Französische übersetzten Werke von K. Ring, M. Sabom, S. Grof oder J. Halifax. Was dieses neue Imaginäre betrifft, sei verwiesen auf Patrice Van Eersel. Es sei vermerkt, daß dieser Journalist die Mythologie durch Stil und Hypothesen regelrecht zelebriert.
153 Raymond Moody, a.a.O., S. 97.
154 Elias Canetti, a.a.O., S. 259.
155 Canetti, a.a.O., S. 260–262.
156 Bruno Bettelheim, *Erziehung zum Überleben*, Stuttgart 1980, S. 36.
157 Friedrich Hölderlin, *Hyperion*, in: Werke, Briefe, Dokumente, München 1963, S. 287.
158 Mircea Eliade, a.a.O., S. 35 ff.
159 Georges Balandier, *Le Désordre. Éloge du mouvement*, Paris 1988. Von sehr verschiedenen Ansätzen her haben Forscher wie Roger Bastide (*Le Sacré sauvage*), Mircea Eliade (*Das Heilige und das Profane*) oder Roger Caillois (*L'Homme et le Sacré*) jeweils im Rahmen ihres Forschungsobjekts auf den individuellen Keim des Heiligen hingewiesen, der heute aufgeht und den Alltag des Akteurs beflügelt.